FREIZEITFÜHRER
... MIT KINDERN
Vor die Haustür, fertig – los!

pmv
2. Auflage 2013, Frankfurt am Main
PETER MEYER VERLAG

MAINZ RHEINHESSEN MIT KINDERN

350 spannende Ausflüge und Aktivitäten rund ums Jahr

VON EBERHARD SCHMITT-BURK

INHALT

© 2. Auflage 2013 | **Post bitte an:** pmv Peter Meyer Verlag, Schopenhauerstraße 11, 60314 Frankfurt a. M. www.PeterMeyerVerlag.de, info@PeterMeyerVerlag.de Unsere Inhalte werden ständig gepflegt, aktualisiert und erweitert. Für die Richtigkeit der Angaben kann der Verlag jedoch keine Haftung übernehmen. | **Umschlag- und Reihenkonzept,** insbesondere die Kombination von Griffmarken und Schlagwort-System auf dem Umschlag, sowie Text, Gliederung und Layout, Karten, Tabellen, Piktogramme und Illustrationen sind urheberrechtlich geschützt. Abdruck und Einspeisung in elektronische Medien, auch auszugsweise, nur mit Genehmigung des Verlags. | Die Aufnahme und Beschreibung in diesem Buch unterliegt der Auswahl durch den Autor und kann nicht erkauft werden. Anzeigenschaltung ist unabhängig davon möglich. | **Druck & Bindung:** Druckerei Hassmüller, Frankfurt a.M., www.hassmueller.de | **Umschlaggestaltung:** pmv, Agentur 42, Mainz, www.agentur42.de, Annette Sievers | **Fotos:** Wenn nicht anders angegeben, alle Rechte beim Verlag, siehe Nachweis beim jeweiligen Bild | **Zeichnungen:** Silke Schmidt | **Karten:** pmv | **Lektorat & Layout:** Annette Sievers **Bezug:** über Prolit, Fernwald-Annerod, oder über den Verlag, vertrieb@PeterMeyerVerlag.de, ℅ 069/40562570 **ISBN 978-3-89859-441-7**

Unser Beitrag zum Umweltschutz:

VORWORT

Eberhard Schmitt-Burk auf
Recherchetour

Über den Autor

*Eberhard Schmitt-Burk
ist seit 1979 als Buch-
autor tätig. Für pmv hat
er schon mehrere
Kinderfreizeitführer ver-
fasst: Pfalz, Frankfurt
Rhein-Main und Wies-
baden Rheingau mit
Kindern. Mit dem Rad
oder zu Fuß besucht er
jede Adresse, oft wird
er dabei von seinen vier
Enkeln begleitet. Der äl-
teste von ihnen, Hyun
Woo (11 Jahre), ist schon
ein prima Radler und
Rechercheur …*

**Die erste Auflage von »Mainz Rheinhessen mit Kin-
dern« ist schon eine Weile her und so hat sich einiges
getan. Für diese zweite Auflage habe ich die Grenz-
ziehung nicht so genau genommen und für euch Ausflugstipps an der Nahe bis nach Idar-Oberstein mit
aufgenommen. Diese findet ihr nun in einer eigenen
Griffmarke »An der Nahe«. Ebenso findet ihr noch
mehr Ausflüge von Worms bis nach Frankenthal.**

Für die neue Auflage war ich wie immer weit über
1000 km mit dem Rad, der Bahn, dem Bus und zu
Fuß unterwegs. Ich habe alte und neue Wanderungen
und Radtouren recherchiert, war an den Flüssen
Rhein, Main und Nahe und den Seen des Oberrheins
sowie in den Wäldern, Weinbergen, Fluren und Auen
Rheinhessens und der Unteren Nahe unterwegs und
habe für euch schöne Ausflugstipps gesammelt.

Ihr könnt mit euren Eltern viele interessante Touren
unternehmen – zu Fuß, mit dem Rad, der Bahn, dem
Boot oder per Schiff. Aber auch in den Städten
Mainz, Worms, Bingen, Ingelheim, Alzey, Bad Kreuznach und Idar-Oberstein gibt es viel zu entdecken
und zu unternehmen, denn da gibt es Frei- und Hallenbäder, Abenteuerspielplätze, Kletterhallen, Museen, Kinos und Theater.

Viele Radtouren und Wanderungen sind kurz und
leicht, damit auch die Kleinsten mitkommen können.
Aber auch für größere Kinder habe ich interessante
Strecken zusammengestellt. Zumeist liegen Spiel-
plätze und Gaststätten am Weg. Auf manchen Tou-
ren kommt ihr sogar an einem Schwimmbad oder
Grillplatz vorbei oder habt die Gelegenheit, mit einem
Boot in See zu stechen.

In den Randspalten des Buches stehen zusätzliche
Hinweise, Spieltipps, Ausflugslokale sowie Wissens-
wertes zu den Ausflugszielen.

*Viel Spaß bei euren Touren
und Freizeitaktivitäten wünscht
Eberhard Schmitt-Burk*

Zur Gliederung dieses Buches

»Mainz Rheinhessen« ist in **sieben Griffmarken** gegliedert: *Mainz: Natur & Sport, Mainz: Wissen & Kultur, Inselrhein bis Bingen, Rheinaue bis Worms, Rheinhessisches Hügelland, Rheinhessische Schweiz* und *An der Nahe.* Diese Griffmarken sind immer nach demselben Schema aufgebaut:

Tipps für Wasserratten sind Infos zu Frei- und Hallenbädern sowie zu Wassersport in Seen und Flüssen, zu Bootstouren und Schifffahrten.

Frische Luft & Sport enthält Wanderungen, Radtouren, Parks, Grillplätze sowie Abenteuerspielplätze und Kletterparks. Hier findet ihr auch einige Wintertipps.

Umwelt erforschen stimmt euch auf umweltfreundliches Naturleben ein. Hier findet ihr spannende Tierparks, Zoos, Naturlehrpfade, Programme von naturkundlichen Vereinen und Ökostationen sowie Höhlen und Planetarien.

Handwerk und Geschichte führt euch zu Orten der Technik und Arbeit: historische Bahnen, ehemalige Mühlen und noch arbeitende Töpfereien sowie Burgen und Museen. Ihr werdet überrascht sein, wie viel es auch bei schlechtem Wetter zu entdecken gibt! Stadtführungen können ebenfalls spannend sein, wenn es z.B. eine unterirdische Führung unterhalb der Stadt ist.

Bühne, Leinwand & Aktionen informiert euch über Kindertheater und -kino, Ferienprogramme und Ähnliches. Der Festkalender listet Großveranstaltungen der Region auf.

Die Griffmarke **Info & Ferienadressen** versorgt euch mit Infostellen und -quellen sowie Verkehrshinweisen, damit ihr in Mainz und Rheinhessen nichts verpasst und auch ohne Auto hin- und wegkommt. Dazu gehören Informationen über Fähren am Rhein.

Unter **Ferienadressen** gibt es kinderfreundliche Jugendherbergen, einen Jugendzeltplatz und für Frischluft-Fans nennen wir naturnahe Campingplätze. So

Gestatten?

Ich bin Sam, die Wasserratte. Meine Clique und ich begleiten euch mit noch ein paar Freunden auf euren Entdeckertouren durch dieses Buch und Mainz und Rheinhessen. Darf ich vorstellen:

Karlinchen, unsere sportliche Naturfreundin,

Herr Mau, Experte für Handwerk und Geschichte,

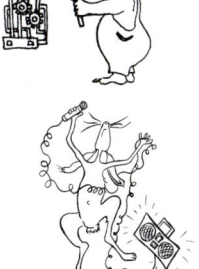

und Mockes, der liebt Kunst und Feste.

könnt ihr Klassenfahrten und Familienferien bequem planen und organisieren.

Der **Kartenatlas** gibt einen Überblick über das im Buch behandelte Gebiet und die regionale Einteilung. Mainz ist mit einem eigenen Stadtplan vertreten. Die kleinen Bildchen in den Karten, die sogenannten Signaturen, zeigen euch, wo wir eine Aktivität für euch gefunden und beschrieben haben. Es ist also an alles gedacht – nur losziehen müsst ihr selbst!

All diese Adressen und Informationen zu gewinnen, hat viel Zeit und Mühe erfordert. Doch trotz aller Sorgfalt können sich Fehler einschleichen. Noch weniger sind wir dagegen gefeit, dass sich Daten bereits während des Niederschreibens oder kurz nach Erscheinen des Buches ändern. Auf jeden Fall freuen wir – der Verlag und ich – uns, wenn ihr uns auf Fehler und Veränderungen aufmerksam macht. Auch zusätzliche Tipps sind jederzeit willkommen!

Schreibt an:
pmv Peter Meyer Verlag
– Mainz Rheinhessen mit Kindern –
Schopenhauerstraße 11
60316 Frankfurt a.M.
info@PeterMeyerVerlag.de
www.pmv-Verlag.de
oder schreibt uns etwas unter
facebook.com/PeterMeyerVerlag.de

▶ pmv-Leser sind neugierig und mobil – nicht nur in der Fremde, sondern auch in der eigenen Umgebung. Den Wissensdurst ihres Nachwuchses wollen sie fördern, seinem Tatendrang im Einklang mit der Natur freie Bahn lassen. Daher finden Sie in diesem Ausflugsführer Tipps und Adressen zu allem, was kleine und große Kinder begeistert, je nach Wetterlage und Jahreszeit. Alle Adressen und Aktivitäten wurden vom Autoren persönlich begutachtet und strikt nach Kinder- und Familienfreundlichkeit ausgewählt. Es ist nicht möglich, einen Eintrag ins Buch zu erkaufen.

Wir freuen uns über Eure Tipps und Anregungen! ◀

MAINZ: NATUR & SPORT

Höhepunkte in der Freizeit der Mainzer Kinder sind bei schönem Wetter die gut eingerichteten Spielplätze im Hartenberg-, Goethe- und Volkspark. Direkt vor der Haustür liegen sogar richtige Inseln: die Maaraue und die Rettbergsaue.

Informative Ziele für junge Naturforscher und -freunde sind der Lennebergwald mit dem Grünen Haus und dem Erlebnispfad, die Alte Ziegelei in Bretzenheim mit einem Naturlehrpfad, der zur Natur zurückgekehrte Weisenauer Steinbruch und der große Botanische Garten auf dem Universitätsgelände.

Frei- und Hallenbäder

Frei- und Hallenbad Am Großen Sand
Schwimmbad Mainzer Schwimmverein, Obere Kreuzstraße 11 – 13, 55120 Mainz-Mombach. ✆ 06131/629990, www.schwimmbad-mainz.de. schwimmbad@mainzersv01.de. **Bahn/Bus:** MVG-Bus 62 bis Sportpark Vitafit. **Auto:** A643, Ausfahrt MZ-Gonsenheim, Erzbergerstraße. **Rad:** Ab MZ-Hbf über Kaiser-Wilhelm- und Barbarossaring, Hartenbergstraße, Schützenweg, Erzbergerstraße. **Zeiten: Freibad** Mai 10 – 18 Uhr, Juni – Aug 7 – 20 Uhr, Sep 8 – 18 Uhr. **Hallenbad** Mo, Mi, Sa 7 – 21, Di, Do 6.30 – 21, Fr 7 – 20, So 7 – 13 Uhr. **Preise:** 3 €, nach 17 Uhr Freibad 1,50 €, 10er-Karte 25 €, Halbjahreskarte 70 €; Kinder 2 – 17 Jahre 2 €, 10er-Karte 15 €, Halbjahreskarte 50 €; Schüler, Azubis, Studenten und Schwerbehinderte 2 €, Mainzer Familien mit min. 3 Kindern unter 18 Jahre pro Kind 0,50 €. **Infos:** Warmwassertage Hallenbad Fr, Sa, So.

▶ Im **Freien** können sportliche Kinder im 50-m-Sportbecken auf 8 Bahnen loslegen. Im Winter wird eine Traglufthalle darauf gesetzt. Vereine und Schulklassen sind dann hier aktiv. In das Nichtschwimmerbecken münden zwei Rutschen. Kleinkinder haben einen abwechslungsreichen Wasserspielbereich und einen kleinen Spielplatz, spannend ist die Spielland-

TIPPS FÜR WASSER-RATTEN

Glückstreffer beim Fotografieren auf der Rettbergsaue: Kein Wunder, Störche sind ja auch Glücksbringer

Kiosk im Freibadbereich
sowie Sitzgelegenheiten
und Automaten mit
Getränken und Süßig-
keiten im Vorraum der
Halle.

Feiert hier Geburtstag.
Ihr habt freien Eintritt,
eure Gäste zahlen 11 €,
4 Std, Angebot ist 2
Wochen vor und nach
dem Geburtstag bis 15
Jahre gültig. Pro Gast
eine Portion Pommes,
Eis und Früchte-Eistee.
Mit spannenden Attrak-
tionen.

schaft mit dem Piratenschiff. Eltern liegen auf der
großen Wiese unter Schatten spendenden Bäumen.
Es gibt zwei Tischtennisplatten und Volleyballfelder.
Das **Hallenbad** ist vom klassischen Typ: Im Schwimmerbecken werden Bahnen geschwommen, im hinteren Hallenbadbereich gibt es einen Wasserfall und
eine Grotte. Aus Kindersicht ausgesprochen positiv:
Für die Kleinen gibt es ein Lehrschwimmbecken und
Planschbecken im hinteren Teil der Halle, für die Größeren ein 1- und 3-m-Brett im Vorderteil des Schwim-
merbeckens.

Hallen- und Freibad Am Taubertsberg

Wallstraße 9, 55122 Mainz. ℰ 06131/58446-0, Fax
58446-10. www.taubertsbergbad.de. info@tauberts-
bergbad.de. **Lage:** Direkt oberhalb vom Hauptbahnhof,
West-Ausgang. **Auto:** Parkhaus 2,50 €. **Rad:** Am Radweg zur Uni. **Zeiten:** Freibad Mitte Mai – Mitte Sep
9.30 – 20 Uhr, Hallenbad, Therme Do – Di 9.30 – 23,
Mi 9.30 – 24 Uhr. **Preise:** Freibad Tageskarte 3 €,
Sportbad 3,70 – 6,70 €, mit Therme 11,50 – 15,50 €;
Freibad Kinder 3 – 14 Jahre 2 €, Sportbad Kinder 4 –
14 Jahre 2,70 – 4,70 €, mit Therme 9 – 13 €; Kinder
15 – 18 Jahre, Schüler, Azubis, Studenten, Senioren
Sportbad 3,20 – 5,20 €. Familien mit 1 oder 2 Kindern
4 Std ab 32 €, allerdings nur in Thermen und Sauna.
▶ Das in eine hügelige Landschaft eingebettete Freibad verfügt über ein Schwimmerbecken mit olympi-
schen Maßen. Das Nichtschwimmerbecken besitzt
eine Rutsche und es können Wellen erzeugt werden.
Für Kleinkinder gibt es genügend Platz zum Planschen und Matschen. Es gibt einen Spielplatz sowie
Tischtennisplatten. Die Liegewiesen sind weitläufig.
Wenn es kühl wird, können die sportlichen Kinder im
Hallenbad im Sportschwimmbecken (25 m lang, 8
Bahnen) schwimmen. Hier könnt ihr vom 1-, 3- oder
5-m-Brett in ein 3,80 m tiefes Becken springen. In
der Spaßlandschaft müsst ihr nicht frieren, noch
nicht mal im Außenbecken. Für viel Freude sorgen

Massagedüsen, Sprudelliegen, Geysire und der Whirlpool. Es gibt auch eine Saunawelt.

Baden auf der Rhein-Main-Insel

Freibad Maaraue

Maaraue 27, 55246 Mainz-Kostheim. ℰ 06134/285664, www.wiesbaden.de. **Bahn/Bus:** Bus 6, 9, 28, 54 – 58 bis Brückenkopf Kastel, S1, S9 bis Bhf Kastel, anschließend 15 Min Fußweg. **Auto:** Über die Inselzufahrt von Kostheim her. **Rad:** Am Mainufer-Radweg Hochheim – Kastel. **Zeiten:** Mo – Fr 10 – 20, Sa, So, Fei 9 – 20 Uhr, Mitte Juni – Anfang Sep 9 – 21 Uhr. **Preise:** 4,20 €, 5er-Karte 16,80 €; Kinder 3 – 18 Jahre 1,50 €, 5er-Karte 6 €; Besucher nach 17 Uhr ermäßigt. **Infos:** Öffnungszeiten bei schlechtem Wetter unter ℰ 0611/318079 oder 318078.

▶ Das Freibad befindet sich auf einer zu Hessen gehörigen Rheininsel nördlich der Mainmündung, die Lage ist ausgesprochen schön. Das Bad besitzt große Schwimmer- und Nichtschwimmerbecken und eine ausgedehnte Liegewiese. Eine Rutschbahn, eine Breitbahnwasserrutsche und eine kindgerechte Wasserlandschaft sowie ein Spielplatz machen es für Familien zu einem beliebten Ausflugsziel. Wer sich sportlich betätigen will, kann dies auf dem Basketball- oder Beachvolleyballfeld tun. Es gibt zudem eine Boccia-Bahn, zwei Tischtennisplatten, zwei Schachtische und ein überdachtes Badminton-Feld. Ein Kiosk bietet Snacks und Getränke.

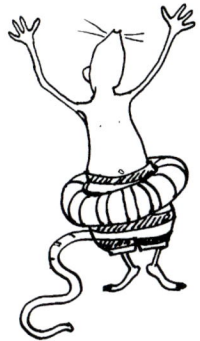

Hunger & Durst

12er Restaurant, Maaraue 31, Mainz-Kostheim. ℰ 06134/298312. www.12errestaurant.wordpress.com. Mi – Sa 16 – 23, So, Fei 12 – 23 Uhr. Speisegaststätte des SV Kostheim 1912 mit Terrasse. Deutsche und mediterrane Küche, Kindergerichte.

Wassersport auf dem Rhein

MKV Mainzer Kanu-Verein 1920 e.V.

Victor-Hugo-Ufer, 55116 Mainz. www.mainzer-kanuverein.de. info@mainzer-kanuverein.de. **Rad:** am Rheinuferweg. **Preise:** Monatsbeitrag 6 €, mit Bootsplatz 9 €;

Hunger & Durst

Bootshaus Mainzer Ruderverein, Victor-Hugo-Ufer 1, Mainz. ✆ 06131/1438700. www.boothausmainz.de. 11 – 23 Uhr, Küche geöffnet 12 – 15 und 17 – 22 Uhr. Gutbürgerliche Küche modern interpretiert.

 Weitere Vereine für Wassersportler zum Rudern und Paddeln: *ESV Eintracht Mainz 1927 e.V., Mainzer RG 1898, Mainzer Ruderverein, Weisenauer Ruderverein 1913.*

@ **Primus-Linie:** www.primus-linie.de, mail@primus-linie.de. **KD Köln-Düsseldorfer:** www.k-d.com, info@k-d.com.

Kinder bis 14 Jahre 3 €, Aufnahmegebühr pro Pers einmalig 30 €. **Infos:** zur Kanuschule bei Bärbel König-Wolff, ✆ 06131/81543.

▶ Im MKV gibt es 300 Mitglieder 5 – 85 Jahre, 5 Mannschaftskanadier, 2 Familienkanadier, 10 Wanderkajaks, 15 Wildwasserboote, 10 Poloboote und 2 Bootshäuser. Am Anfang steht das Üben in der Kanuschule für Kinder ab 9 Jahre montags 16.30 – 17.30 Uhr, da macht ihr eure ersten Paddelversuche und werdet alsbald zu geschickten Wassersportlern. Als Fortgeschrittene könnt ihr weiter in der Schule bleiben und eure Technik noch verbessern. Die Anfänger üben natürlich im ruhigen Hafenbecken. Fortgeschrittene gehen Richtung Acker, Laubenheim, Ginsheim oder zum Steindamm auf Tour.

Wenn ihr dann schon richtig gut seid, könnt ihr bei den Paddelausflügen auf der Nahe, dem Mittelrhein, der Mosel oder der Werra mitmachen.

Schiffslinien von Mainz

Mainz. www.mainz.de. **Auto:** Parkhaus an der Rheinstraße zwischen Rathaus und Rheingoldhalle.

▶ An Mainz, der alten Stadt am breiten Strom, ziehen das ganze Jahr über tagaus tagein schwer beladene Frachtkähne Richtung Rotterdam/Holland und Basel/Schweiz vorbei. Von Ostern bis Oktober herrscht aber auch ein recht lebhafter Personenverkehr auf dem Fluss. Dann legen am Rheinufer zwischen Fischtor und Rathaus viele große und kleine Ausflugsschiffe an.

Interessante Ziele für Tagesausflüge sind beispielsweise Frankfurt, Worms, Speyer, Rüdesheim, Bingen, Bacharach oder St. Goarshausen/Loreley.

Von Mainz bestehen viele Möglichkeiten für Fahrten auf dem Rhein. Die Schiffe der **Primus-Linie** verbinden die Stadt von der Anlegestelle Fischtor mit Frankfurt am Main und Rüdesheim am Rhein, Wiesbaden-Biebrich und Oppenheim sowie zu bestimmten Terminen Wiesbaden-Biebrich und Heidelberg.

Die **KD** bietet die gesamte Strecke von Mainz bis Köln an (HS Mainz – Köln täglich, NS nur Teilstrecke Mainz – Rüdesheim täglich). Anlegestelle ist am Adenauerufer. Das ist euch sicherlich zu lang. Ihr könnt ja auch schon in Wiesbaden-Biebrich, Eltville, Rüdesheim oder Bingen aussteigen. Außerdem gibt es ein großes Angebot an Sonderfahrten.

Radeln und Skaten

Radtouren rund um Mainz

Mainz. **Infos:** Broschüre *FahrradKalender*, Herausgeber Stadt Mainz, viele Termine für interessante Radtouren und Radelfeste in der Region und weiter entfernt könnt ihr unter www.mainz.de herunterladen oder an der Rathaus-Pforte kostenfrei bekommen.

▶ Die Stadt Mainz ist immer weiter dabei, das Radwegenetz auszuweiten und es zu verbessern. Ein Fahrradbeauftragter soll dafür sorgen. Daneben engagiert sich auch der Allgemeine Deutsche Fahrrad-Club **ADFC** sehr. Dennoch würde ich Kindern bis 12 Jahre, von wenigen Uferradwegen und Parkwegen abgesehen, nicht unbedingt empfehlen, im Stadtbereich zu radeln, man ist einfach zu nahe am Verkehrsgeschehen und Mainz ist nun einmal eine geschäftige Großstadt.

Tipps für steigungsarme, autofreie Radstrecken:
Schöne Rheinstrecken gibt es sowohl westlich als auch südlich von Mainz. Wegen der Nähe zur sehr stark befahrenen Rheinallee (begleitender Radweg) ist es ratsam, bei Touren nach Westen Richtung Ingelheim die Anfahrt bis Budenheim mit der Bahn zu machen. Danach könnt ihr beispielsweise auf dem Radweg durch die Flussaue bis Ingelheim-Nord radeln. Touren am Rhein entlang nach Süden Richtung Oppenheim könnt ihr direkt am Rheinufer oder am Bahnhof Mainz-Römisches Theater beginnen oder ihr

FRISCHE LUFT UND SPORT

Eine gute Radwegekarte der Landeshauptstadt Mainz (1:15.000) mit allen Radwegen für 3,80 € und ein Faltblatt *Römerroute* mit Sehenswürdigkeiten für 0,50 € sind im Touristik Service Center Mainz / Brückenturm am Rathaus oder in den Buchhandlungen erhältlich.

fahrt bis Bodenheim oder Nackenheim zunächst mit der Bahn. Schön und für Kinder ausgesprochen ab- wechslungsreich sind Rundtouren im Bereich Main- mündung/Maaraue.

Ebenfalls gut geeignet ist der nördliche Mainradweg über Hochheim bis Flörsheim oder Eddersheim. Hin oder zurück solltet ihr aber mit der S1 fahren. Und schließlich sind da noch die Touren ins nördliche Hessische Ried, die ihr am Bahnhof Mainz-Römi- sches Theater oder am S-Bhf Mainz-Gustavsburg be- ginnen könnt.

Skaten in Mainz

Marcus Hansen, 55116 Mainz. ✆ 06131/12-2827, Fax 12-2534. www.jugend-in-mainz.de/skater- anlagen.html. marcus.hansen@stadt.mainz.de.

▶ Im Stadtgebiet gibt es die unten aufgeführten Skate Spots:

Altstadt: Am Kaisertor, einer der beliebtesten Ska- terparks der Stadt, Fun Box mit Table, Ledge und Rail, Quarter Pipe, Bank, Curb und Flat Rail;

Bretzenheim: Marienborner Straße, Quarter Pipe, Fun Box, Curb Rail;

Ebersheim: Sportanlage, 1 Halfpipe;

Finthen: Sertoriusring, Quarter Pipe, Bank mit Table, Step Curb, Flat Rail;

Hartenberg/Münchfeld: Hartenbergpark, 1 Halfpipe;

Hechtsheim: Bezirkssportanlage, Halfpipe und klei- ner Skaterpark mit Fun Box und Quarter Ramp;

Lambenheim: Bezirkssportanlage, kleiner Skaterpark mit Fun Box und Quarter Ramp;

Mombach: Obere Kreuzstraße, Halfpipe aus Beton auf dem Parkplatz des Frei- und Hallenbads.

Im Rhein-Main-Dreieck unterwegs

Mainz – Maaraue – Schleuse Kostheim – Mainspitze – Mainz, 55116 Mainz. **Länge:** 11 km, flach, leicht, viele Freizeit- und Einkehrmöglichkeiten. **Bahn/Bus:** S, RE, RB Bhf Mainz-Römisches Theater.

▶ Vom Bahnhof **Mainz-Römi-sches Theater** geht es via Holzhofstraße – Rheinstraße – Dagobertstraße zum Rhein hinunter. Anschließend fahrt ihr auf dem Radweg am Fort Malakoff-Park und dem Mainzer Rathaus vorbei flussabwärts bis zur **Theodor-Heuss-Brücke,** über deren Buckel der breite Fluss Richtung Mainz-Kastel überquert wird. Direkt hinter der Brücke rollt ihr dann rechts ab-

© pmv, Eberhard Schmitt-Burk

wärts. Zwischen der Südseite des Bahnhofs Mainz-Kastel und der Nordseite des *Reduit* hindurch führt die Route direkt neben der *Bastion Schönborn* zum Rheinufer. Kurz darauf überquert ihr auf einem Brückchen den Rheinseitenarm **Floßhafen,** in dem viele Motorboote liegen, und landet auf dem Nordwestzipfel der Insel **Maaraue.** Anschließend geht es am Rheinufer entlang flussaufwärts bis zur Mainmündung. Unterwegs kommt ihr am Campingplatz, dem Restaurant Bootshaus, der Bootswerft Kaufmann, der großen Liegewiese mit Hütte, Grillplatz und Spielplatz sowie dem Freibad Maaraue vorbei. In diesem Abschnitt ist das Ufer baumlos, dafür ist die Aussicht auf Mainz sehr schön.

Anschließend radelt ihr am Main entlang flussaufwärts. Zunächst kommt ihr am **Restaurant Rhein-Main-Terrasse** vorbei. Dahinter ist ein weiterer Spielplatz. Dann verlasst ihr die Maaraue und radelt an **Kostheim** vorbei. Am Ostrand von Kostheim führt der Mainradweg an einem Fabrikgelände mit hohem Schornstein entlang, das reichlich trist wirkt. Schön, dass danach wieder Flussaue beginnt. Ihr fahrt nun auf dem Hochwasserschutzdamm bis schließlich 2,5 km hinter der Maaraue rechts ein Schild die Route zur **Schleuse Kostheim** anzeigt, die ihr auf dem 400 m langen, schmalen Pfad erreicht. Bei der

Zusätzliche Wanderrouten findet ihr in: *Wiesbaden Rheingau mit Kindern,* pmv, 16 €, ISBN 3-89859-442-4.

Hunger & Durst
Rhein-Main-Terrasse, Maaraue 21, Mainz-Kostheim. ✆ 06134/4712. www.rhein-main-terrasse.de. Mai – Okt ab 12 Uhr, Nov – April Mo, Di, Do, Sa 15 – 22, Fr, So, Fei ab 12 Uhr, Mi geschlossen. Gutbürgerliche Küche.

Die Kostheimer Schleuse ist ein beeindruckendes Bauwerk. Drei Walzenwehre stauen den Fluss. Die beiden Schleusenkammern sind riesengroß: die eine 342 m lang und 15 m breit, die andere 339 m lang und 20 m breit. Diese Kapazität wird tatsächlich gebraucht, denn die Kostheimer Schleuse ist vielleicht die verkehrsreichste Binnenschleuse Deutschlands.

Überquerung könnt ihr euch die mächtige Schleusenanlage genau ansehen. Die Chance, dass gerade ein Schiff durchkommt, ist sogar recht groß. Anschließend geht es wieder **Richtung Mainz** zurück. Ihr fahrt zunächst ein Stück auf dem Schutzdamm. Dann geht es direkt am Fluss entlang. 2 km hinter der Schleuse erreicht ihr die große Kostheimer Brücke. Kurz davor liegt ein wirklich schöner Spielplatz. Es geht die Brücke hinauf und über die Straße. Immer geradeaus führt die Fahrradroute an Sportplätzen und dem Mündungsgebiet des Mains in den Rhein (Mainspitze) vorbei. Auf der alten **Eisenbahnbrücke** geht es dann zum Mainzer Rheinufer hinüber (bei Unsicherheit absteigen!). Ihr fahrt noch ein kleines Stück flussabwärts, bis es links via Dagobertstraße, Rheinstraße und Holzhofstraße zum Bahnhof **Mainz-Römisches Theater** zurückgeht.

Schnell noch ein Eis geschleckt: Auf der Fähre zur Langenau

Über die Insel Langenau

Vom Bhf Mainz-Römisches Theater über Ginsheim zum Gut Hohenau und zurück, 55116 Mainz. **Start:** Vom Bhf Mainz-Römisches Theater (ehemals Mainz-Süd) über Ginsheim zum Gut Hohenau und zurück. **Länge:** 26 km, flach, Abschnitt auf der Insel Nonnenau/Langenau nur bei trockenem Wetter geeignet. **Bahn/Bus:** S, RE, RB Bhf Mainz-Römisches Theater.

▶ Ihr fahrt vom Bahnhof **Mainz-Römisches Theater** via Holzhofstraße, Rheinstraße und Dagobertstraße zum Rheinufer hinunter und radelt dann bis zur Autobahnbrücke A60 flussaufwärts. Dort geht's auf das andere, das **hessische Ufer.** Nun führt die Tour zuerst auf dem Hochwasserdamm und dann am Altrhein entlang nach Ginsheim zur Anlegestelle für die Insel Nonnenau/Langenau. Das ist eine schöne Strecke – rechts wuchert Auwald. Dann wird mit der **Fähre** übergesetzt. Wieder an Land wendet ihr euch nach circa 150 m nach links. Es geht nun auf einem Weg an Äckern vorbei immer Richtung Süden. Nach knapp 3 km kommt ihr zum beliebten **Ausflugslokal Hofgut Langenau,** in dessen Innenhof ihr euch zum Einkehren niederlassen könnt. Am Rheinufer gibt es sogar einen richtigen Strand.

Gut 2 km weiter südlich überquert ihr den **Dammdurchbruch,** durch den an zwei Stellen Wasser vom Rhein in das Naturschutzgebiet des Altrheins gelangt. In diesem Bereich macht Kopfsteinpflaster das Radeln reichlich unbequem. Ihr seid nun wieder auf dem Festland, und weiter geht es durch Auwiesen in Richtung Osten zum 500 m entfernten **Schutzdamm** hinüber. Auf diesem fahrt ihr dann bis zur Fähranlegestelle am Ginsheimer Altrhein zurück, vorbei am Schwarzbach-Hochwassersperrtor (Infotafel). Die Route ist bis Ginsheim in einem guten Zustand. Schließlich geht es auf der Route, die ihr bereits vom Hinweg kennt, zum Bahnhof **Mainz-Römisches Theater** zurück.

Auf dem alten Leinpfad am Oberrhein entlang

Von Mainz nach Nierstein, 55116 Mainz. **Länge:** 16 km, beschilderter, flacher, leichter Radweg; gesamte Strecke nur für Sportliche ab 10 Jahre. **Bahn/Bus:** S, RE, RB Bhf Mainz-Römisches Theater.

▶ Vom Bahnhof **Mainz-Römisches Theater** fahrt ihr zunächst via Holzhofstraße – Rheinstraße – Dagobertstraße zum Winterhafen am Rhein hinunter. Flussaufwärts kommt ihr alsbald unter der riesigen Eisenbahnbrücke Mainz-Gustavsburg hindurch. Von dort radelt ihr bis Nackenheim (Km 11) – von der kurzen Umgehung des Heidelberger Zementwerkes abgesehen – immerzu dicht am Rhein entlang, manchmal so nahe, dass Vorsicht geboten ist. Am Nordrand von Laubenheim passiert der Radweg unterhalb der A60 das Bootshaus Weisenauer Ruderverein mit

Hunger & Durst

Hofgut Langenau, Ginsheim-Gustavsburg. ☏ 06144/2285. www.hofgut-langenau.de. Ostern – Mitte Okt 11 – 21 Uhr. Bauernhof auf der Halbinsel, zugleich Gaststätte mit Terrassen mit Blick auf den Rhein. Kaffee, Kuchen, Hausmacher Wurst, Bratwurst, selbst gekelterter Apfelwein. Baut am kleinen Sandstrand schöne Burgen.

Verhalten bei Gewitter:

Haus und Hütte aufsuchen; wenn ihr keinen Geländeschutz findet, Regenjacke überziehen, mit zusammengepressten Beinen hinhocken, um die Schrittspannung zu vermeiden; allein stehende Bäume, Waldränder, erhöhte Punkte, Gewässer und hohe Gebäude meiden. Der Spruch »Buchen sollst du suchen.« ist Unsinn; jegliche Telefon- und freiliegenden Kabel meiden; vom Fahrrad und von Zaundrähten Abstand halten.

Lokal (etwa Km 5), wo ihr den aufgekommenen Hunger und Durst stillen könnt. Auf dem letzten Abschnitt vor Nackenheim führt die Route an der **Sändchensinsel** entlang, auf der ebenso wie auf der nur durch eine schmale Rinne getrennten Nachbarinsel Kisselwörth noch Reste von Weichholzaue existieren. Die Inseln sind ein kleiner Landstützpunkt für Enten, Seeschwalben und Wattvögel. Schwarzmilane, Wespenbussarde und Kleinspechte wurden hier gesichtet. Südlich von Nackenheim verlasst ihr den breiten Strom und fahrt am Fuße der Weinberge entlang nach **Nierstein**. In dem alten Weinbauort bieten sich genug Möglichkeiten zum Einkehren.

Während Familien mit Kindern zwischen 9 und 12 Jahre mit der zwar 16 km langen, aber leichten, stets flachen Tour kaum Probleme haben dürften, ist sie für Kinder zwischen 6 und 8 Jahre zu lang. Für diese wäre der Abschnitt Bahnhof Nackenheim – Bahnhof Nierstein, 5 km, wohl die geeignete Streckenlänge.

Wanderungen und Spaziergänge in Mainz und Umgebung

Obwohl Mainz zu den Großstädten zählt, lässt seine Bebauung genügend Freiflächen für grüne Flecken zum Spazieren und Wandern. Am Rhein sind die Promenade zwischen der Konrad-Adenauer-Brücke und der Eisenbahnbrücke, die Inseln Maaraue und Rettbergsaue und der Dschungel am Mombacher Ufer geeignet für Frischluft-Aktivitäten. Gut für Spaziergänge sind auch der Stadt- und Volkspark, der Botanische Garten und der Hartenbergpark. Richtig große Wanderungen könnt ihr im Lennebergwald unternehmen.

Rheinuferspaziergang in Mainz

Vom Fischtor zum Bootshaus des Mainzer Rudervereins, 55116 Mainz. **Länge:** 3 km hin und zurück, sehr leicht, auch mit dem Kinderwagen, mehrere Möglichkeiten zum Einkehren.

▶ Einen schönen Spaziergang könnt ihr am Mainzer Rheinufer vom Fischtor gen Süden zum Bootshaus des Mainzer Rudervereins unternehmen. Es geht los am **Fischtor.** Das erste Stück führt über die Promenade, es geht an Anlegestellen vorbei. Ihr schaut dem Treiben auf dem breiten Fluss zu und habt die Insel Maaraue im Blick. Im Norden sind die Berge des Taunus zu sehen.

Danach geht es nach dem großen Fort Malakoff-Komplex am **Winterhafen** entlang. Der letzte Abschnitt verläuft auf einem schmalen Uferweg – links der breite Strom, auf dem große Frachtschiffe vorüberziehen, rechts das schmale Becken des Winterhafens, in dem kleine Motorboote dümpeln. Das **Bootshaus** des Mainzer Rudervereins, das Zentrum des Mainzer Rudersports, bietet sich als Ziel an. Zum Bootshaus gehört auch ein gut besuchtes Restaurant, von dem ihr auf den Fluss schaut. Es geht auf derselben Route zurück oder hinüber zum Stadt- und Volkspark für eine Spielplatz- oder Minigolfrunde.

Wenn euch das viel zu kurz ist, könnt ihr daraus eine größere Rundwanderung machen, die vom Bootshaus über die **Eisenbahnbrücke** und am Main aufwärts bis Gustavsburg führt. Dann geht ihr über die B43-Brücke nach **Kostheim** und kehrt über die Maaraue und Kastel zum Fischtor am Mainzer Rheinufer zurück. Das ergibt eine 7,5 km lange Route. Auf der Maaraue kommt dank der Spielplätze, des Freibades und weiterer Lokale viel Abwechslung dazu.

Durch den Lennebergwald zum Grünen Haus von Budenheim

Mainz. **Länge:** 7 km hin und zurück. **Bahn/Bus:** MVG-Bus 28, 62 bis Wildpark Gonsenheim, beide über Hbf. **Zeiten:** Lennebergturm: Mo – Fr 11.30 – 24 Uhr, Sa, So, Fei 10 – 24.

▶ Ihr beginnt diese Wanderung im kiefernreichen Lennebergwald. Um ihn vor den vielen Besuchern aus Mainz zu schützen, wurde er sogar zum Natur-

Hunger & Durst

Bootshaus Weisenauer Ruderverein, Wormser Straße 190c, Mainz-Weisenau. ✆ 06131/1444457. www.bootshaus-weisenau.de. Mi – Sa ab 17, So und Fei ab 11, warme Küche bis 21 Uhr. Sommergarten, kleine Gerichte, Snacks, Schnitzel, Fischgerichte, kleiner Spielplatz.

*1860 bis 1862 wurde die **Eisenbahnbrücke** gebaut, damit die neue Eisenbahnlinie Frankfurt – Mainz den Fluss überqueren konnte. An beiden Seiten gab es mittelalterlich aussehende Brückenköpfe aus massivem Sandstein. Von der alten Brücke ist nicht mehr viel erhalten, da die Nazis sie sprengten. Einzig auf der Mainzer Seite gibt es den Sandsteinbrückenkopf noch.*

© pmv, Eberhard Schmitt-Burk

Rapunzels Turm: Reicht euer Haar vom Lenne-bergturm auch bis zum Boden?

Hunger & Durst

Café am Turm, Buden-heim. ✆ 06131/1437214. www.turm-mainz.de. Jan – April ab 17 Uhr, Mai – Sep Mo – Fr ab 11.30, Sa, So, Fei ab 10 Uhr, Okt – Dez ab 17, Sa, So, Fei ab 10 Uhr. Viele kleine Gerich-te, aber auch Schweine- und Rumpsteak.

schutzgebiet ernannt. Start ist an der **14-Nothelfer-Kapelle** in Gon-senheim. Aus Richtung Bushalte-stelle Wildpark Gonsenheim/Fried-hof kommend, geht es zunächst nach rechts bzw. Nordwesten Rich-tung Wald. Kurz darauf wird die A643 überquert, danach taucht ihr in den Wald ein. Auch wenn die Au-tobahn in der Nähe ist, versucht mal zu horchen: Hört ihr die Vögel singen?

Die Route verläuft nun knapp 900 m geradeaus an der Wendeli-nuskapelle vorbei. Dann biegt ihr links in die Altmünsterschneise ein, die schnurstracks zum **Lenne-bergturm** hinaufführt, das letzte Stück über eine Treppe. Vom Len-nebergturm könnt ihr einen weiten Blick über den Rhein und die Rhein-gau-Berge werfen.

Neben dem Turm befindet sich das Ausflugslokal **Ca-fé am Turm** mit Biergarten – eine gute Gelegenheit sich zu stärken. Anschließend geht ihr in südwest-licher Richtung auf eine Straßenkreuzung zu. Hier haltet ihr euch Richtung **Schloss Waldhausen** (aus-geschildert). Kurz darauf taucht rechter Hand der Ein-gang zum Schloss auf. Der Weg führt direkt auf die breite Fassade dieses schön restaurierten Bauwer-kes zu. Ihr geht rechts vorbei, wo sich auch der klei-ne Schlossgarten ausbreitet. Von der Rückseite des Schlosses gelangt ihr hinunter zum nur 300 m ent-fernten Forsthaus Lenneberg.

Nach dem Besuch der waldkundlichen Ausstellung im **Grünen Haus** (Do 17 – 19, So 15 – 17 Uhr sowie für Schulklassen und Gruppen nach Vereinbarung) und dem informativen Spaziergang über den Wald-lehrpfad kehrt ihr wieder auf der gleichen Route zur

14-Nothelfer-Kapelle zurück. Von den »Strapazen« der Wanderung könnt ihr euch dort in zwei Ausflugslokalen erholen, wobei es aber an Sommerwochenenden oft sehr schwer ist, freie Plätze zu ergattern.

Botanischer Garten und Goetheplatz

Taschentuchbaum und Osage-Orange

Botanischer Garten in Mainz, Anselm-Franz-von-Bentzel-Weg 9a – b, 55099 Mainz. ℂ 06131/22251, Fax 23524. www.botgarten.uni-mainz.de. botanischer.garten@uni-mainz.de. **Bahn/Bus:** Vom Hbf MVG-Bus 6/6A bis Botanischer Garten oder 69 bis Colonel-Kleinmann-Weg der Beschilderung Botanischer Garten folgen. **Zeiten:** Garten 7.30 – 18 Uhr, Gewächshäuser bis 15.30, Fr bis 13 Uhr, Führung möglich. **Preise:** freier Eintritt, bei Anmeldung kindgerechte Führung für Gruppen bis 15 Kinder 25 €. **Infos:** Kinderwagentauglich.

▶ In der auf dem Gelände der Universität gelegenen Gartenanlage sind über 9000 Pflanzenarten aus allen Gegenden der Welt zu entdecken. Es erwarten euch ein großer Wald mit Bäumen, u.a. aus Japan, Korea, dem Himalaya und Nordamerika, Teiche, Kräuter- und Blumenbeete, ein Steingarten und eine Reihe von Schauhäusern, z.B. für Kakteen und mediterrane Pflanzen. Selbst tropische Gewächse wie Bananen und Kakaobäume sind hier zu Hause. Hier gibt es so viele Aha-Erlebnisse!

Ihr könnt den Garten auf eigene Faust erkunden oder an den öffentlichen Führungen teilnehmen (Termine im Internet). Gruppen können auch eigene Führungen vereinbaren (℃ 06131/3925686).

Im Sommer gibt es in der zweiten Augusthälfte ein buntes **Sommerfest.** Es wird eine Rallye veranstaltet und ihr könnt an spannenden Führungen teilnehmen. Für die Eltern gibt es ein vielfältiges Musikprogramm.

 Der Lenneberg-wald, ist neben dem ⚹ Ober-Olmer Wald eines der größeren Waldstücke Rheinhessens außerhalb der Rheinhessischen Schweiz.

 Besonders spannend ist es, den Spuren der Kröte *Bufonia* durch den großen Garten zu folgen. Sie hat zehn Ziele für euch ausgewählt. Dazu gibt es das spannende Büchlein *Bufonias Reise durch die Pflanzenwelt,* Führer durch den Botanischen Garten. Darin ist auch ein Lageplan enthalten. Erhältlich am Automat im Eingangsbereich.

Goetheplatz

Goethestraße, 55118 Mainz-Neustadt. www.mainz.de. marcus.hansen@stadt.mainz.de. **Lage:** Gegenüber Polizeipräsidium. **Bahn/Bus:** Bus 62, 63, 70 Goetheplatz. **Zeiten:** Wasserspielplatz 10.30 – 18 Uhr.

▶ Die grüne Lunge im Herzen des Stadtteils Neustadt. Man geht hier spazieren, sitzt zusammen und diskutiert, Kinder toben. Gemäß der Zusammensetzung der umliegenden Wohngebiete geht es ganz schön multikulturell zu. Es gibt einen Platz zum Inlineskaten und Rollschuhlaufen und ein Basketballfeld. Im Sommer ist der Wasserspielplatz die Attraktion schlechthin. Auch der benachbarte Spielplatz bietet aufregende Spielgeräte.

Grillen und brutzeln

Grillplatz im Hartenbergpark

www.mainz.de. **Infos:** Vermieter: Minigolfclub, ✆ 06131/387073.

▶ Mit Hütte und Grillrosten.

Grillplatz im Volkspark

www.mainz.de. gruenamt@stadt.mainz.de. **Infos:** Vermieter: Grünamt, ✆ 0176/23311031 (Herr Klein).

▶ Mit Grillrosten.

Grillplatz beim Sportplatz Marienborn

www.mainz.de. ortsverwaltung.marienborn@stadt.mainz.de. **Infos:** Vermieter: OV Marienborn, ✆ 06131/366631.

▶ Mit Grillrosten.

Grillplatz in Lennebergwald

Forsthaus Lennebergwald, 55116 Mainz. ✆ 06139/370, www.lennebergwald.de. forstrevier@lennebergwald.de. **Preise:** 50 € inklusive Holz und WC-Benutzung (barrierefrei), Schulklassen 35 €. **Infos:** Schaut in dem

Online-Kalender nach freien Terminen, Reservierung per eMail.

▶ Mit Hütte und Grillrosten.

Grillplatz Sandkaute Drais

www.mainz.de. ortsverwaltung.drais@stadt. mainz.de. **Auto:** Es gibt zwei Parkplätze, mehr Gäste sollten per Bus 54 anreisen. **Zeiten:** Saison von Mai – Okt, Reservierungen ab März möglich. **Preise:** Miete 20 €, Kaution 40 €. **Infos:** Vermieter: OV Drais, ✆ 06131/940991.

▶ Mit Hütte und Grillrosten, bis 22 Uhr erlaubt, für bis zu 25 Pers ausgelegt.

Grillplatz Alte Ziegelei

Mainz-Bretzenheim. www.mainz.de. **Infos:** Vermieter: Herr Piccin, ✆ 06131/2630226.

▶ Mit Grillrosten.

Grillplatz in Mainz-Ebersheim

Mainz-Ebersheim. www.mainz.de. ortsverwaltung.ebersheim@stadt.mainz.de. **Infos:** Vermietung: OV Ebersheim, ✆ 06136/4107.

▶ Mit Hütte und Grillrosten, am Geflügelzuchtverein.

Reiten in Mainz

Reit- und Fahrverein 1929 e.V. Mainz Hechtsheim, Klein-Winterheimer Weg 2, 55129 Mainz-Hechtsheim. ✆ 06131/593688, Fax 593608. www.reitverein-hechtsheim.de. ursula.aschick@reitverein-hechtsheim.de. **Bahn/Bus:** Straba 50, 51 Bürgerhaus. **Preise:** Jahresbeitrag Erw aktiv 65 €, Kinder und Jugendliche aktiv 45 €, Aufnahmegebühr 1. Kind 30 €, 2. Kind 20 €.

▶ In Mainz stehen mehrere Reitplätze, Ausreitgelände und die Reithalle Kerz (Reitunterricht) zur Verfügung. Eine gute Adresse ist der 200 Mitglieder (darunter circa 70 Kinder) starke Hechtsheimer Reit-

 Offenes Grillen ist in Mainz verboten, ihr dürft aber z.B. im Bereich Ingelheimer Auespitze, im Uferbereich Winterhafen und an zwei ausgewiesenen Stellen am Brückenkopf Theodor-Heuss-Brücke grillen. Die Stadtverwaltung bittet im Namen der Anwohner um Verständnis und Beachtung.

@ Alle Reitmöglichkeiten in Mainzer Reitvereinen findet ihr unter www.verband-reitfahrvereine-rheinhessen.de.

und Fahrverein 1929, bei dem ihr das Reiten lernen und es als Reitsportler oder Hobbyreiter betreiben könnt.

Abenteuer, Sport und Spiel

Abenteuerwald und Naturspielplatz Mombach

Marcus Hansen, Floßstraße/Köppelstraße, 55120 Mainz-Mombach. © 06131/12-2827, 12-2534, www.jugend-in-mainz.de. marcus.hansen@stadt.mainz.de. **Bahn/Bus:** Bus 60, 61 Körnerstraße.

▶ Eine kleine Wald-Wildnis ist das: Die Bäume sind teilweise von Efeu umrankt, zahlreiche Sträucher bilden einen Unterholz-Dschungel. Aufregend schmale Pfade führen hindurch. Hier könnt ihr natürlich allerlei kleine Abenteuer unternehmen, durch den Dschungel schleichen, Versteck spielen, Klettern, mit einem Seil von Baum zu Baum schwingen oder auf einem der herumliegenden dicken Stämme balancieren.

Gerade weil dies ein Naturspielplatz ist, seid ihr nicht allein in diesem kleinen Wald. Viele Vögel und Kleintiere sind hier zu Hause. Nehmt Rücksicht auf sie! Natürlich verdienen auch die Bäume eine faire Behandlung. Äste abbrechen tut ihnen weh!

Hartenbergpark

Am Judensand, 55122 Mainz. www.mainz.de. norbert.rudloff@stadt.mainz.de. **Bahn/Bus:** Bus 64, 65 bis Hartenbergpark.

▶ Zu den populärsten Nahausflugszielen der Mainzer Kinder gehört der ausgedehnte Hartenbergpark im Stadtteil Münchfeld-Hartenberg über dem Gonsbachtal. Was es hier alles gibt: Wasser- und Abenteuerspielplatz, Volleyballfeld, Seilbahn, Klettergerüste, steile Hangrutsche, viel Sand, Bolzplatz, Skateboardanlage, Rollschuhbahn, Liegewiese, Tischtennisplatten, eine Minigolfanlage sowie eine Grillhütte (Anmeldung beim Minigolfplatz). Das allergrößte Gedränge herrscht auf dem von Kindern selbst entworfenen Erlebnisparcours: Es wird gesprungen, gewackelt, balanciert, gekrochen, gezittert, gelacht und lauthals geschrien.

Das Jugendamt bietet im Hartenbergpark Spiele an und unterstützt Projekte.

© pmv, Eberhard Schmitt-Burk

Was für ein bunter Drache: Ihn trefft ihr im Hartenbergpark

Minigolf im Hartenbergpark, Am Lungenberg 16, Mainz. ℡ 06131/ 387073. www.mgc-mainz.de. April, Mai, Sep, Okt 11 – 17 Uhr (letzter Einlass), Juni – Aug und ganzjährig So, Fei 10 – 18.30 Uhr. Erw 2,60 €, Wiederholungsrunde 2,10 €, 6er-Karte 12,60 €, Kinder bis 17 Jahre 1,80 €, Wiederholungsrunde 1,50 €, 6er-Karte 9 €; ermäßigt 2,10 €, Wiederholungsrunde 1,80 €, 6er-Karte 10,80 €.

Abenteuerspielplatz Sertoriusring

Marcus Hansen, Sertoriusring, 55126 Mainz-Finthen. ℡ 06131/12-2827, Fax 12-2534. www.jugend-in-mainz.de. marcus.hansen@ stadt.mainz.de. **Lage:** Neben Tennishalle Sertoriusring. **Bahn/Bus:** MVG-Bus 50, 55 bis Römerquelle.

▶ Eigentlich kein Abenteuerspielplatz, aber ein schönes Spielgelände, wo ihr viel unternehmen könnt. Er besteht aus zwei Kesseln, auf den hügeligen Rändern stehen viele Bäume. Es gibt eine Hangelseilbahn, eine steile Bergrutsche, einen Bolzplatz, eine Skater-Anlage, Tischtennisplatten und viele weitere Spielmöglichkeiten.

Stadt- und Volkspark Mainz

Göttelmannstraße, 55131 Mainz. www.mainz.de. norbert.rudloff@stadt.mainz.de. **Bahn/Bus:** Bus 60, 61, 64, 65 bis Stadtpark sowie Bus 62, 63 bis Volkspark. **Zeiten:** Minigolfanlage Mo – Fr 12 – 18, Sa, So, Fei ab 11 Uhr, ℡ 06131/835522. **Preise:** 2,50 € pro Spiel, 6er-Karte 12,50€; Kinder 2 € pro Spiel, 6er-Karte 10 €.

▶ Der Stadt- und Volkspark, südlich vom Bahnhof Mainz-Römisches Theater oberhalb des Rheins gegenüber der Mainmündung gelegen, bietet mehr als nur Grüngelände für erholsame Spaziergänge. Vor allem gibt es hier vieles, was Kindern großen Spaß macht.

Hunger & Durst

Gartenlokal des Favorite-Parkhotels, Karl-Weiser-Straße 1, Mainz. ℡ 06131/801575. www.favorite-mainz.de. Mai – Sep bei schönem Wetter Mo – Fr ab 16, Sa, So, Fei ab 11 Uhr. Restaurant mit Biergarten im **Stadtpark.**

Der südöstliche Teil des Geländes, der **Volkspark**, ist eine große **Spiellandschaft** mit einem vielfältigen Spielplatz: Kletterturm und -netz, Hangelseilbahn, Rutschen, Schaukeln, viel Sand, eine wunderbare Wasserspielanlage mit breiten Kanälen und ein großes Wasserrad sorgen für Spaß an der riesigen Spiel-, Liege- und Picknickwiese. Außerdem gibt es noch eine Rollschuhbahn, Tischtennisplatten und eine Minigolfanlage. Die Eisenbahn, Abfahrt bei der Rollschuhbahn, bringt euch für 1 € einmal durch den ganzen Park.

Der **Stadtpark** im Nordwesten dagegen, ist mit seinen alten, hohen Bäumen exotischer Herkunft und breiten kinderwagentauglichen Spazierwegen ein typischer Park. Aber selbst hier gehen Kinder dank einem Teich mit **Flamingos** und Enten und ein paar Gehegen mit Ziegen und Pfauen nicht leer aus.

*Der **Flamingo** ist eigentlich ein farbloser, nämlich weißer Vogel. Aber so wie Babys vom Karottenbrei-essen orange werden, passiert es auch den Flamingos: Sie verputzen haufenweise rote Garnelen und werden davon rosa.*

Hunger & Durst

Domblick, Maaraue 48, im Bootshaus, Mainz-Kastel. ✆ 06134/22439. www.restaurant-domblick.de. Di – Fr ab 17, Sa ab 11.30, So, Fei ab 10.30 Uhr. Mit Biergarten, Blick auf Mainz und den Dom. 400 m vom S-Bhf Mainz-Kastel. Schnitzel, Fisch, Vegetarisches und kleine Gerichte.

Insel Maaraue

Wiesbaden. www.wiesbaden.de. **Bahn/Bus:** RE Wiesbaden – Frankfurt, S1 und S9 bis Mainz-Kastel. **Auto:** Parken am Bhf Mainz-Kastel.

▶ Auf der Maaraue gegenüber von Mainz gibt es vieles, was Kinderherzen höher schlagen lässt: Liegewiesen, einen Grillplatz mit Hütte am Rhein, zwei Speiselokale an den Ufern von Rhein und Main und nicht weit davon entfernt ein Freibad und Spielplätze. Während die Erwachsenen die Aussicht auf den Rhein und die Mainzer Silhouette genießen, fühlen die Kinder sich pudelwohl: Hier kann man toben, rennen, sich verstecken und ganz viel spielen. Ohne Übertreibung – ein Kinderparadies!

Klettern in Bretzenheim

Hans-Böckler-Straße 114 – 116, 55128 Mainz-Bretzenheim. ✆ 06131/362222. www.sporttreff-mainz.de. info@sporttreff-mainz.de. **Bahn/Bus:** Bus 54, 68, 75 bis Vor der Frecht. **Zeiten:** Mo – Fr 8 – 23, Sa, So 9 – 19 Uhr. **Preise:** 10 €, All you can climb Mo – Do 8 – 16.30

Uhr 6,90 €, 10er-Karte 89,90 €; Kinder 5 €, KidsClub, 10er-Karte 45 €. **Infos:** Gurt-Ausleihe 2,50 €.

▶ Im Sporttreff im Stadtteil Bretzenheim könnt ihr an der 9 m hohen Kletterwand das Klettern von der Pike auf lernen. Kinderklettern für Anfänger: Mo und Do 17 – 18 Uhr für Kinder ab 8 Jahre.

Rambazamba — Rutschen in der Halle

Mombacher Straße 76a, 55122 Mainz. ✆ 06131/5701770, www.rambazamba-mainz.de. info@rambazamba-mainz.de. **Bahn/Bus:** Straba 50, 51, Bus 60 – 63 bis Bismarckplatz oder Zwerchallee, 5 Min zu Fuß, ab Wiesbaden Bus 45 bis Alte Lokhalle. **Zeiten:** Fr – Mi 10 – 20, Do 13 – 19 Uhr. **Preise:** 4 €, Spättarif ab 17.30 Uhr außer Do 2 €, Do 3,50 €; Kinder 8,50 €, Spättarif 5 €, Do 6,50 €; Happy Family Aktion: An bestimmten Tagen haben Eltern oder Großeltern freien Eintritt, Genaueres im Internet.

▶ Hier könnt ihr wie auf den meisten **Indoorspielplätzen** toben was das Zeug hält. Die Szene wird dominiert von dem Riesenklettergerüst, das fast bis unter die Decke reicht. Von der Höhe habt ihr für die Abfahrt die Wahl zwischen vier Rutschen: einer 7,50-m-Riesenrutsche, einer langen Spiralrutsche, einer Wellenrutsche und einer Speed-Rutsche. Spaß macht auch der wackelige Monster Wabbelberg, den ihr zu besteigen versucht. Viel los ist auch auf dem Bolzplatz und dem Trampolinfeld. Es gibt noch mehr, ich will aber nicht alles verraten. Einen eigenen Spielbereich haben die Kleinen und ganz Kleinen – alles kleiner und softer: das Klettergerüst, die Rutschen, das Ballbad, die Softbausteine und die Riesenlegos. Einen großen Bereich nimmt die Gastronomie ein, angeboten werden die gängigen Snacks und Getränke.

Toben bis die Puste ausgeht

Tobolino Mainz, Dammweg 11, 55130 Mainz. ✆ 06131/6228202, www.tobolino-mainz.de. info@tobolino-mainz.de. **Zeiten:** Mo – Do 14 – 18.30, Fr 14 –

MAINZ: NATUR & SPORT

Ihr dürft eure eigenen Speisen und Getränke mitbringen.

19, Sa, So, Fei, Ferien (RLP) 10.30 – 19 Uhr, Sommerferien Mo – Fr 12 – 19 Uhr. **Preise:** 3,50 €, 10er-Karte 30 €; Kinder unter 2 Jahre frei, Kinder 2 – 18 Jahre 6,50 €, 10er-Karte 60 €.

▶ Ungewöhnlich für einen Hallenspielplatz ist der Tobolino Beach mit viel Sand, einem Spielschiff, Kletterfelsen und einem Wasserfall. Aus dem Rahmen fällt auch das Bungee-Trampolin. Andererseits findet ihr alles was in dieser Spielplatzszene verbreitet ist: Das Kletterlabyrinth mit Rutschen, den Klettervulkan, die Trampolinanlage, den Wackelberg und die Fußball-Arena. Natürlich haben die Kleinen und ganz Kleinen ihre eigene Sphäre mit Bällchenbad, Kinderklettergerüst, Bauklötzen und kleinen Rutschen, auf denen sie sanft zu Tal gleiten.

Wintersport in Mainz

Eishalle am Bruchweg

Dr.-Martin-Luther-King-Weg 19, 55122 Mainz. ✆ 06131/320050, Fax 320052. www.eishalleambruchweg.de. info@eishalleambruchweg.de. **Bahn/Bus:** MVG-Bus 64, 65 direkt zur Eissporthalle oder 20 Min zu Fuß. **Auto:** Hinter dem alten 05er Fußballstadion, Parkplätze vorhanden. **Zeiten:** Sep – April Mo 9 – 16.15, Di 9 – 16.45, Mi 9 – 17, Do 9 – 17.30, Fr 9 – 16 und 19.30 – 24 Uhr Eisdisco, Sa 11 – 18.45 und 19.15 – 24 Eisdisco, So 10 – 17.45 Uhr, an Fei andere Laufzeiten, Infos im Internet. **Preise:** 5 €, Disco 5,50 €, 11er-Karte 50 €, Saisonkarte 220 €; Kinder 3 – 17 Jahre 4 €, 11er-Karte 40 €, Saisonkarte 165 €; Schulklassen Mo – Fr 9 – 12 Uhr 3 €, Anmeldung unter ✆ 06131/320050. **Infos:** Schlittschuhe ausleihen 4,50 € und Personalausweis als Pfand hinterlegen, für Schulklassen 3 € pro Pers, Schlittschuhe schleifen 5 €.

▶ Die Mainzer Eissporthalle ist 30 x 60 m groß – viel Platz, um wie der Wind über die Eisfläche zu fegen oder gefühlvoll und elegant Pirouetten zu drehen. In der Halle trainieren 11 Vereine und zwar in den Sportarten Eishockey, Eiskunstlauf, Eistanz, Eisschnelllauf und Eisstockschießen.

Schlittschuh laufen beim Hofgut Laubenheimer Höhe

Christian Barth, Auf der Laubenheimer Höhe 1 – 3, 55130 Mainz. ℂ 06131/622260, Fax 6222627. www.hofgut-laubenheimer-hoehe.de. info@hofgut-laubenheimer-hoehe.de.

▶ Im Winter stellt das Hofgut Laubenheimer Höhe eine Eisbahn im Innenhof auf. Hier kann man Schlittschuh laufen, aber auch Eisstock schießen. Die Öffnungszeiten und weitere Informationen findet ihr auf der Internetseite des Hofguts.

Tiere beobachten

Gonsenheimer Tierpark

Kirchstraße, 55124 Mainz. www.mainz.de. norbert.rudloff@stadt.mainz.de. **Bahn/Bus:** MVG-Bus 28, 62 Wildpark Gonsenheim. **Zeiten:** frei zugänglich. **Preise:** freier Eintritt.

▶ Dieser kleine Tierpark liegt direkt neben dem Waldfriedhof, der Lenneberwald ist nah. Er ist von einem

Bis Mai 2011 war neben der Eishalle das Stadion des 1. FSV Mainz 05, nun spielen sie in der großen Coface Arena.

UMWELT ER FORSCHEN

© pmv, Annette Sievers

Hey, bei Wutzens gibt's was zu fressen – nix wie hin!

Der Gonsenheimer Tierpark ist mehr für die Kleinen, für die Größeren empfiehlt sich ein Ausflug in den Frankfurter Zoo (S8 bis Ffm-Ostendstraße)

Zaun umgeben, an dem ihr entlanglauft. Im Gehege tummelt sich die heimische Tierwelt, z.B. Rehe, Damwild, Wildschweine, Ziegen, Schafe und Wasservögel auf einem kleinen Teich. Aus anderen Ländern gibt es Meerschweinchen und Waschbären zu sehen. Füttert bitte nur mit dem Trockenfutter aus dem Automat.

Nach dem Besuch des Tierparks bietet sich der benachbarte Waldspielplatz an, der ein wenig wie ein Abenteuerspielplatz wirkt. Essen und Getränke gibt's in der **Sportklause des SV 1919 Gonsenheim,** ganz nahe bei der 14-Nothelfer-Kapelle.

Die Natur erleben

Geografie für Alle: Erkundungen, Naturerlebnisse & Stadtrallyes

Geographisches Institut der Universität Mainz, Johann-Joachim-Becher-Weg 21, 55099 Mainz. ✆ 06131/3925145, Fax 3920965. www.geographie-fuer-alle.de. info@geographie-fuer-alle.de. **Zeiten:** Büro Mo, Do 9 – 11, Di 16 – 18, Fr 12.30 – 13.30 Uhr. **Infos:** Programmheft »Kinder- und Jugendprogramm für Schulen und private Anlässe«, auch Streifzüge für Familien mit Kindern, die sich zusammentun.

▶ »Geografie für Alle« ist ein Projekt, das von Studenten und Mitgliedern des Geographischen Instituts der Uni Mainz 1994 gegründet wurde und dessen Spezialität erlebnisreiche Natur- und Kulturerkundungen im Rhein-Main-Gebiet (Mainz, Wiesbaden, Frankfurt, Rheinhessen, Rheingau) sind.

Der Verein hat sogar ein Programm eigens für Kinder-, Schüler- und Jugendgruppen entwickelt, das eine Reihe von Aktionen wie etwa spielerisches Entdecken der Natur mit allen Sinnen für Kinder im Vor- und Grundschulalter, Stadtrallyes und naturkundliche Erforschungen für ältere Schüler und Jugendliche bietet. Es gibt **Themen-Stadtrallyes:**

Happy Birthday!
Macht an eurem Geburtstag eine Stadtrallye, wo ihr spannende Aufgaben lösen müsst, Geburtstagstour 65 €.

6 – 10 Jahre: *Auf heißer Spur – eine Gangsterjagd quer durch die Mainzer Innenstadt.*

Ab 10 Jahre: *De Romanorum Moguntiaci Vita – Den Römern auf der Spur.*

Ab 12 Jahre: *Eine Stadtrallye durch Geschichte und Geografie* und *Der Eiszeit auf der Spur.*

Es gibt auch ein Familiennaturerlebnis: *Mein Freund, der Wald.* Für Kinder ab 8 Jahre. Dabei gibt es für die Teilnehmer auch immer selbst etwas zu tun und interessante Aufgaben zu lösen. Die Touren müssen vorher gebucht werden.

© pmv, Eberhard Schmitt-Burk

Ebi und sein Freund, der Baum: Probiert selbst einmal, einen Baum zu umarmen!

ui – Umweltinformations-Zentrum der Stadt Mainz

Entsorgungsbetrieb der Stadt Mainz und Wirtschaftsbetrieb Mainz AöR, Dominikanerstraße 2, 55116 Mainz. ✆ 06131/122121, Fax 279769. www.mainz. de. umweltinformation@stadt.mainz.de. **Lage:** Zwischen Ludwigsstraße und Große Langgasse. **Bahn/Bus:** Bus 54 – 57, 60 – 63, 69, 71, Straba 50 – 52 bis Schillerplatz. **Zeiten:** Mo – Fr 10 – 18, Sa 10 – 14 Uhr.

▶ Beratung in Umweltfragen, Informationsbroschüren und kleine Ausstellungen. Alle zwei Monate erscheint der reichhaltige Veranstaltungskalender »ÖkoTermine Mainz – Wiesbaden«. Herausgeber sind die Umweltämter der beiden Städte gemeinsam.

Steppe in Mombach: Naturschutzgebiet Mainzer Sand

Arbeitskreis Umwelt Mombach e.V., Obere Bogenstraße 56, 55120 Mainz. ✆ 06131/686042, www.akumwelt.de. info@akumwelt.de. **Bahn/Bus:** In Mombach auf der Straße Am Lemmchen. Dabei geht es zweimal an Infotafeln mit Plänen vorbei. Eine gute Gelegenheit, sich zu orientieren und die Route für eine Rundwanderung auszusuchen.

▶ Das Naturschutzgebiet Mainzer Sand am Westrand von Mainz ist der Rest eines Flugsandgebiets, das früher über Ingelheim bis Gau-Algesheim reichte. Das

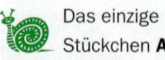 Das einzige Stückchen **Auwald im Mainzer Stadtgebiet** befindet sich am **Mombacher Rheinufer.** Hier sieht es richtig wie im Urwald aus. Ihr könnt auf einem Pfad am Flussufer entlanggehen. Direkt gegenüber liegt die Insel Rettbergsaue. Deshalb könnt ihr den Streifzug im Rheinurwald gut mit einem Picknick- und Badetag auf der Insel kombinieren.

Flugsandgebiet im Mainzer Becken bildete sich während der letzten trocken-kalten Periode der *Würm-Eiszeit* (18.000 – 10.000 v.Chr.). Der Sand wurde von Winden aus Westen und Nordwesten dorthin getragen. Er stammt aus dem Flussschotter des Rheins und wurde an die Hänge des Rheinhessischen Hügel- und Tafellandes getragen, wo er sich zu bis zu 10 m hohen Dünen anhäufte.

Hier ist eine besondere Pflanzenwelt zu Hause. Die nach dem Ende der Eiszeit einsetzende Erwärmung sowie die Trockenheit und Nährstoffarmut der Böden löste die Einwanderung von Steppenpflanzen aus Südrussland aus. Darunter sind Federgräser, Sand-Lotwurz und Adonisröschen. Später ließen sich hier auch Tiere und Pflanzen aus dem Mittelmeerraum nieder wie die Kartäusernelke und das Nadelröschen, denen das sommerwarme Klima und die nur licht mit Kiefern bewachsene Landschaft gefiel.

Als im Laufe der Zeit das Klima im Mainzer Becken feuchter und kühler wurde, verbreiteten sich aber immer mehr Bäume der gemäßigten Zone – zunächst Eichen, dann auch Buchen – und verdrängten die nacheiszeitliche Kiefern-Steppen-Formation bis auf kleine Restgebiete. Ein solches ist das Naturschutzgebiet Mainzer Sand.

Vögel beobachten mitten im Rhein: Insel Rettbergsaue

Mainz. ✆ 0611/24551 (Biebrich), 24508 (Schierstein), www.rettbergsau.de. mattiaqua@ wiesbaden.de. **Länge:** Rundweg 4 km. **Bahn/Bus:** April – Okt Fährverbindung vom Biebricher Schloss und Schiersteiner Hafen; ESWE-Bus 9 bis Schiersteiner Brücke, dann zu Fuß zur Brückenmitte und Abstieg zur Insel, Zugang nur 8 – 20 Uhr. **Zeiten:** April, Mai, Sep Mo – Do 9 – 18.45, Fr – So, Fei 9 – 19.45 Uhr, Juni – Aug Mo – So 9 – 19.45 Uhr. **Preise:** freier Eintritt. **Infos:** Aus Naturschutzgründen sind Hunde nicht erlaubt, Informationen unter: mattiaqua, ✆ 0611/318078.

▶ Vor Mainz liegt mitten im Rhein die Rettbergsaue. Große Teile dieser 68 ha großen, 3 km langen und bis zu 300 m breiten Insel, die teilweise von Auwald bedeckt ist, stehen seit 1978 unter Naturschutz. Ehemals landwirtschaftlich genutzte Flächen sind heute sich selbst überlassen. Dank dieser Entscheidung leben wieder viele unterschiedliche Vogelarten hier. So ist der Nachtigallenbestand ungewöhnlich dicht und es existiert eine Graureiherkolonie. Zu der schützenswerten Vogelwelt der Insel gehören ferner der Schwarz- und der Rotmilan, die Hohltaube, der Kleinspecht und der Pirol, die alle auf der **Roten Liste** stehen.

© pmv, Annette Sievers

MAINZ: NATUR & SPORT

Wachsamer Vogel: Ein Graureiher im Gehölz der Rettbergsaue

Die Rettbergsaue ist zugleich ein stark besuchtes Naherholungsgebiet. Es gibt prima Sandstrände (Baden im Fluss ist aber verboten!), zwei ↗ Campingplätze, je einer auf der Ost- und Westseite, Grill- und Spielplätze und auf der Westseite ein Restaurant.

Ihr könnt den Besuch der schönen Rheininsel, auf der Autoverkehr nicht gestattet ist, in eine Rundtour einbinden. Es geht zunächst vom Schiersteiner Hafen mit der Fähre zum Westteil der Rettbergsaue. Dann wandert ihr die 1,5 km zum Ostteil hinüber. Von dort fahrt ihr mit der Fähre nach Biebrich hinüber. Zum Schluss geht es auf dem Radweg in der Rheinaue zum Schiersteiner Hafen zurück. Dabei kommt man auch an den **Schiersteiner Wiesen** vorbei, ein Naturschutzgebiet, an dessen Teichen zwischen Mitte März und Ende August oft Störche zu sehen sind. Die restliche Zeit überwintern sie in Afrika.

Auf der **Roten Liste** sind alle vom Aussterben bedrohten Arten von Tieren und Pflanzen eingetragen. Sie stehen damit unter besonderem Schutz.

Lehrpfade

Natur in der Stadt erleben – Stadtökologischer Lehrpfad Mainz

✆ 06131/122121, **Länge:** 4,5 km Rundweg.

▶ Der Lehrpfad führt durch die Altstadt und Parkanlagen des Inneren Grüngürtels. An 12 Stationen wird versucht, an jeweils einem spezifischen Lebensraum den Zusammenhang von Stadt und Natur darzustellen. Der Pfad beginnt in der Altstadt am Kirschgarten und führt über Zitadelle und Inneren Grüngürtel an den Ausgangsort zurück. Lasst ir euch für die Stationen viel Zeit, könnt ihr den Lehrpfad auch gut in zwei Etappen begehen.

Die informative Broschüre zum Lehrpfad »Natur erleben in der Stadt« (mit Plan) ist erhältlich im Umweltinformations-Zentrum in der Dominikanerstraße und im Brückenturm am Rathaus. Sie zeigt Tiere und Pflanzen der verschiedenen städtischen Standorte.

Die Natur lässt sich im ehemaligen Steinbruch nieder

Weisenauer Steinbruch, 55116 Mainz-Weisenau. www.mainz.de. **Bahn/Bus:** Bus 60, 61, 63 bis Zur Alten Portland, Bus 65 bis Paul-Gerhardt-Weg.

▶ Im riesigen Weisenauer Steinbruch wurde von 1839 bis 1970 Kalkstein abgebaut, der in der Zementproduktion gebraucht wurde. Danach wurde zunächst eine ackerbauliche Nutzung der ungenutzten Flächen betrieben. Ab 2006 wurde diese Bewirtschaftung durch die Anlage von Wiesen aufgegeben und mit einer Rekultivierung des Kernbereichs des ehemaligen Steinbruchs im Interesse des Naturschutzes und der Naherholung begonnen.

Mittlerweile sieht es im ehemaligen Steinbruch und unterhalb der langen Wand fast wie in der Dschungel-Wildnis aus. Auf den Wiesen stehen dagegen Obstbäume, es gibt auch Feuchtbiotope. Viele, z.T. seltene Vogelarten und zahllose Insekten sind jetzt in diesen Räumen heimisch. Oberhalb der Felswände hat sich dagegen Magerrasen entwickelt, der aber ebenfalls artenreich ist. Die Fülle an Blumen bietet insbesondere Wildbienen, Heuschrecken und Tag-

Brumm, summ: Hummel im Anflug!

© Annette Sievers

faltern gute Lebensbedingungen. Nachgewiesen wurden u.a. 43 Vogelarten (darunter Dohlen, Neuntöter, Wander- und Turmfalken, Mäusebussarde), 15 Heuschreckenarten, 63 Wildbienenarten und Grabwespen, 14 Libellenarten und 10 Tagfalter.

Seit 2011 führt der **Geologische Lehrpfad** als Rundweg durch das Gelände. 12 Infotafeln beschreiben die Entstehung der Gesteine während des Tertiärs im Mainzer Becken, den Kalkabbau und die Produktion von Zement.

 Vergesst nicht eure Ferngläser, es gibt viel zu beobachten!

Naturlehrpfad Alte Ziegelei

BUND-Büro Alte Ziegelei, Maren Goschke, Alte Ziegelei, 55128 Mainz-Bretzenheim. ✆ 06131/338071, www.bund-rlp.de. kindergruppe@geografin.de. **Bahn/Bus:** Bus 6, 6A, 70, 71, 90 Albert-Stohr-Straße. **Zeiten:** Führungen für Kinder vormittags mit Maren Goschke. **Preise:** kostenlos.

▶ Auf dem weitläufigen Gelände der 1972 stillgelegten Bretzenheimer Ziegelei Rosbach haben sich in den letzten Jahren eine Reihe für Rheinhessen charakteristische Biotope entwickelt. Seit mehr als 20 Jahren engagiert sich die Kreisgruppe Mainz-Stadt des BUND auf dem Gelände. Sie hat einen Naturlehrpfad eingerichtet und veranstaltet nach Absprache kostenlose Führungen von 3 Stunden für Schulklassen und andere Kindergruppen. Zu sehen und zu erleben gibt es verschiedenartige Lebensräume wie Hecken, Streuobstwiesen, Schuttflora, Lösswand, Ackerflächen und deren Bewohner. Die Führungen macht Geographin Maren Goschke.

Der BUND (Bund für Umwelt und Naturschutz Deutschland e.V.) ist mit 461.000 Mitgliedern (2010) neben dem NABU der zweite große Naturschutzverband in Deutschland. Die Landeszentrale für Rheinland-Pfalz ist in Mainz (www.bund-rlp.de). Im Gebiet unseres Buches gibt es die Kreisgruppen Mainz-Stadt, Mainz-Bingen, Alzeyer Land, Bad Kreuznach, Birkenfeld und Wonnegau. Auch für Kinder gibt

Kindergruppe und Jugendgruppe **NABU Mainz** (gemeinsam mit BUNDjugend Rheinland-Pfalz), Frauenlobstraße 15 – 19, Mainz. ✆ 06131/1403926. www.nabu-mainz.de. Alle 2 Wochen treffen sich freitags Kinder ab 6 Jahre, um zusammen die Natur zu erforschen und spielerisch zu erleben. Treffpunkt an der Alten Ziegelei in Bretzenheim. Die Jugendgruppe für Kinder ab 11 Jahre trifft sich alle 2 Wochen samstags, mehr unter naturjugengruppe@nabu-mainz.de.

Mit Hilfe der BUND-Broschüre *Der Naturlehrpfad auf dem Gelände der Alten Ziegelei* seid ihr in der Lage, den Rundgang auch selbstständig zu unternehmen. Es gibt hier auch viel Platz zum Spielen, Grillen und für andere Aktivitäten.

es im BUND viele Möglichkeiten, umweltfreundlich aktiv zu sein, zum Beispiel die Kindergruppen gemeinsam mit dem NABU alle zwei Wochen hier an der alten Ziegelei. Da wird gesucht, gefunden und viel erklärt, aber natürlich mit ganz viel Spaß dabei.

Grünes Haus und Erlebnispfad Lennebergwald

Forstrevier Lenneberg, Im Wald, 55257 Budenheim. ☏ 06139/370, Fax 290360. www.lennebergwald.de. forstrevier@lennebergwald.de. **Bahn/Bus:** Von Mainz Hbf 20 Min mit MVG-Bus 64 bis zur Reitschule, von da 5 Min Fußweg nach Süden. **Zeiten:** Grünes Haus So 15 – 17 Uhr, wochentags nach Vereinbarung. **Infos:** Forsthaus, Do 17 – 19 Uhr, Terminkalender im Internet und als Faltblatt.

▶ Auf Schautafeln wird im **Grünen Haus** die Geschichte und Nutzung des Waldes dargestellt und mit Hilfe von Mikroskopen kann die Tier- und Pflanzenwelt unter die Lupe genommen werden.

Rund um das Grüne Haus gibt es einen informativ ausgeschilderten **Waldlehr- und Erlebnispfad** mit Baumtelefon, Xylophon, Tastkästen, Balancierstamm, Barfußpfad und weiteren Stationen sowie einem kleinen Weiher. Der Erlebnispfad kann jederzeit selbstständig erkundet werden, Erklärungen dazu sind auf einem Faltblatt im Grünen Haus erhältlich.

Für Gruppen, insbesondere Schulklassen und Kindergärten, veranstaltet das Forstrevier Lenneberg **Waldführungen**, die auch mit selbstständigen Erkundungen des Waldes und Zeit zum Spielen und Toben verbunden werden können (frühzeitige Anmeldung empfehlenswert). Es gibt im Bereich des Grünen Hauses und in der Umgebung noch weitere Aktivitäten und Veranstaltungen, die für Kinder interessant sind, ein ganzer Terminkalender ist damit gefüllt. An einzelnen Tagen oder im Rahmen von Projektwochen können Schüler sogar unter Anleitung im Wald arbeiten und so mehr über den Wald lernen.

Hunger & Durst
Im Lennebergwald steht außerdem eine Grillhütte, die beim Förster angemietet werden kann.

MAINZ: WISSEN & KULTUR

Mainz ist die Landeshauptstadt von Rheinland-Pfalz. Mit über 200.000 Einwohnern ist sie die größte Stadt des Landes und natürlich als lebhafte Kultur- und Industriestadt die Metropole von Rheinhessen.

Die Altstadt wird von dem romanischen Dom aus rotem Sandstein überragt. Mittendrin liegt der geräumige Marktplatz, auf dem die großen Feste gefeiert werden, der Wochenmarkt zu Hause ist und vier Adventswochen lang der Weihnachtsmarkt für festliche Stimmung sorgt.

In Deutschland kennt man Mainz als Fastnachtshochburg. Die Mainzer Stadtkultur ist jedoch keineswegs auf diese »fünfte Jahreszeit« begrenzt. Das Jahr über hält eine vielfältige Kulturszene ein reichhaltiges Kindertheaterprogramm bereit, und in den Museen wird auch viel mit Kindern unternommen.

Stadtrundgänge und Museen

Stadtführungen

mainzplus Citymarketing GmbH, Rheinstraße 66, 55116 Mainz. ☎ 06131/286210, Fax 2862155. www.touristik-mainz.de. c.wied@mainzplus.com.
Zeiten: Mo – Fr 9 – 18, Sa 10 – 16, So 11 – 15 Uhr, Fei geschlossen. **Preise:** 7 €; Kinder bis 9 Jahre 3 €; Schüler, Studenten 4 €, Rentner 6 €, Familienkarte 15 €.

▶ Das Tourist Service Center bietet regelmäßig die Stadtführung »Das goldene Mainz« (Sa 14 Uhr, Mai – Okt auch Mo, Mi, Fr 14 Uhr, Dauer 2 Std) an, die für Erwachsene gedacht ist, bei der aber auch Kinder ihren Spaß haben. Genauso verhält es sich mit den thematischen Rundgängen des vielfältigen Programmes »Mainzer Kulturspaziergänge«, die zu bestimmten Terminen angeboten werden. Wirklich kinderspezifischen Anspruch haben jedoch lediglich die drei Führungen »Gutenberg Live – Echt cool der Meister Gensfleisch« und »Als die Mainzer Römer waren« so-

MEISTER, MUSEN UND MUSIKE

Mainzer Kinderstadtplan, 2008, enthält für Kinder interessante und wichtige Plätze und Einrichtungen – Spielplätze, Skateranlagen, Schwimmbäder, Kinder- und Jugendzentren.

HANDWERK UND GESCHICHTE

Stadtbesichtigung: Was erzählt die da?

wie die Stadtrallye des Programms Cool-tour für Kinder und Jugendliche. Hier gibt es nur wenige Termine, daher rechtzeitig informieren und anmelden.

Die große Kunstschatzkammer der Region

Landesmuseum Mainz, Große Bleiche 49 – 51, 55116 Mainz. ℮ 06131/28570, 285725 (Info-Band), Fax 285788. www.landesmuseum-mainz.de. kontakt@landesmuseum-mainz.rlp.de. **Bahn/Bus:** Vom Hbf MVG-Bus 6, 6A, 62, 63, 64, 65, und 68 bis Bauhofstraße/Rheinland-Pfalz-Bank oder 15 Min Fußweg. **Zeiten:** Di 10 – 20, Mi – So 10 – 17 Uhr, Führungen, auch für Sonderaustellungen, Termine im Monatsprogramm, für Gruppen und Schulklassen nach Anmeldung. **Preise:** Dauerausstellung 6 €; Kinder unter 6 Jahre frei, 6 – 18 Jahre 3,50 €. **Infos:** Monatsprogramm im Internet, Museum ist barrierefrei, Blinde können sich Tastbücher leihen.

▶ Das Landesmuseum in Mainz gehört zu den ältesten Museen in Deutschland. Es ist mehr als 200 Jahre alt und besitzt eine riesige Sammlung von Kunstschätzen aus frühester Siedlungszeit bis in die Gegenwart. Es ist in jüngster Zeit grundlegend saniert und modernisiert worden. Das hat ihm gut getan. Die Präsentation der Gegenstände ist jetzt viel ansprechender und informativer. Es ist übrigens auch kinderfreundlicher geworden und bietet viele Aktionen. So gibt es jetzt zahlreiche Stationen, wo ihr Exponate anfassen und damit arbeiten, bzw. spielerisch umgehen dürft (Markierung »Hands on«). Und auf den zahlreichen Bildschirmen der Infopoints ist extra ein Bereich für Kinder (»Junior«) eingerichtet.

Happy Birthday!
Ihr könnt eure Kindergeburtstage hier kreativ feiern. Bastelt mit Mosaik, Speckstein, Gipsarbeiten, Metallfolien, Laubsägen und mehr.

Ausprobieren erlaubt: Was hört ihr an dieser Station?

© Landesmuseum Mainz

Bis auf die Vor- und Frühgeschichte und die römische Zeit sind nun alle großen Sammlungen im neuen Gewand zu sehen. Die über mehrere Stockwerke verbreitete riesengroße Dauerausstellung zeigt Frühes, Hohes und Spätes Mittelalter, Renaissance, Nie-

© Landesmuseum Mainz

derländische Malerei, Mainzer Barock, Goethezeit und Biedermeier, Romantik und Historismus, Judaica, Graphiken vom 16. – 20. Jahrhundert, Kunst um 1900, Jugendstil und Kunst der Moderne. Da ist selbstverständlich vieles zu sehen, was auch Kinder interessiert. Eltern haben es angesichts der Fülle schwer für einen individuellen Besuch eine Auswahl zu treffen. Zum Glück gibt es da ja noch die betriebsamen Museumspädagogen mit ihrem breiten und vielfältigen Programm.

Etwas ganz Besonderes bietet der große zeitRAUM. Dort sind zehn Stationen zu ausgewählten Epochen der Kultur vom Frühen Mittelalter bis zur Gegenwart aufgebaut, die sich auf die ständige Ausstellung – gelegentlich auch Sonderausstellungen – beziehen. Dazu gibt es kurze Texte und Fragen, für die Material bereitsteht. So könnt ihr an der Station »Stadtluft macht frei« mit Hilfe eines Bildes und zahlreicher Klötzchen die große mittelalterliche Stadt Mainz bauen. Dieser interaktive Erlebnisraum ist stets zugänglich, es sei denn er ist von Familien überfüllt oder von Gruppen belegt.

Zum umfangreichen Programm der Museumspädagogen gehören Veranstaltungen für Kindergärten und Schulen aller Gattungen sowie Kinder und Familien.

Hier werden Rätsel gelöst: Bei der Kinderführung im Landesmuseum

 Extra-Veranstaltungen:

Familiensonntag, bestimmte Termine So 14 – 16 Uhr, Eintritt 1 € pro Pers.

Kunst gucken (ab 6 Jahre), bestimmte Termine So 11 Uhr, Kinderführungen parallel zur Themenführung der Erwachsenen, Eintritt 3,50 € (Begleitung Erw 5 €).

Offenes Atelier – Mitmachwerkstatt (ab 6 Jahre) bestimmte Termine Sa 14 – 16 Uhr, Ausstellungseintritt plus 1 €.

Määnzer Kokolores

Mainzer Fastnachtsmuseum, Neue Universitätsstraße 2, 55116 Mainz. ℃ 06131/1444071, Fax 1444069. www.mainzer-fastnachtsmuseum.de. helau@mainzer-fastnachtsmuseum.de. **Bahn/Bus:** Bus 6, 6A, 54 – 57, 60 – 65, 71, Straba 50 – 52 bis Münsterplatz. **Zeiten:** Di – So 11 – 17 Uhr. **Preise:** 1,50 €, ab 5er-Gruppe 1 €; Kinder bis 14 Jahre 0,50 €; Schulklassen frei nach Terminabsprache. **Infos:** Faltblatt vorhanden.

▶ Reich illustriert und mit Infotafeln gespickt könnt ihr hier 160 Jahre Geschichte der Mainzer Fastnacht bestaunen. Interessant, dass im Geburtsjahr der institutionalisierten Fastnacht 1837 der Kampf für bürgerliche Freiheiten im Vordergrund stand – und nicht Klamauk mit konservativem Akzent, wie es heutzutage verbreitet ist. Natürlich ist hier alles versammelt, was in den Fremdensitzungen und auf dem Rosenmontagszug das bunte Treiben bestimmt: Narrenkappen und Zepter, Gardeuniformen und Kostüme, Orden, Schwellköpfe und den ganzen anderen »Kokolores« (Unsinn). Lustig ist das alles anzusehen. Ihr könnt an DVD-Türmen an den Bildschirmen sogar berühmten Fastnachtsstars von einst wie Ernst Neger, von dem das Lied stammt »Heile, heile, Gänschen, …«, *Margit Sponheimer* und *Herbert Bonewitz* bei ihrem Vortrag in der Narrensitzung lauschen. Lobenswert, dass in einem separaten kleinen Saal Aufnahmen von Kindermaskenbällen und -fastnachtszügen gezeigt werden.

Römische Schiffe auf dem Rhein

Museum für Antike Schifffahrt, Neutorstraße 2b, 55116 Mainz. ℃ 06131/91240, Fax 2866324. www.rgzm.de. service@rgzm.de. **Lage:** Zwischen Südbahnhof und Rhein. **Zeiten:** Di – So 10 – 18 Uhr, Führungen nach Vereinbarung unter ℃ 9124170. **Preise:** Eintritt frei.

▶ Das 1994 gegründete Museum ist in der ehemaligen Markthalle untergebracht. Der Anlass für die

Gründung war, dass 1981 bei Ausschachtungsarbeiten Reste römischer Schiffe aus dem 4. Jahrhundert gefunden wurden. Die Schiffe waren so gut erhalten, weil sie in der rheinnahen, feuchten Erde luftdicht abgeschlossen waren.

© RGZM, Foto V. Iserhardt, R. Müller

Mittlerweile sind zwei Schiffe in Originalgröße nachgebaut worden. An diesen könnt ihr nicht zuletzt auch dank der verständlichen Infos wunderbar studieren, wie diese Schiffe, ihre Ruder, Steuer, Anker und Segel aussahen und wie das alles funktionierte. Aber auch die Überreste der insgesamt sechs Originalschiffe sind zu sehen. Um eine hohe Geschwindigkeit zu erzielen, wurden die Kriegsschiffe der Römer gerudert und waren gewöhnlich auch mit einem Segel ausgestattet. Sie waren zur Sicherung der Seewege und Schifffahrtsstraßen im Einsatz.

Handelsschiffe, die auf den Meeren unterwegs waren, wurden fast ausschließlich gesegelt, in Binnengewässern wurden sie auch getreidelt, gerudert oder gestakt. Die größten uns bekannten Frachter konnten bis zu 10.000 Amphoren befördern.

Texte, Abbildungen und zahlreiche Ausstellungsstücke zeigen euch diese Technik und Größe der Boote und Schiffe genau. Da möchte man gleich selbst zum Seefahrer werden.

*Man weiß leider nicht, wo sich der römische Hafen in Mainz befand, da man bis jetzt keine Überreste gefunden hat. Aus Inschriften geht hervor, dass es in **Mogontiacum** Werften gab, jedoch ist nicht klar, wo sie sich befanden.*

Vom Riesenhai bis zum Urpferd

Naturhistorisches Museum, Mitternacht/Reichklarastraße 1, 55116 Mainz. ℗ 06131/12-2646, 12-2268 (Information), Fax 12-2975. www.naturhistorisches-museum.mainz.de. naturhistorisches.museum@stadt.mainz.de. **Bahn/Bus:** MVG-Bus 28, 58, 62 bis 65, 610

Happy Birthday!

Für Kindergeburtstage werden auf euer Alter abgestimmte Führungen mit eurem Wunschthema angeboten. Bei dem Gang durch die Schausammlung dürft ihr sogar bestimmte Fossilien und Präparate in die Hand nehmen und ganz genau ansehen. 1 Std Führung Di – Sa 35 €, So, Fei 45 € plus Eintritt.

Hunger & Durst

Café Forster, Reichklarastraße 1, Mainz. ✆ 06131/5860516. Mo – Fr 9 – 18, Di 9 – 20, Sa, So, Fei 9.30 – 18 Uhr. Kleines Bistro.

Schusterstraße. **Zeiten:** Di 10 – 20, Mi 10 – 14, Do – So 10 – 17 Uhr. **Preise:** 1,50 €, bei Sonderausstellungen erhöhter Eintritt 4,50 €, auch So, Ermäßigungen jeweils um 1 €; Kinder 3 – 18 Jahre 0,50 €, Sonderausstellungen 3,50 €; Familientageskarte 3 €, Sonderausstellung Familienkarte 12,50 €, Rentner 3 €, 1-Std-Führung für Schulklassen 35 € und Eintrittspauschale 10 €, für Kindergärten 25 € und Eintrittspauschale 5 €. **Infos:** Kinderführer »Expedition durchs Museum« 1 €.

▶ Das Naturhistorische Museum in Mainz ist nicht nur das größte naturkundliche Museum des Bundeslandes, sondern darüber hinaus auf den Wissensdurst von Kindern eingestellt. Es präsentiert eine riesengroße Sammlung von Fossilien und ausgestopften Tieren aus vier Erdzeitaltern, die in RLP durch Fossilien gut dokumentiert sind: *Devon* präsentiert das **Devonische Meer** von vor circa 400 Mio Jahren mit in Schiefer eingebetteten Tierresten wie Trilobit oder Seesternen, das **Rotliegende,** vor circa 280 Mio Jahren mit Panzerlurchen und Tierfährten, die **Erdneuzeit** mit Tierfunden aus den tertiären Meeren (35 – 18 Mio Jahre), darunter Haie, die so groß waren wie der weiße Hai. 45 Mio Jahre alt sind die Funde vom Urpferdchen, das in der Eifel lebte, und schließlich eine Vielzahl an Tierresten aus dem Eiszeitalter, das riesige Tiere hervorgebracht hat wie Mammute und Riesenhirsche.

Ein so materialreiches Museum könnt ihr nicht an einem einzigen Tag richtig gut kennen lernen. Am besten kommt ihr immer mal wieder hierher. Am Anfang steht der Saal **Heimische Tiere** im 2. Obergeschoss. Da lernt ihr nach der Gliederung der Ausstellung in »Wiese und Feldgehölze«, »Feuchtgebiete« und »Wald« einerseits, andererseits in »Erfolgreiche Einwanderer«, »Tiere, die sich an den Menschen gewöhnt haben« sowie »In RLP vom Aussterben bedrohte Tiere« viel neues.

Als nächstes nehmt ihr euch den **Vogelsaal** vor, wo ihr den Urvogel, den Archaeopterix, seht und allerlei über Falken, Seeadler, Bartmeisen usw. erfahrt. Danach führt ein Besuch zu der nicht minder sehenswerten **Insektenausstellung** im 2. Zwischengeschoss. Hier gibt es Grillen, Vogelspinnen und ein Bienenvolk zu sehen.

Erst viel später würde ich das **Erdgeschoss** mit den spektakulären Funden im subtropischen Mainzer Becken vor 35 Mio Jahren besuchen – allen voran das Skelett der Seekuh, die Nashornfossilien, Quagas, eine ausgestorbene Zebraart, von denen es nur wenige ausgestopfte Exemplare gibt, das Mammutbaby Dina, das Budenheimer Nashorn, die Urpferdchen uvm.

Die Ausstellungen sind ansprechend präsentiert, sodass keine Langeweile aufkommt. Die **Museumspädagoginnen** bieten außerdem ein spannendes naturkundliches Programm. Für 5- bis 9-Jährige gibt es Di um 16 und Do um 15 Uhr (pro Veranstaltung 3 €) **Vorlesestunden mit Tieren.** Dabei geht es jeweils um ein ausgewähltes Tier des Monats. Anmeldungen sind einen Monat im Voraus möglich und ratsam. Die Teilnahme an »Knax erforscht die Tierwelt«, jeden 2. Do im Monat um 16 Uhr für 6- bis 12-Jährige, ist frei.

Römer und Germanen

Römisch-Germanisches Zentralmuseum, Ernst-Ludwig-Platz 2, 55116 Mainz. ✆ 06131/9124-0, Fax 9124-199. www.rgzm.de. service@rgzm.de. **Bahn/Bus:** Von Bhf Mainz-Kastel alle Buslinien Richtung Mainz bis Landtag; von Mainz Hbf Bus 6, 6a, 64, 65, 99 bis Bauhofstraße/LRP. **Auto:** A60 bis Dreieck Mainz, weiter A643 Richtung Wiesbaden bis Abfahrt Mz-Mombach, dann Richtung Mz-Innenstadt. Straßenverlauf (K6/Rheinallee) circa 5 km dem Rhein entlang folgen, das Kurfürstliche Schloss zur Rechten passieren und rechts in die Große Bleiche. **Zeiten:** Di – So 10 – 18 Uhr, Gruppenführung ✆ 06131/9124-170 und eMail. **Preise:** freier Eintritt. **Infos:** Termine der Familiensonntage im Internet.

Happy Birthday!
Wer hier seinen Kindergeburtstag feiert, kann aus verschiedenen Programmen wählen.

Mit Hilfe der Broschüren *Globalisierung und Integration, Die Weltmacht Rom* und *Auf dem Weg nach Europa. Spätantike und Frühmittelalter*, 3 €, erfahrt ihr mehr über die beiden Abteilungen. Zu den Spuren der Römer gibt es die Fahrradrundtour *Römerroute*, 13,5 km lang, 19 Stationen, Karte mit Beschreibung, erhältlich in der Tourist-Information und im Buchhandel, 0,50 €.

▶ Im 1. Stock des Schlosses zeigt dieses große und materialreiche Museum die Kultur und Geschichte der Römer. Das römische Reich wird durch alle Epochen verfolgt und es wird viel zum römischen Militär, Wirtschaft, Medizin, Wissenschaft und Religion gezeigt. Höhepunkte sind etwa der »Mainzer Himmelsglobus« und ein römischer Schlachtensarkophag.

Im 2. Stock befindet sich die frühmittelalterliche Abteilung. Dort trifft man auf die vielfältige Kultur des spätrömischen Reiches, auf Hunnen, Goten, Byzantiner und Germanen. Ihr seht Kopien des Thrones des Bischof Maximianus von Ravenna und der Kathedra Petri aus dem Petersdom in Rom sowie die Rekonstruktionen der Ausrüstung des fränkischen Königs *Childerich*.

Die Ausstellungen wurden in den vergangenen Jahren ergänzt, bleiben aber noch dem Erscheinungsbild einer materialreichen Studiensammlung treu. Die vorgeschichtliche Abteilung ist bis zur Neueröffnung des in Planung befindlichen Museumsneubaus geschlossen.

An **Familiensonntagen** bietet das Museum ein gemeinsames Programm für Erwachsene und Kinder an. Diese Programme können auch individuell von Gruppen gebucht werden.

Streifzug durch die Mainzer Stadtgeschichte

Stadthistorisches Museum, Dr. Hedwig Brüchert, Zitadelle, Bau D, 55131 Mainz. ℘ 06131/629637 (wenn geöffnet), www.stadtmuseum-mainz.de. hedwig.bruechert@uni-mainz.de. **Lage:** Eingang am Drususstein. **Bahn/Bus:** Oberhalb vom Bhf Mainz-Römisches Theater. **Auto:** Parkplätze in der Zitadelle. **Zeiten:** Fr 14 – 17, Sa, So 11 – 17 Uhr, Gruppen und Führungen nach Vereinbarung, barrierefreier Zugang. **Preise:** 2 €; Kinder unter 6 Jahre frei; Schüler, Studenten 1 €, Familienkarte (2 Erw, alle Kinder) 4 €, Gruppen 30 €, mit Führung 50 €. **Infos:** Prospekt zum Museum sowie ein sehr in-

formativer speziell zu Magenza –
1000 Jahre jüdische Geschichte.

▶ Das Museum für Stadtgeschichte
ist neben städtischen Ämtern in der
Zitadelle untergebracht, die zwischen 1655 und 1661 zur besseren
Verteidigung der Stadt gebaut wurde. Damals hieß sie noch Schweick-
hardtsburg.

Das junge Museum ist noch nicht
vollständig, es existieren aber bereits informative Dauerausstellun-
gen. Da ist einmal »Magenza – 1000
Jahre jüdisches Mainz«. Mainz war
einst ein Zentrum jüdischer Kultur,
die Stadt hat Menschen dieser Kon-
fession enorm viel zu verdanken. Unter anderem waren Juden in den De-
mokratiebewegungen im 19. und
20. Jahrhundert stets stark vertre-
ten und die Schriftstellerin *Anna Seghers* gehört zu
den Großen der Weltliteratur. Die Ausstellung zeigt
ungeschminkt die Geschichte der Mainzer Juden: Die
Zeiten, in denen es ihnen recht gut ging, aber auch
die Zeiten der Verfolgung, Vertreibung und Vernich-
tung bis zum Grauen des Völkermordes während der
Nazizeit. Der Text der Infotafeln ist lang und an-
spruchsvoll, deshalb wohl erst für politisch interes-
sierte Kinder ab 13 oder 14 Jahre geeignet.

Es gibt ferner eine kleine Ausstellung »Wirtschafts-
und Arbeitsleben in Mainz im 19. und 20. Jahrhundert«. Zu sehen bekommt ihr hier einen kurzen Überblick über die Entwicklung der Hauptzweige der Mainzer Wirtschaft: Möbelindustrie, Metall verarbeitende
Industrie, Wein- und Sektkellereien sowie Bierbraue-
reien. Schön, dass nicht nur Technik und Produkte
zu sehen sind, sondern auch die Arbeits- und Lebensbedingungen der dort beschäftigten Menschen
dokumentiert sind.

© Stadthistorisches Museum

Während der langen Mu-
seumsnacht könnt ihr al-
lerhand machen: Backen
in einer alten Küche im
Stadthistorischen Muse-
um

🐛 Für Rundgänge
durch Mainz auf
der Suche nach Stätten
der Judenverfolgung ist
der Stadtführer »Auf den
Spuren des Nationalso-
zialismus durch Mainz«
sehr nützlich. 3 €, über
den Verein für Sozial-
geschichte Mainz
(✆ 06131/3938309)
oder im Buchhandel er-
hältlich.

 Radtour an Mauern und Türmen der Festung Mainz entlang, Festungsroute, 13,5 km, 20 Stationen, Karte und Beschreibung, erhältlich bei der Tourist-Information und im Buchhandel, 0,50 €.

Der Drususstein ist eine hohe Säule, die im Jahre 9 n.Chr. vom römischen Heer zu Ehren des Feldherrn Drusus, einem Bruder des Kaisers, errichtet wurde. Drusus war auf einer Expedition von Germanen getötet worden.

Hunger & Durst

Bastion von Schönborn, Rheinufer 12, Mainz-Kastel. ✆ 06134/21086-0. www.bastion-schoenborn.de. Täglich ab 11 Uhr. Mit Flößer-Zunftstube, Terrasse und Garten mit Blick auf den Rhein und Mainz. Strandbar **Kasteller Strand** März – Okt mit Liegestühlen und Sand zwischen den Zehen.

Für Kinder interessant ist auf jeden Fall die Küche von vor 80 bis 100 Jahren. In der Zinkwanne wurde früher in der Küche jeden Samstag gebadet, denn es gab keine Badezimmer. An bestimmten Terminen gibt es hier Vorführungen alter Küchengeräte.

Die Ausstellung »Mainz von den Anfängen bis zur Gegenwart« bietet mit schönen Bildern und Erläuterungen eine Zeitreise durch die Stadtgeschichte. Für junge Besucher bietet das Museum nun auch die kleine Dauerausstellung »Kinderwelten«, wo unter anderem alte Kinderkaufläden, Puppenküchen und eine Marionettenbühne von 1928 zu bestaunen sind.

Da das Museum in der **Zitadelle** liegt, könnt ihr den Besuch mit einem Streifzug durch die Festung verbinden. Am Tag des Denkmals dürft ihr sogar einen geführten Gang durch Kasematten, also die beschusssicheren Räume der Zitadelle unternehmen. Oberhalb des Museums gibt es neben dem **Drususehrenmal** auch Bänke und Platz zum Picknicken. Beeindruckend ist auf jeden Fall der Blick über die Stadt. Zum Schluss solltet ihr euch noch das **römische Theater** oberhalb vom Bahnhof ansehen. Es wird zwar noch gegraben, aber seine Formen sind schon gut zu erkennen. Hier graben übrigens nicht nur Archäologen, sondern auch Studenten und sogar Schulklassen durften Hand anlegen (www.theatrum.de).

Flöße nach Holland

Flößerzimmer in der Bastion von Schönborn, Rheinufer 12, 55252 Mainz-Kastel. ✆ 06134/3763, Fax 3763. www.museum-castellum.de. info@museum-castellum.de. **Lage:** Im 1. Stock der Bastion von Schönborn, ein populäres Restaurant direkt am Rheinufer vorm Reduit. **Bahn/Bus:** RE, S1, 9 Bhf Mainz-Kastel. **Zeiten:** täglich ab 11 Uhr, Gruppenführung nach Vereinbarung. **Preise:** Eintritt frei.

▶ Mainz-Kastel war einst ein wichtiger Standort für die Flößerei. Hier wurden Mainflöße mit dem Holz aus Bayern für die Fahrt auf dem Rhein nach Holland formiert. Bis zu 220 m lang und 62 m breit konnten diese gewaltigen Gebilde sein. Geflößt wurden Baumstämme schon in der Antike. Vor allem die Römer verbrauchten viel Holz. Die Blütezeit der Flößerei lag jedoch im 18. Jahrhundert.

In dem **Museum** im Obergeschoss der **Schönborn-Bastion** sind Werkzeuge der Flößer zu sehen. Fotos und Texte vermitteln einen Eindruck von der Größe der Flöße und davon, wie schwer die Arbeit war und welche Risiken mit den Fahrten verbunden waren.

Theater, Kinderuniversität & Jugendtreff

Staatstheater Mainz

Gutenbergplatz 7, 55116 Mainz. ✆ 06131/28510, Kinderbetreuung 2851 217, Fax 2851-229, www.staatstheater-mainz.de. kasse@staatstheater-mainz.de. Spielstätten: Großes Haus und Deck 3, Gutenbergplatz 7, Kleines Haus, Tritonplatz. **Bahn/Bus:** Bus 54 – 57, 60 – 65, 70, 71 bis Höfchen/Listmann. **Zeiten:** Vorstellungen für Kinder vormittags und nachmittags. **Preise:** 9,50 €, Jugendkonzerte 16,50 €; Schüler 4,75 €, Jugendkonzerte 8,25 €; Märchen 6 – 11 €, Gruppen 25 % Rabatt, Kinder- und Jugendkonzert 7 €. **Infos:** Karten ✆ 06131/2851-222 Mo – Fr 10 – 19, Sa 10 – 15 Uhr, Theaterpädagoge Mirko Schombert, mschombert@staatstheater-mainz.de.

▶ Am Staatstheater gibt es ein vielfältiges Angebot für Kinder jeder Altersstufe. Neben dem alljährlichen Weihnachtsmärchen im Großen Haus und regelmäßigen Konzerten für junge Leute, sowie in jeder Spielzeit wechselnden Schauspielstücken für Kinder und Jugendliche auf Deck 3, bietet das Theater seit 2010 auch ein »Klassenzimmerstück« an, bei dem ein Theaterstück für Schüler direkt im eigenen Klassenraum gespielt wird.

BÜHNE, LEINWAND & AKTIONEN

Es lohnt sich immer auch, nach Darmstadt und Frankfurt zu schauen, denn dort gibt es sehr viel Kindertheater.

Gutenberg-buchhandlung

Dr. Kohl, Große Bleiche 29 – 31, Mainz. ✆ 06131/27033-0. www.gutenbergbuchhandlung.de. Mo – Fr 9.30 – 19, Sa 9.30 – 18 Uhr. Am Neubrunnenplatz mitten in Mainz. Sie bietet ein großes Angebot: ob Reiseführer, wie unsere pmv-Freizeitführer, Schulbücher, Sach- und Fachbücher oder Belletristik. Gemeinsam mit pmv organisiert sie eine Gutenberg-Führung während der Mainzer Minipressen-Messe 2013.

@ Gesamtes Kinoprogramm: www.mainz.de bei Freizeit & Sport unter Kino.

Mainzer Kammerspiele

Malakoff Passage, Rheinstraße 4, 55116 Mainz. ✆ 06131/225002, Fax 225004. www.mainzer-kammerspiele.de. mail@mainzer-kammerspiele.de. **Bahn/Bus:** S8 Mainz Römisches Theater, MVG-Bus 60, 61, 73 Holzturm/Fort Malakoff Passage.

▶ Die Mainzer Kammerspiele haben in ihrem breiten Spektrum auch Kindertheater und -musicals anzubieten. Im Dezember präsentiert das Mainzer Kinder- und Jugendtheater sein Weihnachtsmärchen für Kinder ab 5 Jahre. Im September und Oktober stehen zahlreiche Vorführungen im Rahmen des Mainzer Kindertheaterfestivals auf dem Programm. Und im Bereich Jugendtheater gibt es über die Spielzeit hinweg zahlreiche Vorstellungen.

CinéMayence

Im Institut Francais, Schillerstraße 11, 55116 Mainz. ✆ 06131/228368, www.cinemayence.de. info@cinemayence.de. **Lage:** Im 1. Stock des Schönborner Hof.

▶ Der Name bedeutet auf französisch einfach nur »Kino Mainz« (mayence = französisch für Mainz). Es hat 99 Plätze und ist mit einer modernen Vorführtechnik ausgestattet, sodass alle gängigen Filmformate gezeigt werden können.

Kinder im KUZ

KUZ Kultur- und Veranstaltungen GmbH, Dagobertstraße 20b, 55116 Mainz. ✆ 06131/28686-0, Fax 28686-28. www.kuz.de. post@kuz.de. **Bahn/Bus:** RE, RB, S8 Bhf Mainz-Süd; MVG-Bus 60, 61, 71, 73 Holzturm/Fort Malakoff-Park, 64, 71, 73 Südbahnhof. **Zeiten:** Theater außer Sommerpause So 11 und 15 Uhr. **Preise:** 6 € Einheitstarif. **Infos:** Karten erhältlich im KUZ-Büro, Mo – Fr 12 – 16 Uhr.

▶ Das KUZ in dem alten Backsteinbau am Rheinufer ist eine hochkarätige Institution in der Mainzer Kulturszene. Die Gründer kamen aus der Alternativ-Bewegung der 70er, davon ist durchaus noch etwas zu spüren. Das Programm ist reichhaltig: viel Musik, Theater, Literatur, Partys, Freilichtkino im Hochsommer. Natürlich bestimmen Jugendliche und Erwachsene die Szene, aber Kinder bleiben keineswegs außen vor. So gibt es hier von der Sommerpause abgesehen immerhin jeden 1. Sonntag im Monat (in der Regel um 11 und 15 Uhr) spannendes Kindertheater. Für die einzelnen Stücke wird jeweils ein Mindestalter festgelegt – meist 4 Jahre, weil sich jüngere Kinder erfahrungsgemäß vor bestimmten Dingen fürchten.

Unter dem Motto **Kreative Kids im KUZ** geht es in den Bastelkursen aktiv schöpferisch zu. Aktuelles erfahrt ihr in dem kleinen halbjährlich erscheinenden Programmheft »Kids im KUZ«.

 Der KUZ-Bau wurde 1888 als Garnisonswaschanstalt für die Reichswehr errichtet. Ab 1932 war hier eine Industrielehrwerkstatt. Das war seinerzeit eine der ersten überbetrieblichen Ausbildungsstätten Deutschlands. 1981 entstand schließlich das Kulturzentrum.

Mainzer Kindertheaterfestival

Marcus Hansen, 55116 Mainz. ✆ 06131/122827, Fax 122534. www.jugend-in-mainz.de/kindertheaterfestival.html. marcus.hansen@stadt.mainz.de. **Zeiten:** Ende Aug und dann 4 Wochen, Beginn der Veranstaltungen zu unterschiedlichen Zeiten von 11 bis 17 Uhr. **Preise:** 6 €. **Infos:** Programm und Kurzbeschreibung der Stücke auf der Internetseite.

▶ Das Mainzer Kinder Theater Festival hat sich fest etabliert und eine große Anhängerschaft gefunden. Es findet alljährlich Ende September statt. In gut vier Wochen werden circa 25 Stücke für Kinder von 3 bis 12 Jahre aufgeführt. Das Spektrum reicht von Klassikern bis zu neuen, brandaktuellen Stücken, die Familienprobleme zum Thema haben. Es werden die unterschiedlichsten Formen von Kinder- und Jugendtheater präsentiert: Menschentheater, Puppen-, Marionetten-, Figuren-, Tanz- und Musiktheater. Manche Stücke sind mit einer Kreativwerkstatt verbunden. Veranstalter ist das Amt für Jugend und Familie der Stadt Mainz, Spielstätten sind der Frankfurter Hof, die Mainzer Kammerspiele, das Haus der Jugend, das KUZ, das Staatstheater und das Unterhaus. Kar-

ten gibt es am jeweiligen Veranstaltungsort und den bekannten Vorverkaufsstellen. Die meisten Veranstaltungen sind schnell ausverkauft.

unterhaus

Mainzer Forum-Theater GmbH, Münsterstraße 7, 55116 Mainz. ✆ 06131/232121 (Vorverkauf), www.unterhaus-mainz.de. unterhaus@unterhaus-mainz.de. **Bahn/Bus:** Bus oder Straba bis Schillerplatz. **Zeiten:** Kindertheater So 11 Uhr, Jugendtheater Mo 18 Uhr, findet ungefähr einmal im Monat statt, genaue Termine im Internet. **Preise:** Kindertheater 6 €, Jugendtheater 8 €.

Es kommt auch immer wieder vor, dass Theaterkurse von Schulen ihre Stücke hier aufführen.

▶ Dieses alteingesessene Haus alternativer Kleinkunst beschränkt sich nicht auf Kabarett und Satire für Erwachsene. Hier wird auch seit den Tagen der antiautoritären Bewegung für Kinder und Jugendliche Theater gemacht: frech, unangepasst, mittendrin in der Kinder-Erwachsenen-Welt, Theater zum Mitmachen und Mitwachsen. Es kann allerdings auch passieren, dass ein leibhaftiger Zauberer die Szene beherrscht, wie *Frieder Fixx* mit »vertrixt nochmal!«. Oder die *Kompagnie Marram* macht Theater.

Frankfurter Hof

Mainzplus Citymarketing GmbH, Augustinerstraße 55, 55116 Mainz. ✆ 06131/220438, Fax 227029. www.frankfurter-hof-mainz.de. d.hecker@mainzplus.com. **Lage:** Im Herzen der Altstadt. **Bahn/Bus:** Bus 54 – 57, 60, 62 bis Höfchen. **Infos:** Tickets und Informationen unter www.frankfurter-hof-mainz.de und an allen VVK-Stellen.

▶ Auch in dieser Institution des Mainzer Kulturbetriebes mit ihrem breiten Angebot von Klassik bis Comedy, von Theater über Lesungen, Kabarett, Jazz, Rock, Pop und World Musik fällt für Kinder etwas ab. Hier wird regelmäßig Kindertheater aufgeführt. Außerdem engagiert sich der Frankfurter Hof beim alljährlichen Mainzer Kinder Theater Festival im Herbst. Darüber hinaus zieht die Veranstaltungsreihe »Summer in the city« mit internationalen Stars Musikbegeisterte jeden Alters nach Mainz.

Forscherkids staunen, fragen und begreifen die Welt

KinderUni der Johannes-Gutenberg-Universität Mainz, Jakob-Welder-Weg 9, 55128 Mainz. ✆ 06131/ 3922369, Fax 3924139. www.kinderuni.uni-mainz.de. kinderuni@uni-mainz.de. **Bahn/Bus:** MVG-Bus 6, 6A, 54 – 58, 64, 65, 68 Universität. **Infos:** Vorlesungen gibt es im RW1, Hörsaal des Hauses Recht und Wirtschaft.

▶ Kinder im Alter von 8 bis 12 Jahren aus Mainz und Umgebung müssen nicht viele Jahre warten, bis sie endlich den Olymp der Wissensgewinnung, die Universität, betreten dürfen. Die KinderUni bietet den jungen Forschern ausgewählte Vorlesungen, Mitmachaktionen und Workshops zu interessanten Themen und Problemen. Die Teilnahme ist individuell, es ist keine Anmeldung für die Vorlesungen erforderlich.

Kultur- und Freizeitzentrum Alte Ziegelei

Mainz-Bretzenheim. ✆ 06131/ 331109 (Ziegeleimuseum), www.alteziegelei-mainz.de. ziegeleifreunde@ aol.com. **Bahn/Bus:** Bus 6, 6A, 70, 71, 90 Albert-Stohr-Straße. **Auto:** A60 bis Kreuz Mainz-Süd, dann in Richtung Mainz. A63, B40 bis Mainz-Bretzenheim, Parkmöglichkeiten gibt es auf dem Parkplatz der nahegelegenen Gesamtschule. **Infos:** Verwalter der Ziegelei, Enrico Piccin, ✆ 0176/ 24607019.

▶ Auf der kleinen Bühne werden ab und an Theater und Konzerte von den Abschlussklassen der Schauspielschu-

Im Frankfurter Hof wurde 1793 die erste Republik auf deutschem Boden ausgerufen, ein demokratisches Land ohne Kaiser und König!

Das ist ganz schön schwierig: Texte fürs Theaterstück einzustudieren

© pmv, Foto Karoline Sinur

 **Fahrradwerk-statt CJD Mainz,** Alte Ziegelei, Mainz. ✆ 06131/336120. www.cjd-mainz.de. Fahrradausleihe und -werkstatt des CJD. Ein Verband, der Langzeitarbeitslosen hilft.

le veranstaltet. Ferner gibt es in den gut erhaltenen Gebäuden der Alten Ziegelei ein **Ziegelmuseum,** www.ziegelmuseum-mainz.de, April – Okt So 10 – 13 Uhr, Eintritt frei. Anfang Sep findet immer ein Ziegeleifest statt: Es gibt Theateraufführungen und das Museum hat geöffnet.

Dazu kommt eine **Fahrradbörse** des ADFC Mainz. An mehreren Tagen im Jahr können auf einem Fahrradmarkt gebrauchte Räder oder Fahrradteile getauscht oder günstig eingekauft werden.

Haus der Jugend

Jugendamt Stadt Mainz, Mitternachtsgasse 8, 55116 Mainz. ✆ 06131/228442, Fax 228443. www.hdj-mainz.de. info@hdj-mainz.de. **Bahn/Bus:** Bus 6, 9, 28, 54, 55, 56, 57, 68, 70 bis Brückenplatz/Landtag. **Zeiten:** JUZ Mo 13 – 19, Di 13 – 21, Mi 13 – 21, Do 15 – 20 Uhr, Fr Konzerte, Sa Veranstaltungen, Ferienbetreuung 1. – 3. Woche Kinder 6 – 11 Jahre 8 – 17 Uhr während der Sommerferien ab 11 Uhr.

 Kinderballettgruppe Di 15 – 17 Uhr in der Turnhalle. Tanzmusical Mo 16 – 18 Uhr.

▶ Das Haus der Jugend bietet Kindern und Jugendlichen ein Café mit Kicker, Billard, einen Töpferraum, einen Bandproberaum, ein Internetcafé, Tischtennisplatten, eine Gymnastikhalle und ein Kleinspielfeld für Fußball, Streetball, Volleyball oder Badminton. Es organisiert Bauchtanz Mo 19 – 21.30, Mi 20 – 21.30 Uhr, Freizeiten, Workshops, Kinderballett, Theateraufführungen, Konzerte, Billard- und Fußballturniere, Kochkurse und noch vieles mehr.

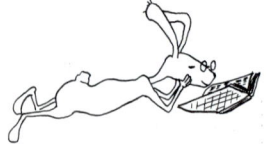

Bücher und TV

Wie wird Fernsehen gemacht?

ZDF-Zuschauerredaktion, 55100 Mainz. ✆ 06131/70-14972, Fax 70-19952. www.zdf.de. fuehrungen@zdf.de. **Preise:** freier Eintritt.

▶ Auf dem Mainzer Lerchenberg hat das Zweite Deutsche Fernsehen seinen Hauptsitz. Sofern ihr bereits

12 Jahre alt seid, habt ihr die Möglichkeit, bei einer Führung durch die Sendezentrale hinter die Kulissen zu schauen. Bei dieser Gelegenheit bekommt ihr auch einen Film zur Geschichte des ZDF gezeigt. Das Ganze dauert circa 2 Stunden. Die kostenlosen Führungen finden Mo – Fr um 9.30, 10 und 14 Uhr statt. Ihr müsst euch schriftlich anmelden (auch per Fax), könnt aber telefonisch weitere Details erfragen.

Gutenberg-Museum

Liebfrauenplatz 5, 55116 Mainz. ☎ 06131/122640, 122644, Fax 123488. www.gutenberg-museum.de. gutenberg-museum@stadt.mainz.de. **Bahn/Bus:** MVG-Bus 1, 7, 13, 17, 19, 23 bis Höfchen. **Zeiten:** Di – Sa 9 – 17, So 11 – 17 Uhr, an allen Fei, Heiligabend und Silvester geschlossen. **Preise:** 5 €, ab 10 Pers 3,50 €; Kinder 8 – 18 Jahre 2,50 €, ab 10 Pers 1,50 €; ermäßigt 3 €, Familienkarte 7 €. **Infos:** Audioguide 3,50 €, auch als iPhone-App im Apple Appstore.

▶ Im Gutenberg-Museum erlebt ihr vier Jahrtausende Geschichte der Schriftkultur aus aller Welt. Rund um *Johannes Gutenberg*, den Erfinder des Buchdrucks mit beweglichen Lettern, wird die Entwicklung von Buch, Druck und Schrift gezeigt.

Alte Pressen und Setzmaschinen lassen die Geschichte des Buchdrucks lebendig werden. Eine besondere Attraktion des Museums ist die rekonstruierte Gutenberg-Werkstatt, in der ihr bei Druckvorführungen hautnah miterlebt, wie zu Gutenbergs Zeiten gedruckt wurde.

Die Dauerausstellung zeigt Drucke vom 15. Jahrhundert bis zur Gegenwart. Ihr Herzstück sind zwei Exemplare der weltberühmten 42-zeiligen Gutenberg-Bibel, die im Tresorraum ausgestellt sind.

Das Museum veranstaltet wechselnde Sonderausstellungen, bietet Führungen, Vorträge, Filmabende und ein abwechslungsreiches museumspädagogisches Programm an: Im **Druckladen** könnt ihr täglich selbst drucken.

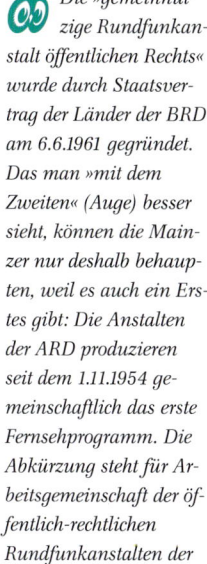

Die »gemeinnützige Rundfunkanstalt öffentlichen Rechts« wurde durch Staatsvertrag der Länder der BRD am 6.6.1961 gegründet. Das man »mit dem Zweiten« (Auge) besser sieht, können die Mainzer nur deshalb behaupten, weil es auch ein Erstes gibt: Die Anstalten der ARD produzieren seit dem 1.11.1954 gemeinschaftlich das erste Fernsehprogramm. Die Abkürzung steht für Arbeitsgemeinschaft der öffentlich-rechtlichen Rundfunkanstalten der Bundesrepublik Deutschland – »das Erste« klingt doch wesentlich kürzer!

In ungeraden Jahren findet im Mai oder Juni vier Tage lang die **Mainzer Minipressen-Messe** statt. Dabei wird auch für Kinder manches rund um Papier, Druck und Buchbinden geboten. pmv ist auch mit dabei, besucht uns!

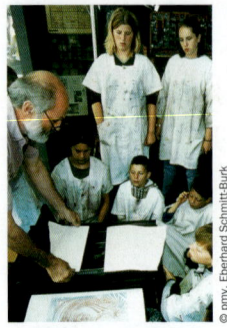

So druckte man früher:
Bei Workshops im Druck-
laden lernt ihr allerhand

Druckladen des Gutenberg-Museums

Liebfrauenplatz 5, Eingang Seilergasse 1, 55116 Mainz. ✆ 06131/ 122686, Fax 123488. www.gutenberg-museumspaedagogik.de. gm-druckladen@stadt.mainz.de. **Zeiten:** Termine Mo und Do 9 – 17, Fr 13 – 17 Uhr, Anmeldung erforderlich, Sa 10 – 15 Uhr ohne Anmeldung möglich. **Preise:** Werkstattbeitrag ab 3 €.

▶ Im Druckladen könnt ihr unter fachkundiger Anleitung vorhandene oder eigene Motive drucken, mit Holzlettern setzen und das Frottageverfahren ausprobieren.

Buchhandlung Nimmerland

Breite Straße 63, 55124 Mainz-Gonsenheim. ✆ 06131/9711760, Fax 9711879. www.nimmerland-mainz.de. nimmerland-mainz@gmx.de. **Bahn/Bus:** Straba 50, 51 bis Wilhelm-Raabe-Straße. **Zeiten:** Mo – Sa 9 – 13, Mo – Fr auch 15 – 18.30 Uhr.

▶ Seit 2005 gibt es in Mainz-Gonsenheim das »Nimmerland«. Ihr findet hier allerhand interessantes für euch: Bilderbücher, Vorlesebücher, Bücher für Leseanfänger, Jugendbücher und Sachbücher. Alles ist persönlich ausgesucht, ihr könnt stundenlang stöbern oder euch kreativ beraten lassen. Es werden zudem eine Vielzahl von Kursen, Workshops und Lesungen angeboten, aktuell immer auf der Internetseite einzusehen. Das Nimmerland wurde im Jahr 2013 als kreativste Kinderbuchhandlung des Landes Rheinland-Pfalz ausgezeichnet.

Feste und Märkte

Kinderfastnacht

Infos: mainzplus citymarketing GmbH, ✆ 06131/ 286210.

▶ In der Hochburg der Rhein-Main-Fastnacht haben Kinder und Jugendliche ihre eigene Fastnachtswelt, die sich in vielen eigenen Veranstaltungen in Kinder-

gärten, Schulen und Vereinen äußert – etwa bei Umzügen und Kindermaskenbällen. Über diesen kleinen, vertrauten Rahmen hinausgehend und populär ist der große Jugendmaskenzug am Fastnachtssamstag, in dem Tausende von Mainzer Schülern ab 14.11 Uhr in bunten Kostümen und Masken durch das Stadtzentrum ziehen.

Was habt ihr denn für riesige Köpfe? Die Meenzer Schwellköppe, die ihr auf dem Jugendzug seht

MAINZ: WISSEN & KULTUR

Open Ohr Festival in der Zitadelle

✆ 06131/12-2173 oder 12-2827, Fax 12-2534. www.openohr.de. buero@openohr.de. **Zeiten:** Pfingsten Fr – Mo. **Preise:** Dauerkarte 34 €, Tageskarte Fr, Sa oder So 20 €, Mo 10 €, Montag 5 €; Kinder bis 14 Jahre Eintritt frei. **Infos:** OPEN OHR Festivalbüro, Landeshauptstadt Mainz, Amt für Jugend und Familie, Martina Zendel, ✆ 06131/12-2173.

▶ Zu den unter Mainzer Kindern beliebten Festen gehört das Open Ohr Festival in der Zitadelle hoch über dem Bahnhof Mainz-Römisches Theater. Ein Schwerpunkt ist zum einen die politische Diskussion eines Hauptthemas. Daran beteiligen sich hauptsächlich die Jugendlichen. Andererseits ist da aber auch lebendiges Kultur-Happening mit Musik, Theater, Kabarett, Film, Workshops und allerlei Projekten. Für Kinder gibt es extra ein Kinderprogramm mit Kinderliedern, Jonglierworkshop, Kinderzirkus, Kindertheater und anderem.

@ »Feste feiern nach Mainzer Art« heißt ein Faltblatt mit Terminkalender, erhältlich im Rathaus. Fest-Infos auch unter www.info-mainz.de.

Ganz Mainz feiert

Mainzer Johannisnacht, 55116 Mainz. ✆ 06131/ 122383, www.mainz.de. oeffentlichkeitsarbeit@stadt. mainz.de. **Zeiten:** Wochenende um den 24. Juni.

Durch die Buchdruckertaufe, das so genannte Gautschen, werden die Drucker und Setzer von den »Sünden« ihrer Lehrzeit reingewaschen und in die Gilde Gutenbergs aufgenommen.

▶ Das neben der Fastnacht größte Mainzer Volksfest ist die Mainzer Johannisnacht, eine bunte Mischung aus Kunst und Kirmesrummel.

Auf sechs Bühnen wird ein Riesenprogramm aus Musik und Kleinkunst geboten. Auf den Plätzen der Innenstadt setzen Gaukler, Folkloregruppen und Spielmannsgruppen Akzente. Auf dem Ballplatz findet der Johannis-Büchermarkt, am Rheinufer der Künstlermarkt statt. Natürlich ist auch reichlich Gastronomie vertreten. Höhepunkte bilden traditionsgemäß die Buchdruckertaufe, das so genannte Gautschen, das Preisquadräteln, ein alter Zunftbrauch der Drucker und das Riesenfeuerwerk zum Abschluss am Montag.

Kinderfestival der Sportjugend RLP

Sportjugend des Landessportbundes Rheinland-Pfalz, 55131 Mainz. ✆ 06131/2814-355, Fax 236746. www.kinderfestival-mainz.de. info@sportjugend.de. **Lage:** Im Volkspark. **Bahn/Bus:** ↗ Volkspark. **Zeiten:** So vor Ferienbeginn 11 – 20 Uhr, für Kinder bis 14 Jahre. **Infos:** Weitere Infos unter www.sportjugend.de.

▶ Am Sonntag zu Beginn der Sommerferien wird das Kinderfestival der Sportjugend Rheinland-Pfalz gefeiert, ein Riesenfest, der Volkspark ist an diesem Tag ein einziger lebhafter Platz für Kinder.

Auf den zwei Bühnen läuft ein buntes Programm aus Zauberei, Akrobatik, Show und Clownerie, das von Vereinen angeboten wird. Es gibt auch Shows, die wie bekannte Kinderserien sind, z.B. *1, 2 oder 3 – letzte Chance, vorbei.* Auch gibt es Besuch von bekannten TV-Stars wie die Maus und der Elefant.

Über 80 Spielstationen, Hüpfburgen, Menschenkicker, Fußballfelder, Bogenschießen, Klettern und Schminkstationen garantieren Gaudi und Selbsterfahrung. Es gibt einen Inlineskating- und Fahrradparcours. Das ist nur ein kleiner Ausschnitt. Ich kann gar nicht alles aufzählen. Am besten beschafft ihr euch das Programm und stellt zusammen, was euch

Hunger & Durst

Restaurant Schwayer, Göttelmannstraße 40, Mainz. ✆ 06131/211211. www.schwayer-mainz.de. Täglich ab 10 Uhr. Restaurant und Bar mit Biergarten, Flammkuchen, Pasta- und Fleischgerichte. Mo – Fr preiswerter Mittagstisch. Liegt neben dem Spielplatz.

gefällt. Ein erlebnisreicher Tag wird das auf jeden Fall!

Familien-Jazz-Picknick

Marcus Hansen, 55116 Mainz. ☏ 06131/12-2827, www.jugend-in-mainz.de/jazz-picknick.html.marcus. hansen@stadt.mainz.de. **Zeiten:** 11 – 14.30 Uhr.

▶ An drei Sonntagvormittagen in den Sommerferien organisiert das Jugendamt ein Familien-Jazz-Picknick im Volkspark. Neben Live Jazz gibt es ein vielseitiges Kinderprogramm mit Spielen und mehr.

Mainz lebt auf seinen Plätzen

www.mainz.de. oeffentlichkeitsarbeit@stadt.mainz.de. **Zeiten:** Mitte Aug – Mitte Sep.

▶ Wenn es heißt: »Mainz lebt auf seinen Plätzen« gibt es in der Mainzer Innenstadt auf verschiedenen Plätzen dienstags, mittwochs und donnerstags ein buntes Kulturprogramm. Von 16 – 17 Uhr sind die Kleinen dran, von 19 – 20.30 Uhr die Großen. An manchen Tagen sind Zauberer und Clowns in Aktion, an anderen wird getanzt und gespielt.

Mainzer Weihnachtsmarkt

www.weihnachtsmarkt.mainz.de. weihnachtsmarkt@ stadt.mainz.de. **Zeiten:** Do nach dem Totensonntag – 23. Dez, So – Do 11 – 20.30, Fr, Sa 11 – 21 Uhr.

▶ Vor der Kulisse des mächtigen Doms präsentiert sich zur Adventszeit ein malerischer Weihnachtsmarkt mit kleiner Bühne, Kulturprogramm, Krippe mit lebensgroßen handgeschnitzten Figuren und natürlich zahlreichen festlich geschmückten Ständen. Begleitet wird der Markt von Kulturveranstaltungen wie Posaunenchören, Turmbläsern, Gospel Singern und Vorlesungen von Weihnachtsgeschichten. Ferner werden über die gesamten vier Wochen in der Künstlerwerkstatt kunsthandwerkliche Gegenstände ausgestellt und handwerkliche Arbeit demonstriert. Täglich geht es dabei um andere Gegenstände.

Stadt Mainz & Team Weihnachtsmarkt, *Programm Mainzer Weihnachtsmarkt* unter anderem beim Tourist Service Center Mainz, ☏ 06131/286210.

FESTKALENDER

Januar:	**Neujahrsumzug der närrischen Garden.**
Februar/März:	Fastnachtssamstag: **Jugendmaskenzug.**
	Fastnachtssonntag: **Parade der närrischen Garden.**
	Rosenmontag: **Rosenmontagszug,** Riesenspektakel, über 500.000 Besucher.
Mai:	2. So: **Gutenberg-Marathon,** Sport-Großereignis.
	Fronleichnam – So (alle 2 Jahre in ungeraden Jahren): **Mainzer Minipressen Messe.**
	Pfingsten, Mainz-Zitadelle: **Open Ohr Festival.**
Juni:	1. Sa, Mainz-Neustadt: **Feldbergstraßenfest.**
	2. Fr – Mo, Goetheplatz: **Gaadefelder Kerb.**
	2. Wochenende, Mainz-Bretzenheim: **Brezelfest.**
	4. Fr – Mo: **Mainzer Johannisnacht,** größtes Mainzer Volksfest nach der Fastnacht, über 500.000 Besucher.
	Volkspark: ⚞ **Kinderfestival der Sportjugend.**
Juli:	2. Wochenende Fr – So, Mainz-Ebersheim: **Weinfest.**
	3. Wochenende Fr – Mo, Mainz-Laubenheim: **Rebblütenfest.**
August:	1. Fr – Di, Mainz-Gonsenheim, **Kirchweihfest.**
	2. Fr – So, Mainz-Marienborn: **Brunnenfest.**
	2. Fr – Mo, Mainz-Bretzenheim: **Kerb.**
	2. Sa – Di, Mainz-Drais: **Draiser Kerb.**
	3. Wochenende, Mombach: **Rheinuferfest** und Kerb.
	3. Wochenende Fr – Mo, Mainz-Laubenheim: **Kerb.**
	2. Aug-Hälfte, Botanischer Garten: **Sommerfest.**
September:	Ende Aug/Anfang Sep 2. Wochenende Fr – So bzw. Fr – Mo, Mainz-Rosengarten/Volkspark: **Mainzer Weinmarkt,** großer Vergnügungspark, Künstlermarkt, Feuerwerk.
	Ende Aug, dann 4 Wochen: **Kindertheaterfestival.**
	Anfang Sep, Alte Ziegelei: **Ziegeleifest.**
	2. Fr – Mo, Mainz-Hechtsheim: **Winzer- & Kerbtage.**
	2. Fr – Di, Mainz-Finthen: **Finther Kerb.**
	2. Fr – Di, Mainz-Ebersheim: **Kerb.**
November/Dezember:	3 Wochen bis 23. Dez: **Weihnachtsmarkt.**

INSELRHEIN BIS BINGEN

Zwischen der Oberrheinischen Ebene, die in Mainz endet, und dem Mittelrheintal, das hinter Bingen beginnt, liegt der Inselrhein: ein breiter Flussabschnitt, in dem sich Insel an Insel reiht.

Am Südufer des Rheins ziehen sich Stillwasserbereiche hin, die vor allem im Winter von zahllosen Wasservögeln belebt sind. Reste von Auwald, Röhrichtflächen und Feuchtwiesen nehmen das Ufer ein. In der Ebene, die im Süden an den Inselrhein anschließt, befinden sich die Orte Budenheim, Heidenfahrt, Ingelheim-Nord, Gaulsheim und Bingen. Dahinter beginnt das Rheinhessische Hügelland, an dessen Ausläufer die Orte Heidesheim, Ingelheim, Gau-Algesheim und Bingen angelehnt sind. Zweifellos bietet die Rheinaue für Kinder spannende Entdeckungstouren. Aber auch im Hinterland gilt es, interessante Aktivitäten zu entdecken, wie den Walderlebnisweg im Binger Wald oder zum Planschen das Spaßbad Rheinwelle. Interessante Ziele – gerade für den Winter – sind das Fahrradmuseum von Gau-Algesheim und das Museum am Strom in Bingen.

RHEIN-INSELN UND OBST-PLANTAGEN

NABU Rheinland-Pfalz: *Naturerbe Inselrhein. Eine einmalige Flusslandschaft entdecken und schützen.* Landschaftsführer, 24 Seiten, erhältlich beim Naturschutzzentrum Rheinauen, Bingen-Gaulsheim.

Frei- und Hallenbäder

TIPPS FÜR WASSER-RATTEN

Freibad Ingelheim

Regionalbad Bingen-Ingelheim GmbH, Im Blumengarten 40, Sportzentrum, 55218 Ingelheim am Rhein. ℡ 06132/2166, www.rheinwelle.com. info@rheinwelle.com. **Bahn/Bus:** RE, RB Bhf Ingelheim, dann 1,2 km über Ingelheimer Straße, Am Großmarkt und Im Blumengarten. **Auto:** Parkplatz vorhanden. **Zeiten:** Mitte Mai – Mitte Sep 8 – 20.30, außer Mo 13 – 20.30 Uhr, ab Anfang Sep schließt das Bad um 19.30 Uhr. **Preise:** 2 €, 10er-Karte 15 €, Saison 40 €; Kinder 1 €, 10er-Karte 7,50 €, Saison 20 €; Studenten wie Kinder. **Infos:** Ausleihe von Liegestühlen und Sonnenschirmen. ▶ Das Schwimmerbecken ist mit einer Sprunganlage versehen (1-, 3- und 5-m-Brett). In das Nichtschwim-

Bilderbuchburg: Der Burgundergarten von Burg Rheinstein sieht sehr einladend aus

merbecken führen eine kleine und eine große Rutsche hinab. Die kurvenreiche Großrutsche ist ein Riesenerlebnis für alle Kinder jenseits des Kleinkindalters. Die Kleinen haben dafür ihr eigenes Planschbecken, in das eine kleine rote Rutsche führt. Es gibt einen Spielplatz (könnte fantasiereicher sein!), eine Liegewiese und einen Kiosk.

Naturerlebnisbad Bingen-Bingerbrück

Regionalbad Bingen-Ingelheim GmbH, Wilhelm-Beumer-Straße, 55411 Bingen-Bingerbrück. ✆ 06721/32735 (Kasse), 184-128. www.rheinwelle.com. info@rheinwelle.com. **Lage:** Zwischen Honigberg und Rupertsberg an der Stelle des früheren Panorama-Freibades. **Bahn/Bus:** Von Bhf Stadt Bingen Bus 606 bis Schwimmbad. **Rad:** Nicht zu empfehlen, da langer, steiler Aufstieg. **Zeiten:** Mai – Sep täglich 10 – 20 Uhr. **Preise:** 2 €, 10er-Karte 18 €, Saison 35 €; Kinder 5 – 17 Jahre 1 €, 10er-Karte 5 €, Saison 15 €; Feierabendtarif ab 16.30 Uhr 1 Std 1 €, Familienkarte für die ganze Saison 50 €.

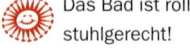
Das Bad ist rollstuhlgerecht!

▶ Das Freibad in Bingen-Bingerbrück präsentiert sich als ein wunderbares Naturerlebnisbad. Das große Mehrzweckbecken wird von Wasser gespeist, das eine natürliche Klärung durchlaufen hat. Nur im Planschbecken wird das Wasser aus Hygienegründen gechlort. Ihr könnt euch auf einen interessanten Spielplatz mit Bachlauf, Barfußweg und Hangrutschen freuen. Die Liegewiesen sind geräumig. Eure Eltern werden sich dafür begeistern können, dass das hoch über dem Stadtteil Bingerbrück gelegene Naturerlebnisbad einen fantastischen Ausblick auf die Dächer von Bingen, den Inselrhein und den Rheingau bietet.

Sport- und Freizeitbad Rheinwelle

Regionalbad Bingen-Ingelheim GmbH, Binger Straße, 55435 Gau-Algesheim. ✆ 06725/30050, www.rheinwelle.com. info@rheinwelle.com. **Lage:** 1 km nordwestlich von Gau Algesheim an der L419. **Bahn/Bus:** Von

Bingen Bus 601 bis Regionalbad, von Ingelheim Bus 643 bis Regionalbad. **Auto:** A60, Ausfahrt 14 Bingen-Gaulsheim. **Rad:** Vom Bhf Gau-Algesheim Bahnhof- und Rheinstraße, kurz darauf links in K13/Binger Straße.
Zeiten: 10 – 23 Uhr, Einlass bis 1 Std vor Ende der Badezeit. **Preise:** 1 Std 2,50 €; 2 Std 4,80 €, 1 Tag 7,80 €, Zeitzuschlag je 30 Min 1,50 €; Kinder bis 16 Jahre 1 Std 1,80 €; 2 Std 3,50 €, 1 Tag 5,50 €, Zeitzuschlag 1 €; Familientarif pro Pers ab 1 Erw und 1 eigenes Kind 1 Std Erw 2,20 €, Kind 1,60 €, 2 Std Erw 3,70 €, Kind 3,10 €, Tag Erw 6,70 €, Kind 5,10 €; Ermäßigungsberechtigte wie Kinder.

▶ Das moderne Hallenbad Rheinwelle ist das Spaßbad für alle Jahreszeiten, denn hier seid ihr richtig zum Toben und Spaß haben. Zentrum ist das 32 Grad warme Erlebnisbecken. Ihr könnt im Strömungskanal mit Wellen treiben, an den künstlichen Felsen klettern und euren Mut im kleinen Wasserfall testen. Einen Heidenspaß macht auch die schnelle Abfahrt in der 94 m langen Reifenrutsche. Die ganz Kleinen planschen im Eltern-Kind-Becken.

Kurse für das junge Klientel: Wasserspaß für Säuglinge und Anfängerschwimmkurse. Termine auf der Internetseite.

Wenn ihr sportlich schwimmen wollt, gibt es die Sportwelt mit Schwimmerbecken (6 Bahnen à 25 m) und 1-m- und 3-m-Brett. Wer schon 13 Jahre alt ist, kann im freien Fall von der 60 m hohen, steilen Turborutsche (bis 17 % Gefälle) zu Tal rasen. Im Außenbereich gibt es noch das Natur-Sole-Becken (ganzjährig), einen natürlichen Badeteich, das Ruhehaus und große Liegewiesen. Auf Eltern und Großeltern warten darüber hinaus Saunen, ein Solarium und Massagen.

Mit Boot und Schiff

Rudern auf dem Inselrhein
Ruderverein Ingelheim 1920 e.V., Rheinstraße 257, 55218 Ingelheim. ✆ 06132/86336, www.ruderverein-ingelheim.de. jugend@ruderverein-ingelheim.de.

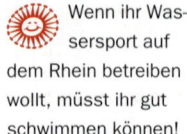 Wenn ihr Wassersport auf dem Rhein betreiben wollt, müsst ihr gut schwimmen können!

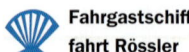 **Fahrgastschifffahrt Rössler Linie,** Lorcherstraße 34, Rüdesheim. ✆ 06722/2353. www.roessler-linie.de. Das Schiff »Rheingau« gehört zu dieser Linie. Es gibt noch mehr tolle Fahrten, die ihr mit dieser Linie machen könnt.

▶ Jungen und Mädchen ab 8 Jahre dürfen anfangen zu Rudern, für kleinere Kinder ist es zu gefährlich. Im Sommer Mo 16.30 und Fr 17 Uhr.

Binger Rudergesellschaft 1911 e.V., Postfach 1424, 55383 Bingen. ✆ 06721/2911, www.brg1911.de. **Lage:** Bootshaus am Rhein-Nahe-Eck, Rhein-Km 529. **Infos:** Betreuer/Trainer für Kinder: Lukas Gaß lukas-gass@gmx.de, Philippe Rauth phill.r@gmx.de, Caterine Zillien caterina.zillien@online.de.
▶ Trainingsgruppen für Kinder und Jugendliche 10 – 18 Jahre, Gruppe 1 Mo 17 – 19, Gruppe 2 Di 17 – 19, Gruppe 1 und 2 Do 17 – 19, Auswahl Kinder Sa 10 – 13, Anfängerkurse Mi 16.30 – 18.30 Uhr.

Mit Schiff oder Fähre auf dem Inselrhein

Fahrten auf dem Inselrhein können richtig abwechslungsreich sein. Ihr könnt in der Saison täglich mit Linienschiffen der ↗ **KD** sowohl den gesamten Abschnitt von Mainz bis Bingen durchfahren als auch Teilstrecken machen. Ferner sind an den Sonntagen von Ostern bis Ende September Rundtouren um die Mariannenaue möglich. Veranstalter ist ↗ **Van de Lücht Charterliner.** Besonders spannend finde ich die leider viel zu seltenen ↗ **Schiffsexkursionen des NABU** entlang dem Europareservat. Außerdem führen von Bingen zahlreiche Verbindungen wie die Burgenfahrt und die Loreleyfahrt an den romantischen Rhein, Veranstalter ist ↗ **Bingen-Rüdesheimer Fährgesellschaft.**

Schiffsexkursion im Europareservat

NABU-Naturschutzzentrum Rheinauen, An den Rheinwiesen 5, 55411 Bingen-Gaulsheim. ✆ 06721/14367, Fax 10004. www.nabu-rheinauen.de. kontakt@nabu-rheinauen.de. **Länge:** circa 3,5 Std, sehr spannende und schöne Tour. **Bahn/Bus:** ↗ Bhf Rüdesheim oder Bhf Bingen Stadt. **Rad:** Rhein-Radweg. **Zeiten:** Start 8.30 Uhr in Assmannshausen Steg 2, 9.15 Uhr am An-

© NABU Rheinauen

leger 8 in Bingen (hinterm Kongresszentrum), 9.30 Uhr vom Anleger 16 »Rössler« gegenüber der Brömserburg in Rüdesheim, Fahrten im Jan, Feb (zweimal), Mai und Nov einmal im Monat, immer So, Termine auf der Internetseite. **Preise:** 12 €, Gruppe ab 10 Pers 10 € pro Person; Kinder 6 €; Studenten 10 €. **Infos:** Anmeldung für Gruppen erforderlich; Reisende mit ÖPNV müssen die Ankunftszeit dem NABU-Naturschutzzentrum mitteilen.

▶ Mitglieder vom NABU, Naturschutzbund Deutschland, unternehmen mit euch eine Fahrt mit dem bewirtschafteten Passagierschiff »MS Rheingau« durch das Europareservat zwischen Bingen und Eltville. Ihr könnt auch in Rüdesheim zusteigen. Die Route führt an den Rheininseln *Ilmen Aue, Fulder Aue, Winkeler Aue, Mariannen Aue* und *Königsklinger Aue* entlang. Dabei bekommt ihr die Vogelwelt dieses Gebietes erläutert, die je nach Jahreszeit aus verschiedenen Vogelarten besteht, und es wird auch immer gesagt, welche Vögel ihr gerade seht. Viele seltene Wasservögel aus nordischen Ländern legen auf dem herbstlichen Zug in den warmen Süden hier Rast ein, andere bleiben sogar zum Überwintern in den Rheinauen. Ihr könnt Bestimmungsbücher und Ferngläser ausleihen. An Bord des Schiffes gibt es Speisen und Getränke.

Blick in die Rheinaue – und ein Blick auf den Sandboden: Wer ist da wohl spazieren gegangen?

Häufige Wintergäste im Europareservat sind Graugans, Schnatterente und Kormoran. Ziemlich selten sind dagegen Sterntaucher, Fischadler, Samtenten und Blässgänse. Aber wer weiß, vielleicht seht ihr ja einen seltenen Gast?

Radeln

Auf dem Rheinradweg durch die Aue

Von Budenheim nach Bingen mit Rast in der Angler-Klause, 55257 Budenheim. **Länge:** 24 km beschilderter Radweg, flach, asphaltiert, auch bei schlechtem Wetter möglich. **Bahn/Bus:** MRB Bhf Budenheim; Rückreise MRB von Bhf Bingen-Stadt. **Infos:** *NABU, Rheinstrandführer. Naturschutz und Erholung am Rheinstrand*, 34 Seiten.

▶ Ihr beginnt die Tour am **Bahnhof Budenheim.** Es geht auf der Mainzer Straße nach links. Diese mündet in die Rheinstraße. Ihr haltet euch rechts Richtung Fähranlegestelle. Aber schon kurz danach geht es links in die Ernst-Ludwig-Straße (Schild nach Heidesheim). Nun müsst ihr 700 m geradeaus erst an Häusern entlang und dann durch den Gartengürtel des Städtchens. Anschließend wendet sich die Route nach links (Schild nach Heidesheim). 300 m weiter haltet ihr euch rechts. Es geht zunächst durch Streuobstwiesen, bevor Obstplantagen die Szene bestimmen. Nach 3 km Fahrt habt ihr linker Hand einen schönen **Campingsee** mit Kiosk, der aber nur für die Mitglieder des Campingclubs zugänglich ist. Dahinter wendet sich die Radelroute nach rechts (Schild nach Bingen). Nun fahrt ihr bis Heidenfahrt unterhalb des **Hochwasserschutzdammes** entlang, der leider die Sicht auf den Rhein versperrt. Es geht an Obstplantagen vorbei. Zwischen den monotonen, pflanzenarmen Baumfeldern und dem blumenreichen Dammstreifen mit den blauen Wegwarten und gelben Rainfarnen besteht ein starker Kontrast. Wegrandflächen sind richtige Pflanzen- und Tierparadiese. Über 1000 Tierarten können hier leben. Der Rainfarn bietet z.B. 60 Tierarten Schutz. Versucht doch mal herauszufinden, welche das sind.

In **Heidenfahrt** kommt ihr endlich ans Rheinufer – und könnt den schönen Blick auf den Rheingau genießen, auf der Liegewiese spielen und picknicken

Hunger & Durst

Biergarten des Campingplatzes Heidenfahrt, ↗ Ferienadressen; **Rheinterrasse,** Heidenfahrt, ↗ Wanderung »Am Inselrhein entlang 1«.

oder einkehren. Die Route verläuft dann am Nordrand des Ortes entlang. An diesem Abschnitt befinden sich circa 200 m westlich vom Restaurant-Café *Rheinterrasse* ein Bolz- und Spielplatz. Anschließend verläuft der Radweg bis Ingelheim-Nord unterhalb der Südseite des Hochwasserdammes entlang. Wieder ist die Sicht auf den Fluss versperrt. Dafür fahrt ihr in diesem Abschnitt an ausgedehnten Obstplantagen mit Apfel- und Zwetschgenbäumen vorbei.

In **Ingelheim-Nord** überquert ihr die Rheinstraße und folgt weiter dem Hochwasserdamm. Hinter Ingelheim könnt ihr links im Hintergrund auf dem Winterberg mit seiner üppigen Landschaft den Bismarckturm sehen. Es kommt nun wieder ein langer Streifen Obstplantagen. Schön ist dann der Abschnitt am **Altarm in der Harter Aue,** wo es wie im Urwald aussieht: Sumpf, Totholz und Silberweiden. Dann geht es ein letztes Mal durch den Tafelobstgürtel. Der letzte Abschnitt vor Gaulsheim gehört schließlich den Auwiesen. Teile der Route verlaufen dicht an der A60 entlang – das ist sehr laut. Die Hecke dämpft den Lärm nur wenig. Euer Weg führt schnurgerade durch **Gaulsheim** hindurch. Direkt hinter dem lang gestreckten Ort habt ihr einen Blick auf den Binger Rochusberg. Es geht nun – ordentlich markiert – rechts ab und zur Ruine der ehemaligen **Hindenburgbrücke** ans Rheinufer hinüber. Am Campingplatz vorbei und immer zwischen Bahnstrecke und Rhein gen Westen radelnd, erreicht ihr an Fracht- und Bootshafen vorbei auf Höhe des alten Verladekrans aus dem 16. Jahrhundert den **Bhf Bingen-Stadt.**

Mit dem Drahtesel im Canyon des Mittelrheins unterwegs

Von Bingen Hbf nach Bacharach, 55411 Bingen.
Länge: 12,5 km, Radweg ausgeschildert, flach, leicht, im engen Rheintal laut wegen der Züge. **Bahn/Bus:** Hbf Bingen MRB, RB, RE, IC, vom Rückreiseort Bacharach jedoch nur RE, RB. **Rad:** Rhein-Radweg.

Hunger & Durst
Zum Lokschuppen, In der Rheingewann 24, Ingelheim-Nord.
℡ 06132/896699.
www.lokschuppen-ingelheim.de. April – Ende Okt Do – Sa 17.30 – 23, So, Fei 11 – 22 Uhr, Küche schließt 1 Std vorher. Am Hochwasserdamm und Radweg, mit Biergarten. Pizzen, Salate, Toasts, Nudelgerichte und Flammkuchen.

▶ Die Tour beginnt auf der Rheinseite des Hauptbahnhofs **Bingen** (Stadtteil Bingerbrück). Es geht auf dem Rhein-Radweg talabwärts Richtung Koblenz. Die gut ausgebaute Route verläuft nun bis Bacharach immer nahe am Fluss. Ihr passiert bald nach dem Start das Binger Loch, wo die weite Rheinebene zu Ende ist und der canyonartige Durchbruch durch das Rheinische Schiefergebirge beginnt – ein 63 km langer wildromantischer Flussabschnitt, von dem ihr über 10 km fahrt. Das Tal ist fortan sehr eng. Die steilen Hänge sind überwiegend mit Wald bedeckt, dazu kommen abschnittsweise Weinberge. Am Rheinufer gibt es Abschnitte, die wie eine Auwaldwildnis aussehen. Es gibt auch einige Sandstreifen, die zum Sonnenbad oder Bau von Sandburgen reizen. Schön ist der Blick auf die Orte am gegenüberliegenden Ufer: Assmannshausen (Km 2,5), Lorch (Km 10) und Lorchhausen (Km 11,5). Es gibt immer wieder die Möglichkeit zu spannenden Abstechern: Km 1,5 Kreuzbachklamm, Km 3,5 Burg Rheinstein, Km 5 Morgenbachtal, Km 5,5 Burg Reichenstein.

Nach gut 12 km Fahrt taucht links das malerische Städtchen **Bacharach** auf. Dort könnt ihr euch im schönen Innenhof des Posthofes stärken, bevor es mit Bahn oder Schiff auf die Rückreise geht.

Wandern rund um Budenheim und Bingen

Spannend sind wegen des Auwaldes und der vielen Vögel Wanderungen durch die Rheinaue von Budenheim nach Bingen. Es gibt aber auch schöne Touren in das Hügelland wie den Aufstieg zum Bismarkturm bei Bingen, die Route des geoökologischen Lehrpfades am Winterberg, den Rundweg um das Naturschutzgebiet zwischen Heidesheim und Wackernheim, Streifzüge auf dem Rochusberg oder den Naturerlebnispfad im Binger Wald.

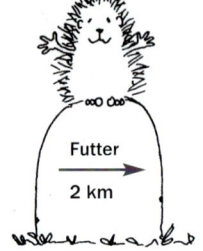

Futter
2 km

Vor der Haustür liegt zudem das schöne Wandergebiet Rheingau – von Bingen, Ingelheim und Budenheim ein Katzensprung mit der Fähre.

Bengalische Tiger auf dem Westerberg: Zum Bismarckturm

55218 Ingelheim. **Länge:** 7 km hin und zurück, auf dem Hinweg starker Anstieg, faszinierende Agrarlandschaft, Hauch von Toskana. **Bahn/Bus:** RB, RE Bhf Ingelheim. **Zeiten:** Tigergarten mit Führungen So, Fei 15 und 17 Uhr, Sommerferien RLP zusätzlich Mi – Sa 15 Uhr mit Anmeldung.

▶ Vom **Bahnhof Ingelheim** geht es nach rechts zur wenige hundert Meter entfernten Binger Straße und gleich darauf über die Selz. Direkt dahinter biegt ihr nach links ab und folgt dem beschaulichen Bach auf dem **Selz-Radweg** aufwärts. Ihr folgt dem dicht bewachsenen Gewässer 1,5 km bis zur Altegasse. Dort biegt ihr nach rechts ab, überquert ein Rondell und begebt euch kurz danach rechts in das mit R (Rheinhöhenweg) markierte Sträßchen, auf dem der rund 1,5 km lange Fußweg direkt zum **Bismarckturm** auf 220 m Höhe hinaufführt. Zuerst geht es durch Flur leicht aufwärts, dann wird der Anstieg steil – ihr befindet euch nun bis kurz vor dem Ziel in einem circa 500 m langen, engen, schattigen Hohlweg. Vom Turm (31 m, erbaut 1912, geöffnet April – Sep 9 – 20, Okt – März 10 – 16 Uhr) besteht ein wunderbarer Ausblick auf den Inselrhein und die Städtchen, Dörfer und Berge des Rheingaus vom Binger Loch bis Walluf. Neben dem Turm befindet sich das viel besuchte **Bergrestaurant Waldeck,** das auch ein kleines Tiergehege (Hasen, Ziegen) besitzt – eigentlich nichts Ungewöhnliches, wären da nicht die **Bengalischen Tiger.** Die Besitzer beteuern in ihrem Faltblatt, dass sie im WWF sind und dass sie alles tun für die Einhaltung

Hunger & Durst

Bergrestaurant Waldeck, Am Bismarckturm, Ingelheim-Waldeck. ℘ 06725/ 4313. www.waldeck-ingelheim.de. Sommer Mi – Sa ab 12, So, Fei ab 11 Uhr, Winter Fr – So 12 – 18 Uhr. Hausgemachte Wurst, Fleisch und Kuchen. Überdachte Außenterasse mit Panoramablick auf den Rheingau, barrierefrei, Spielplatz. Tigergarten. 7 DZ, 1 rollstuhlgerechtes Zimmer, 1 Apartment bis 8 Pers, EZ ab 45 €, DZ ab 75 €.

Hier gibt's viel zu gucken: Bergrestaurant Waldeck

© pmv, Rolf Wegst

der Tierschutzvorschriften und die artgerechte Unterbringung.

Ihr könnt auf dem gleichen Weg nach Ingelheim zurückkehren oder dem Rheinhöhenweg nach Gau-Algesheim (ebenfalls RB-Station) folgen. Beide Routen sind etwa gleich lang – und auch gleich leicht, denn es geht jeweils ins **Rheintal** hinunter.

Brausers Bergschänke

Uwe Brauser, Waldeck 3, 55218 Ingelheim. ✆ 06725/2515, **Lage:** ↗ Bismarckturm. **Zeiten:** Mi 18 – 23, Sa 15 – 22, So, Fei 13 – 21 Uhr.

▶ Geräumiges Gartenlokal, viel Platz zum Spielen, selbst gebackene Brezeln und Kuchen sowie andere Kleinigkeiten. Fruchtsäfte und weitere warme und kalte Getränke. Schwenkgrills zum Grillen von selbst Mitgebrachtem.

Rheingoldruhe und die fünf Weiher

55257 Budenheim. **Länge:** Bei gleicher Route 1,6 km, Variante 2: 3 km, schöne Waldwanderung, Blätter rauschen, Äste knacken, Vögel singen. **Bahn/Bus:** MVG-Bus 64 Reitschule Schäfer, dann 1,8 km zu Fuß auf der L422 zum Wanderparkplatz links. **Auto:** Von Budenheim L423 (Binger Straße)/422, 1,8 km südwestlich von der Reitschule Schäfer Wanderparkplatz.

▶ Vom **Wanderparkplatz** weist euch ein Schild Richtung Ausflugslokal WaldCafé Rheingoldruhe. Ihr unterquert die A60 und geht dann 300 m geradeaus leicht bergauf durch dichten Wald. Dann haltet ihr euch links (R9). Kurz darauf führt die Wanderroute direkt am **WaldCafé Goldesruhe** vorbei. Es geht noch ein kurzes Stück leicht bergauf und dann ein wenig bergab. Circa 200 m hinter dem Ausflugslokal mündet die Route in einen breiten Weg, hier haltet ihr euch rechts und folgt dem roten Querbalken. Es geht nun in kurzen Abständen an fünf urtümlichen, kleinen **Waldteichen** vorbei (alle rechter Hand) bergauf. Oberhalb des Letzten befindet sich die **Quelle,** die

die beschaulichen Gewässer speist. Natürlich solltet ihr auch die Treppe zur **Schutzhütte** hinaufsteigen. Dort wird endlich gerastet. Anschließend könnt ihr wieder auf derselben Route zurückkehren. Oder ihr geht von der Schutzhütte noch 50 m geradeaus weiter und haltet euch dann rechts. Die Route verläuft nun 400 m im Waldrandbereich. Anschließend biegt ihr rechts ein und wandert, nun wieder im dichten Wald, abwärts gen **WaldCafé Rheingoldruhe**. Nach 400 m seid ihr beim untersten Teich auf der Strecke vom Hinweg.

Binger Rheinpromenade: Treffpunkt der Ausflugsschiffe und Rheintouristen

Bingen. **Lage:** Westlich vom Bhf Bingen-Stadt. **Bahn/Bus:** RE, RB Bhf Bingen-Stadt.

▶ Auf der lang gestreckten Binger Rheinpromenade gibt es viel zu erleben. Ihr könnt hier spazieren gehen, die schmucken Ausflugsschiffe an den Anlegestellen bewundern und den auf dem Fluss dahinziehenden Frachtern nachschauen. Es gibt einen beliebten Spielplatz mit dem großen Spielschiff »Rheinkahn«, Sand, Sand, Sand und einer interessanten Wasserspielanlage, einen großen Biergarten zum Einkehren und das Historische Museum am Strom. Von der Nahemündung schaut ihr auf den berühmten Mäuseturm vor dem Mittelrhein-Canyon. Und natürlich könnt ihr auch mal kurz mit der Fähre »in See stechen« und nach Rüdesheim hinüberfahren. Wenn euch die 10-Minuten-Fahrt nicht genug ist, könnt ihr auch Rundfahrten unternehmen oder Kombitouren aus Schiff- und Bahnfahrt – etwa nach Bacharach, St. Goar oder Oberwesel.

Durch die wilde Kreuzbachklamm hinauf zur Waldgaststätte Heiligkreuz

Bingen-Bingerbrück. **Lage:** Circa 1,5 km nordwestlich vom Hbf Bingen, Einstieg an der B9. **Bahn/Bus:** MRB, RB, RE, IC Hbf Bingen, dann circa 1,5 km zu Fuß oder

Hunger & Durst

Binger Rheingarten, Hindenburganlage 1, Bingen. ✆ 06721/98749-0. www.rheingarten-bingen.de. 10 – 23 Uhr, durchgehend warme Küche. Am Rheinufer, Anlegestelle der Ausflugsschiffe, Blick auf Rüdesheim, großer Garten, Schatten spendende Bäume, Sonnenschirme. Kleine und große Gerichte.

Hunger & Durst

Waldgaststätte Forsthaus Heiligkreuz, Bingen. ✆ 06721/992975. www.heiligkreuz.net. 11 – 21 Uhr, Mo Ruhetag, in den Sommermonaten Mo ab 17 Uhr. Gutbürgerliche Küche mit saisonalen Spezialitäten, in der Nähe gibt es den ➚ Erlebnispfad und einen Botanischen Garten.

© pmv, Eberhard Schmitt-Burk

Keine Chance, sich zu verlaufen: Hier geht's zur Kreuzbachklamm

▶ Die Kreuzbachklamm beginnt an der B9 circa 1,5 km nordwestlich von Bingen Hbf. Das ist eine sehr enge Schlucht im Wald, durch die ein schmaler Bach verläuft, der meist fast vollständig ausgetrocknet ist. Es geht auf einem schmalen Pfad 1 km stark bergauf, erst am Schluss lässt die Steigung nach. Ihr kommt an schroffen Felsen vorbei, die Route ist stellenweise steinig, im Bachbett liegt viel Totholz. Meine beiden Enkel haben sich da durchgekämpft und haben von Abenteuer und Wildnis geschwärmt. Auf der Höhe mündet der Wanderweg in ein Teersträßchen, das rechts zur nahen Waldgaststätte Forsthaus Heiligkreuz führt. Das war auch unser Ziel nach dem anstrengenden Aufstieg. Nach der gemütlichen Rast sind wir auf derselben Route wieder ins Rheintal zurückgekehrt.

Rad auf dem linksrheinischen Radweg flussabwärts. **Auto:** B9 von Bingen Richtung Koblenz. **Rad:** Rhein-Radweg, Räder am Eingang in die Schlucht stehen lassen.

DALANG

Von der Morgenbachschlucht auf dem Eselspfad zur Burg Rheinstein

Trechtingshausen. **Lage:** Binger Wald. **Länge:** Circa 6 km, 2,5 Std, mittelschwer, für Kinder ab 8 Jahre, nicht kinderwagentauglich. Markierung: Holzschild mit beladenem Eselchen. **Bahn/Bus:** Hbf Bingen, 30 Min zur Burg Rheinstein. **Auto:** A61 Ausfahrt 49 Bingen, B50/B9 bis Bingerbrück, dort B9 Richtung Koblenz. Vor Trechtingshausen unterhalb der Burg Rheinstein parken. **Rad:** Rhein-Radweg.

▶ Das ist eine der spannendstes Rundwanderungen im Raum Bingen. Ihr kombiniert eine mächtige Burg, ein uriges Ausflugslokal, eine wildromantische Wildbachschlucht, schroffe Kletterfelsen und einen schmalen Eselspfad.

Die Tour beginnt am **Hbf Bingen** (Bingerbrück). Zunächst radelt ihr auf dem Rhein-Radweg am Kulturufer, dem Mäuseturm und dem urwaldhaften Flussufer entlang Richtung Bacharach. Nach 3,5 km taucht links das Schild für die Abzweigung zur Burg Rheinstein auf. Hier lasst ihr die Fahrräder stehen: die ereignisreiche **Wanderung** kann beginnen. Es geht nun steil zur Burg hinauf, Serpentinen mäßigen den Anstieg ein wenig. Ihr werdet ganz sicher voller Neugier in das mächtige Bauwerk hineinschauen. Danach geht's links oberhalb auf einem Wanderpfad weiter Richtung Schweizerhaus, circa 700 m durch Wald. Auf der ersten Hälfte ist die Strecke flach. Das Ausflugslokal mit der fantastischen Aussicht auf das Rheintal lasst ihr links liegen und es geht rechts Richtung Jägerhaus/Morgenbach weiter. Der breite Weg führt durch Laubwald weiterhin anstrengend bergauf. Knapp 1 km müsst ihr noch schwitzen, bevor der steile Abstieg in das nahe **Morgenbachtal** einsetzt.

Die Hütte links liegen lassend, geht ihr unten im spitzen Winkel rechts, immer dem Bach folgend abwärts.

Wanderkarte *Walderholungsgebiet Rhein-Nahe, Binger Wald, 1:25.000,* Hrsg. Zweckverband Walderholungsverband Rhein Nahe.

Burg Rheinstein: Die Burgleute freuten sich über den guten Blick auf den Rhein – wegen der Schiffe, die man vielleicht ausrauben konnte

© Burg Rheinstein

Der Morgenbach muss auf nur 5 km 365 Höhenmeter überwinden. Dafür hat er sich ein tiefes Kerbtal geschaffen, das an manchen Stellen wie eine Klamm wirkt. 1,7 km folgt ihr dem geräuschvoll stürzenden Gewässer auf dem Weg ins Rheintal. An vielen Stellen könnt ihr prima im Bach bauen und spielen. In der engen Schlucht geht es immer wieder an mächtigen Felsen vorbei. Es kommt nicht von ungefähr, dass das Morgenbachtal ein beliebtes Klettergebiet ist.

Schließlich biegt die Route rechts ab Richtung Burg Rheinstein. Ein letztes Mal müsst ihr steil bergauf, glücklicherweise aber nur wenige hundert Meter. Der schmale Pfad – bekannt als der **Eselspfad** – führt an schroffen Felsen vorbei, die von Moos bewachsen sind. Auf der Höhe habt ihr links einen Ausblick auf die einstige Raubritterburg Reichenstein. Es folgt eine gemütliche Passage auf einem breiten Höhenweg, bevor ihr auf dem schmalen Pfad landet, der in langen Schleifen zur **Burg Rheinstein** hinunter führt. Damit ist die spannende Rundwanderung abgeschlossen. Ihr kehrt zu den Fahrrädern zurück und radelt auf dem Rhein-Radweg wieder zum Hauptbahnhof Bingen.

Wandern am Inselrhein entlang

Von Budenheim nach Heidenfahrt

Budenheim. **Länge:** 6,5 km, flach, leicht, durch die Rheinaue. **Bahn/Bus:** MRB Bhf Budenheim; Rückreise ORN-Bus 620, 649 von Heidenfahrt. **Infos:** NABU Naturschutzzentrum Rheinauen Broschüre *Naturschutzgebiet Haderaue – Königsklinger Aue. Auf der Auenerlebnisroute die Natur entdecken und schützen,* 22 Seiten.

▶ Für Familien mit Kindern, die von Budenheim bis Bingen wandern wollen, bietet es sich an, drei Etappen daraus zu machen. Der Weg verläuft zumeist dicht am Ufer auf dem ehemaligen Leinpfad. Ihr werdet viel von der faszinierenden Pflanzen- und Tierwelt am Ufer sehen. Für die Vogelbeobachtung ist es sehr nützlich, ein Fernglas mitzunehmen. Da die Wanderroute auf einem Erdweg verläuft, könnt ihr die Tour nur bei trockenem Wetter unternehmen.

Ihr startet am **Bahnhof Budenheim.** Über Uferstraße und Rheinstraße kommt ihr zum kleinen **Fährhafen** (Km 0,7). Dort habt ihr einen schönen Blick auf Walluf im Rheingau. Ihr biegt links in einen Erdweg (zugleich Auenlehrpfad), der mit ein wenig Abstand zum Fluss Richtung Heidenfahrt/Bingen führt. Nach circa 900 m beginnt rechts ein langer Streifen Streuobstwiese. Lehrpfad-Tafeln informieren über früher einmal in der Region verbreitete Apfelsorten. Nach 800 m begebt ihr euch rechts auf einem breiten Weg zum 300 m entfernten Flussufer. Kurz darauf geht es am ausgedehnten Gelände des Kanu-Clubs Budenheim vorbei. Zur Linken habt ihr immer noch Streuobstwiesen. Dann geht es durch ein urwaldhaftes Auwäldchen mit Sumpf. Es folgen Auwiesen, links daneben der **Sommerdamm.** Bei Km 4,2 habt ihr von der Dammhöhe einen schönen Blick auf die Obstplantagen, Heidesheim und die Nordhänge des Rheinhessischen Hügellandes. Danach verläuft der Weg bis Heidenfahrt (Km 6,5) immer nah am Rheinufer. Zwischen den Bäumen hindurch schaut ihr lange auf die Insel **Königsklinger Aue** mit ihrem dichten Auwald, der den Blick auf den Rheingau versperrt. Kurz vor Heidenfahrt endet die Insel, hier könnt ihr auch mal wieder den Rheingau sehen – jetzt um Eltville. Das Rheinufer von **Heidenfahrt** ist jüngst parkartig umgestaltet worden. Es gibt jetzt eine große Spiel- und Liegewiese. Kinder können an dem kleinen Bach spielen, der hier in den Rhein mündet. Am Ufer stehen Bänke, von denen ihr mit euren Eltern gemütlich die Schiffe auf dem Rhein und die Enten rund um die Anlegestelle beobachten könnt. Ferner besteht die Möglichkeit einzukehren. Im Sommer unterhält der Campingplatz ein Lokal im Freien. Nur we-

 *Ein Sommerdamm schützt landwirtschaftlich genutzte Flächen nur vor den in der Regel niedrigeren Sommerhochwassern. Von höheren Winterhochwassern wird der Damm überströmt.*

Hunger & Durst
Rheinterrasse, Unteraue 38, Heidesheim-Heidenfahrt. ✆ 06132/58614. Nov – Ende März täglich 14.30 – 19 Uhr, April – Ende Okt täglich ab 12 Uhr bis der letzte Gast geht. So, Fei schon ab 10 Uhr. Café-Restaurant am Hauptdamm, mit Sommergarten. Salate, Pizza, Geflügel, Schnitzel und Rumpsteak.

nige Meter oberhalb gibt es außerdem das **Café-Restaurant Rheinterrasse,** das in der warmen Jahreszeit auch einen Garten geöffnet hat.

Von Heidenfahrt nach Ingelheim-Nord

Heidesheim. **Länge:** 7 km, flach, leicht, spannende Route durch Auwald und Auwiesen, nur bei trockenem Wetter realisierbar. **Bahn/Bus:** RB Bhf Heidesheim plus Bus 620 Heidenfahrt, Rückreise: Bus 611 Bhf Ingelheim plus RE, RB vom Bhf Oestrich-Winkel.

▶ Von der **Heidenfahrter Anlegestelle** wandert ihr zwischen Hochwasserschutzdamm und Campingplatz gen Westen. Heidenfahrt liegt versteckt und vor der Flut geschützt im Süden. Es geht ein Stück an Streuobstwiesen entlang und dann durch Auwald. Rechts blickt ihr zwischen den Bäumen hindurch auf die Mariannenaue. Nach 1,3 km kommt ihr an der **Rhein-Klause** vorbei – obwohl schön, doch zu früh zum Einkehren. Knapp 2 km hinter Heidenfahrt besteht mal ein offener Blick auf das andere Ufer, darüber erheben sich die Weinberge. Hoch oben erstreckt sich der 600 m hohe Kamm des Rheingau-Gebirges. 600 m weiter könnt ihr rechts dichten Röhricht sehen, während sich links Obstplantagen ausbreiten. 1 km weiter geht es wieder ein Stück durch Auwiesen. Im Flussarm zwischen der Mariannenaue und Rheinhessen ist kaum Bewegung im Wasser, ein ideales Terrain für viele Wasservögel und ihre Kinder. Dann folgt alsbald eine lange Pappelallee. Hier bieten sich wieder weite Blicke auf den Rheingau mit seinen Weinbergen und bewaldeten Gipfeln.

Bei Km 5,8 ist links in der Auwiese ein kleiner Aussichtsturm aus Holz zu sehen. Ihr befindet euch nun bis Ingelheim-Nord auf dem ↗ **Naturerlebnispfad Jungaue.** Nach 700 m überquert ihr die Selz, die aus dem über 60 km entfernten Donnersberggebiet kommt. Kurz darauf verweist euch eine Infotafel darauf, dass hier der Rheinhafen *Karls des Großen* lag.

Hunger & Durst
Rhein-Klause, Alter Sand 3, Ingelheim. 0177/8664604. www.angler-klause.de. Mai – Okt Di – Fr 16 – 22, Sa 14 – 22, So 10 – 21, Fei nach Aushang, im Winter Sa ab 14, So ab 10 Uhr. Bei schlechtem Wetter wird in der Woche früher geschlossen. Am Leinpfad, Biergarten, Wochenende Grillstation, Kaffee, Kuchen. Kinderspielplatz, großer Park zum Spielen und Platz für Veranstaltungen aller Art.

Im NABU-Naturschutzzentrum Rheinauen erhaltet ihr kleine Naturführer über die Rheinauen: *Wasservögel am Rhein, Pflanzen auf dem Rheindeich* und *Schmetterlinge rund um Bingen.*

In diesem Bereich führt ein langer Steg zum Ufer, von dem ihr einen hervorragenden Blick auf den Rheingau von Schloss Johannisberg bis Oestrich habt. Auf dem letzten Stück vor Ingelheim-Nord stehen dichte Trauerweiden, zu erkennen an ihren langen, traurig herabhängenden Zweigen, die beim leisesten Windhauch rascheln. Links liegen ein schöner Spiel- und ein großer Bolzplatz. Südlich vom Hochwasserschutzdamm befindet sich Frei-Weinheim, das heutzutage bürokratisch **Ingelheim-Nord** heißt. Über dem Häusermeer erhebt sich wie ein Dom eine Kirche. Eure Wanderung geht an der Rheinstraße zu Ende. Es macht Spaß, noch einen Abstecher zum circa 200 m entfernten Hafen Ingelheim zu unternehmen, wo ihr in der warmen Jahreszeit vom gemütlichen **Sommergarten** dem Treiben auf dem hier über 1 km breiten Rhein zuschauen könnt.

© NABU Rheinauen

Küssen verboten – Verschluckungsgefahr: Nur ein Laubfrosch, kein Prinz

Für die Rückreise gibt es zwei Möglichkeiten: Entweder nehmt ihr die Fähre nach Oestrich-Winkel und tretet die Rückreise vom nicht weit von der Anlegestelle entfernten Bahnhof Oestrich-Winkel (Ortsteil Mittelheim) an, oder ihr nehmt den Bus von Ingelheim-Nord zum Bahnhof Ingelheim.

Von Ingelheim-Nord nach Bingen

Rheinstraße, 55218 Ingelheim. **Länge:** 10,5 km flach, leicht, nur bei trockenem Wetter. **Bahn/Bus:** RE, RB Bhf Ingelheim plus Stadtbus 611 bis Talstraße (Fähre) oder Bhf Oestrich-Winkel plus Fähre nach Ingelheim; Rückreise RE, RB von Bhf Bingen-Stadt.

▶ Es geht von der **Rheinstraße** auf der Straße am Sand in westlicher Richtung gen Bingen. Kurz nach dem Hafengelände passiert ihr das Strandbad, an dem sich auch ein Lokal befindet. Bald danach taucht die Insel Fulder Aue auf, die wie alle Inseln zwischen Budenheim und Bingen unter Naturschutz steht. Es geht lange durch Auenlandschaft am Fluss entlang. Auf Höhe von Gaulsheim beginnt der informative **Erlebnispfad,** der euch mit der Tier- und Pflan-

© pmv, Eberhard Schmitt-Burk

**Dicker Onkel: Alter Verla-
dekran am Rhein**

zenwelt des folgenden Kilometers vertraut macht. Er endet an der Ruine der **Hindenburgbrücke,** der ehemals zweitgrößten Brücke Deutschlands, die gegen Kriegsende 1945 von den Deutschen gesprengt wurde. Kurz danach seid ihr am Campingplatz, der im Sommer einen Biergarten am Rheinufer unterhält. Hier geht es ein Stück landeinwärts. Direkt vor den Bahngleisen wendet ihr euch nach rechts. Eure Wanderroute verläuft bis zum Rhein-Nahe-Eck immer geradeaus zwischen Bahn und Fluss, ihr kommt am **Fracht- und Bootshafen** vorbei und habt einen weiten Blick auf den gegenüberliegenden Rheingau mit Rüdesheim. Auf Höhe des Bahnhofs könnt ihr einen alten **Verladekran** aus dem 16. Jahrhundert bestaunen. Dann beginnt die lange Promenade, an der die Ausflugsschiffe liegen. Hier könnt ihr zum Abschluss noch einmal in der Wasserspielanlage loslegen und in den großen **Binger Sommergarten** einkehren.

Grillen

Grillplätze in Ingelheim

Stadtverwaltung Ingelheim, Ulrich Reussner, 55218 Ingelheim. ✆ 06132/782-0 (Reservierung), 782-156, www.ingelheim.de. ulrich.reussner@ingelheim.de.
Preise: 25 € pro Grillplatz zuzüglich Kaution 100 €.
Infos: Verleih von Grillrosten und Schwenkgrill.

▶ Im Stadtgebiet gibt es fünf Grillplätze: Westerberg, Carolinenhöhe, Gau-Algesheimer Weg, Auf der Steig (Großwinternheim), Ikasee. Mai – Sep sind auf allen Plätzen Toilettenanlagen vorhanden.

Grillhütte im Ingelheimer Stadtwald

Stadtverwaltung Ingelheim, Ulrich Reussner, 55218 Ingelheim. ✆ 06132/782-156 Herr Reussner, www.ingelheim.de. ulrich.reussner@ingelheim.de. **Infos:** Reservierung unter ✆ 0151/17443272 oder ✆ 0179/2139739.
▶ Anmietung einer Grillhütte möglich. Mai – Sep gibt es eine Toilettenanlage.

Grillplatz an der Rochuskapelle

Stadt Bingen, Auf dem Rochusberg, 55411 Bingen. ✆ 06721/41316, Fax 46292. www.bingen.de. **Lage:** Am Ende des Waldlehrpfades, Blick auf Büdesheim. **Preise:** 25 € pro Tag. **Zeiten:** Mai – Sep. **Infos:** Anmeldung Mo – Fr 8.30 – 12, Mo auch 14 – 18 Uhr.
▶ Mit Toilette, allerdings nicht behindertengerecht, am Scharlachkopf-Rondell gibt es ein Steinhaus und Bänke im Freien.

Grillplatz Binger Stadtwald Lärchenwiese

Marion Sedewitz, 55411 Bingen. ✆ 06721/184-236, www.bingen.de. **Preise:** 40 € pro Tag.
▶ Grillhütte mit 50 Plätzen und Toilette, allerdings nicht behindertengerecht, nur in den Sommermonaten, große Wiese, Walderlebnispfad in der Nähe.

Grillplatz Elisenhöhe

Stadt Bingen, 55411 Bingen-Bingerbrück. ✆ 06721/41316, Fax 46292. www.bingen.de. **Lage:** Hoch über Bingerbrück, schöne Aussicht auf Bingen und den Inselrhein. **Zeiten:** Mai – Sep. **Preise:** 12 € pro Tag **Infos:** Mo – Fr 8.30 – 12, Mo auch 14 – 18 Uhr.
▶ 20 Sitzplätze, Toilette, Spielplatz.

Hunger & Durst

Zur Hindenburgbrücke, Mainzer Straße 199, Bingen-Kempten. ✆ 06721/17160. www.bauerschorsch.de. Mitte April – Okt 8 – 24 Uhr, Nov – Mitte April 8 – 15 Uhr. Direkt am Rheinufer, mit Sommergarten, Kinderspielplatz mit Hüpfburg. Regionale Küche.

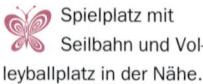

Spielplatz mit Seilbahn und Volleyballplatz in der Nähe.

Grillplatz An den Trimm-Dich-Pfaden

Bingen, 55411 Bingen. ☎ 06721/41316, www.bingen.de. **Lage:** Auf dem Rochusberg, nahe am Wald, den Tennisplätzen und dem Weinlokal Bingium. **Preise:** 30 € pro Tag. **Zeiten:** Mai – Sep.

▶ Spiel- und Liegewiese und Trimm-dich-Pfad, Grillplatz mit 20 – 30 Sitzplätzen und Tischen, Toilette.

Grillplatz Hermannsruhe

Stadt Bingen, 55411 Bingen-Gaulsheim. ☎ 06721/41316, Fax 46292. www.bingen.de. **Preise:** 25 € pro Tag. **Zeiten:** Mai – Sep. **Infos:** Anmeldung Mo – Fr 8.30 – 12, Mo auch 14 – 18 Uhr. **Info:** 20 Sitzplätze.

Grillplatz

Tourist Information Gau-Algesheim, 55435 Gau-Algesheim. ☎ 06725/992143, www.gau-algesheim.de. touristik@gau-algesheim.de. **Lage:** 3 km südwestlich, hoch oben auf dem Laurenziberg, unterhalb der bekannten Wallfahrtskirche. **Preise:** Bis 50 Pers 40 €, Kaution 50 €.

▶ Ruhig, Grillhütte mit Grill, Tische und Bänke, Wiese, Spielplatz mit Zug aus Holz, Hangelseilbahn.

Spielplätze und Klettergärten

Freizeitgelände Ika-See

Stadtverwaltung Ingelheim, Im Blumengarten 52, 55218 Nieder-Ingelheim. ☎ 06132/7820, www.ingelheim.de. ulrich.reussner@ingelheim.de. **Rad:** Auf dem Selz-Radweg vom Stadtzentrum erreichbar. **Preise:** 25 € für die Nutzung des Grillplatzes mit Toilettenkabine Mai – Sep.

▶ Im Norden von Ingelheim liegen Seite an Seite zwei Seen. Am Südufer des östlichen befindet sich ein sehr ansprechender Spielplatz mit Wiese und ein Bolzplatz. Ihr findet auch einen schattigen Kleinkinderspielbereich mit Matschbereich und Barfußpfad.

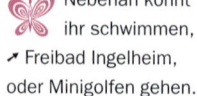

Nebenan könnt ihr schwimmen, ↗ Freibad Ingelheim, oder Minigolfen gehen.

Obwohl er in der Nähe der A60 liegt, ist der Autolärm durch Bäume gedämpft. Ihr könnt hier den Anglern zuschauen.

Auch Grillen in einer schönen Grillhütte ist möglich, wenn ihr den Platz vorher reserviert und ein Entgelt bei der Stadtverwaltung entrichtet.

Höhenpark Rochusberg

Bingen. www.bingen.de. stadtverwaltung@bingen.de. **Lage:** 2,5 km südöstlich vom Stadtzentrum 100 m über Bingen. **Bahn/Bus:** Bus 7 Stadt-Bhf – Rochusberg bis Rochusallee/Hildegardishaus, nach rechts in den Rosengartenweg und noch ein Stück zu Fuß.

▶ Auf dem Binger Rochusberg befindet sich ein Freizeitgelände mit einer großen Liege- und Picknickwiese mit Spielplatz, drei gebührenpflichtigen Grillstellen und einem Trimmpfad im benachbarten Wald. In der Nähe habt ihr ferner das **Weinlokal Bingium.** Auf dem Rochusberg lässt sich's gut wandern. Die kleine Wanderkarte Höhenpark Rochusberg weist 8 Rundwege zwischen 2 und 9 km aus.

Das Binger Kulturufer

Park am Mäuseturm, gegenüber vom Hbf, 55411 Bingen-Bingerbrück. www.bingen.de. **Bahn/Bus:** Bingen Hbf MRB, RB, IC. **Rad:** Rhein-Radweg. **Zeiten:** jederzeit zugänglich. **Preise:** kein Eintritt. **Infos:** Flyer Kulturufer Bingen erhältlich bei der Tourist Information Bingen.

▶ Das Gebiet am Bingerbrücker Rheinufer, auf dem sich einmal ein ausgedehnter Rangierbahnhof befand, ist vor wenigen Jahren in einen großen Park verwandelt worden, in dem sich jetzt die Bürger von Bingen in Scharen erholen. Zu den großen Gewinnern dieses Wandels zum üppigen Grün und Kultur- und Freizeitpark gehören vor allem die Kinder. Ihr könnt hier vieles unternehmen. Auf dem Spielplatz gibt es neben einer großen Burganlage, Schaukeln, Rutschen, Holzhäuschen, eine Kletterwand, viel Sand und ein Heckenlabyrinth.

Hunger & Durst
Weinlokal Bingium, Rochusberg 1A, Bingen. ✆ 06721/3092870. www.weinlokal-bingium.de. Sa, So, Fei 11 – 22 Uhr, Mo – Fr nach Vereinbarung. Am Tennisplatz, Panoramablick, durchgehend warme Küche, viel Wein, was ja nur was für Erwachsene ist. Neben dem Weinlokal befindet sich übrigens die Photovoltaik-Anlage Bingen von RWE Energie, schaut euch das mal an!

Im Juli wird an einem Samstag das bunte *Kulturuferfest* gefeiert. Ihr seht Gaukler, Straßenkünstler und Musiker.

© pmv, Eberhard Schmitt-Burk

Besonders spannend ist der **Wasserspielplatz** mit einem langen Spielfluss. Mehrere Pumpen ermöglichen es, ihn mit Wasser zu versorgen. Mit Hilfe von Wehren kann er auch an verschiedenen Stellen gestaut werden. Außerdem ist das Gelände gut geeignet für die Anlage von Flussarmen.

In der Nachbarschaft könnt ihr euch außerdem in einer elementenreichen **Skate-Arena** oder auf dem schönen **Beachvolleyballplatz** oder den **Bolzplätzen** mit oder ohne Sand austoben. Am östlichen Ende dieses wunderbaren Spielbereichs gibt es etwas sehr Originelles, da sind neben dem **Freiluftschach** fantasiereiche Bewegungsgeräte aufgestellt, die ihr unbedingt mal testen müsst. Auf Infotafeln könnt ihr erfahren, wie sie zu bedienen sind und welche Wirkung die Bewegungen auf euren Körper haben.

Zum Angebot dieses großen Parks mit der ausgedehnten Spiel- und Liegewiese gehören ansonsten noch die informative Ausstellung im ehemaligen ↗ **Stellwerk,** das grüne Klassenzimmer und der Tiergarten der Region des NABU. Es macht natürlich auch Spaß dem Schiffsverkehr auf Deutschlands am stärksten befahrener Wasserstraße zuzuschauen.

Flummyland

Kinder-Indoor-Spielpark, Esperantostraße 28, 55411 Bingen-Büdesheim. ℅ 06721/1867940, www.flummy-land.de. flummyland@email.de. **Zeiten:** Mo – Fr 13 – 18.30, Sa, So, Fei, Schulferien RLP 10 – 18.30 Uhr. **Preise:** Erw ab 16 Jahre 3,50 €, Feierabendtarif ab 17 Uhr 1,75 €, 10er-Karte 30 €; Kinder unter 2 Jahre 2 €, ab 17 Uhr 1 €, 10er-Karte 18 €, Kinder 2 – 16 Jahre 7 €, ab 17 Uhr 3,50 €, 10er-Karte 63 €.

▶ In der kalten Jahreszeit oder wenn es regnet, könnt ihr euch in diese Halle zum Toben und Spielen zurückziehen. Im Mittelpunkt steht ohne Zweifel das große Piratenschiff. Da könnt ihr auf sechs Rutschbahnen abwärts sausen und dann an einer der Klettervarianten wieder aufsteigen. Natürlich könnt ihr zwischendurch den Aufstieg durch einen Kurzaufenthalt bei den Softballkanonen auflockern. Viel Spaß macht's gewiss auf dem wabbeligen Hüpfberg und den Trampolinen. Es gibt noch mehr, hier will ich nicht alles verraten. Eine eigene Welt haben die ganz Kleinen. Natürlich gibt's in dieser Sonderzone eine kleine Rutsche und große Bausteine. Es werden allerlei Snacks und Getränke angeboten, ihr dürft aber auch eigene Speisen mitbringen.

Auf abenteuerlichen Wegen von Baum zu Baum

Kletterwald Lauschhütte, 55411 Daxweiler. ℅ 0611/5802246 (Büro), Handy 0170/3854567. www.kletter-wald-lauschhuette.de. info@kletterwald-lausch-huette.de. **Lage:** 5 km nordwestlich von Daxweiler, im Binger Wald. **Bahn/Bus:** keine. **Auto:** A61 Ausfahrt Stromberg, via Warmsroth, 2 km, zur Lauschhütte, 5 km. **Rad:** Bergfahrer radeln von Bingerbrück via Forsthaus Heiligkreuz, die ersten 2 km steil bergauf. **Zeiten:** Mitte März – Ende Okt Sa, So, Fei, Brückentage ab 10 Uhr, Sommerferien RLP Di – So ab 10 Uhr, Mai – Aug bis 20 Uhr, Nebensaison bis 2 Std vor Dämmerung, Schulklassen und Gruppen ab 20 Pers auch Mo – Fr

Happy Birthday!

Feiert hier Geburtstag und tobt gemeinsam mit euren Freunden. Das Geburtstagskind erhält freien Eintritt und ihr dürft euren Kuchen und Getränke selbst mitnehmen und an einem gedeckten Tisch essen.

Hunger & Durst

Lauschhütte, Daxweier. ℅ 06724/ 6038013. www.lauschhuette.de. April – Okt Di – Do 11 – 20, Fr – So, Fei 11 – 21 Uhr, Nov – März Di – Do 11 – 18, Fr – So, Fei 11 – 20 Uhr. Ehemaliges Forsthaus, auf einer Lichtung, mit Biergarten, Spielplatz mit Tipi sowie Boden-nicht-berühren-Parcours, deutsche Küche außer Regionales, mehrere Gerichte für Kinder.

© pmv, Eberhard Schmitt-Burk

Hier geht's lang: Die Routen im Kletterwald Lauschhütte sind wie Skipisten nach Schwierigkeitsgrad gestaffelt

nach Vereinbarung. **Preise:** 18 €, 5er-Karte 72 €, 10er-Karte 130 €, Mai – Aug Feierabendkarte 18 – 19 Uhr 12 €; Kinder 8 – 18 Jahre 12 €, 5er-Karte 48 €, 10er-Karte 90 €, Mai – Aug Feierabendkarte 18 – 19 Uhr 8 €, Familie 2 Erw plus 2 Kinder 52 €, jedes weitere Kind 10 €; Azubis, Studenten, Rentner 15 €, Schulklassen ab 20 Kinder Mi 10 % Rabatt.

▶ Im tiefen Binger Wald 5 km nordwestlich von Bingen wurde neben dem populären Ausflugslokal Lauschhütte ein spannender Kletterwald angelegt. Zwischen mächtigen Buchen und Eichen besteht hier nun ein dichtes Wegenetz aus Drahtseilen gemixt mit allerlei Elementen. Dadurch führen fünf spannende Routen. Kinder ab 8 Jahre dürfen mitmischen. Auch wenn's reichlich schwankt, braucht ihr dennoch keine Angst zu haben, ihr seid gut abgesichert. Für Kinder von 8 – 12 Jahre existieren die zwei leichten Routen B/Blau (Elemente u.a. Spinnennetz, Skateboard, Glockenspiel) und G/Grün (Elemente u.a. Wechselbohlen, Schaukel, Postmanswalk). Auf die schweren Parcours R/Rot dürft ihr dagegen nur, wenn ihr bereits 12 Jahre alt und mindestens 1,60 m groß seid. Für kleinere Kinder ist es sonst zu gefährlich.

Wenn ihr hungrig seid, könnt ihr in der **Lauschhütte** einkehren. Dort gibt es auch einen Spielplatz mit Tipi. Wer richtig gut drauf ist, kann anschließend noch den 628 m hohen Salzkopf besteigen, den zweithöchsten Berg des Binger Waldes, der zu Fuß 800 m entfernt ist. Auf dem Gipfel gibt es außer dem Sendemast einen 24 m hohen Aussichtsturm. Zu sehen sind viel Hunsrück, Rheinhessisches Hügelland und ein Stück Rheintal.

Natur verstehen und erkunden

Hildegard Forum und Rochuskapelle

Rochusberg 1, 55411 Bingen. ✆ 06721/181000, Fax 1810010. www.hildegard-forum.de. info@hildegard-forum.de. **Bahn/Bus:** Bus 607. **Rad:** Von Bingen: Auf dem Hinweg steiler Aufstieg, auf dem Rückweg rasante Abfahrt. **Infos:** Führungen im Kräutergarten möglich, außerdem werden Vorträge angeboten.

▶ Im Hildegard Forum auf dem Rochusberg gibt es einen schönen kleinen **Kräutergarten** nach den Vorstellungen der berühmten mittelalterlichen Naturheilkundlerin *Hildegard von Bingen.*

Das ist eine gute Gelegenheit viele wichtige Heilkräuter kennen zu lernen, z.B. Akelei, Rainfarn, Fenchel und Baldrian. Insgesamt sind es 65. Alle sind mittels Namensschild erkennbar. Außerdem gibt es im Hildegard Forum eine kleine **Ausstellung** zum Leben der Hildegard von Bingen. Und da ist auch noch ein Restaurant, in dem ihr leckeres, gesundes Essen und sehr gut schmeckende Säfte bekommt. Ich war vom Johannisbeersaft hellauf begeistert.

Ihr könnt euch bei dieser Gelegenheit auch die nahe gelegene **Rochuskapelle** ansehen und ein Päuschen im dortigen Park einlegen. Besonders interessant ist es, diesen Ausflug während des 10-tägigen Rochusfestes zu unternehmen. Dann kommen fast täglich Pilgerprozessionen auf den Berg.

Ich schlage vor: Ihr wandert von Kempten auf dem Weinwanderweg zum Hildegard Forum hinauf, schaut euch den Waldlehrpfad an und steigt vom Scharlachkopf nach Büdesheim ab. Beide Orte haben Busverbindung mit Bhf Bingen-Stadt.

NABU-Naturschutzzentrum Rheinauen

NABU Gruppe Bingen-Gaulsheim, An den Rheinwiesen 5, 55411 Bingen-Gaulsheim. ✆ 06721/14367, Fax 10004. www.nabu-rheinauen.de. kontakt@nabu-rhein-auen.de. **Bahn/Bus:** Bis Bingen-Gaulsheim an der

Hunger & Durst

Begegnungsstätte des Hildegard Forums, Rochusberg 1, Bingen. ✆ 06721/181000. www.hildegardforum.de. Di – So 11.30 – 18 Uhr. Di – Sa Mittagsbuffet (11.30 – 14 Uhr) mit nachhaltigen und vollwertigen Lebensmitteln 9,90 € pro Pers, Fleisch und vegetarisch. Kinder bis 6 Jahre kostenlos. Sonntagsbuffet 17,90 €, Kaffee, Tee, Kakao von Fair Trade, hausgebackener Kuchen, Laden Di – So 11.30 – 17 Uhr.

© NABU Rheinauen

Wie die Geier: Warten auf die Vorspeise von Seite 81. Und wie heißen sie?

Happy Birthday!

Feiert hier mitten in der Natur euren Geburtstag. Wählt zwischen 14 spannenden Themen, wie »Rheinauenforscher«, »Kräuter – k(l)eine Hexerei« oder »Indianer«, circa 2,5 Std, Mitglieder 45 €, Nichtmitglieder 55 €, max. 13 Kinder, min. ein Elternteil.

Bahnlinie Mainz – Koblenz, dann 10 – 15 Min zu Fuß. **Rad:** Unweit vom Rhein-Radweg Mainz – Bingen. **Infos:** Flyer Familienprogramm in der Natur.

▶ Der NABU hat am Rande der unter Naturschutz stehenden Auenlandschaft des Inselrheins mit den beiden Inseln Fulder Aue und Ilmen Aue ein Informationszentrum eingerichtet. Dieses engagiert sich einerseits in Projekten zur Erhaltung der gefährdeten Auenlandschaft des Inselrheins und Wiederansiedlung ausgerotteter Tierarten und bietet andererseits ein breites Aufklärungsprogramm mit Informationsveranstaltungen, Seminaren und naturkundlichen Exkursionen. Für Familien mit Kindern (5 – 12 Jahre) sind eine Menge spannender Streifzüge durch die Rheinaue dabei (feste Termine, meist So), mit Themen wie »Bunte Welt der Insekten« oder »Nacht in den Rheinauen«. Diese Programme dauern 2 – 3 Stunden und kosten für Familien mit einem Kind 12,50 €. Veranstaltungen finden aber nur statt, wenn sich mindestens 4 Familien anmelden. Eine ganze Woche dauern die Kinderakademien im Sommer und Herbst mit einem ganzen Paket von Aktivitäten in der Natur. Für Kindergärten und Schulklassen gibt es ein eigenes Exkursionsprogramm.

Lehrpfade

Auf dem Erlebnispfad Jungaue

Ingelheim. **Länge:** 2,4 km (kleiner Rundweg), 3,8 km (Erweiterung) und 7,9 km (großer Rundweg). Kleiner Rundweg, gute Wahl für Kinder bis 10 Jahre: Er ist kurz und enthält dennoch 13 der 15 Schautafeln, Fernglas mitnehmen. **Infos:** Faltblatt *Erlebnis Jungaue* mit Karte bei der Tourist-Information Ingelheim erhältlich.

▶ Die Exkursion beginnt circa 100 m südlich vom Ingelheimer Hafen. Hier befindet sich ein großer Infostand, an dem ihr den Verlauf der Route erst einmal in aller Ruhe studieren könnt. Es geht zunächst einmal 1,2 km am Rheinufer flussaufwärts. Zuerst führt die Route an prächtigen Trauerweiden vorbei. In diesem Abschnitt geht auch der lange Steg auf den Fluss hinaus. Von der Plattform habt ihr einen außerordentlich guten Blick auf den Rheingau, der von Schloss Johannisberg über Winkel, Kalte Herberge (619 m), Hallgartener Zange (580 m), Hallgarten bis Kirche Oestrich reicht. Kurz danach wartet rechts in der Auwiese das Auen-Forum auf euch. Dort könnt ihr allerlei untersuchen, mit einem **Bandolo** überprüfen, ob ihr wisst, welche Insekten bestimmte Pflanzen der Auwiese bestäuben, Grundwasser heraufpumpen

Der NABU-Rheinland-Pfalz ist mit 38.000 Mitgliedern die größte Umweltschutzorganisation in Rheinland-Pfalz. Es gibt 60 Ortsgruppen, z.B. in Mainz, Nierstein-Oppenheim, Worms und Alzey. Kinder sind überall willkommen.

▶ 2006 wurde zwischen Ingelheim und Heidenfahrt ein weitflächiger Polder (162 ha, überwiegend Ackerfläche) angelegt, der es ermöglicht, durch Überflutung seines Areals bis zu 4,5 Mio Kubikmeter Wasser aus dem Rheinhochwasser abzuziehen. Dieser Fall

WAS TUN GEGEN HOCHWASSER?

tritt ein, wenn der Fluss in Kaub einen Pegelstand von 6,90 m erreicht. In der Nacht zum 16. Januar 2011 wurde der Polder zum ersten Mal geflutet. Das war zwar noch kein »Jahrhundert-Hochwasser«, aber auch das soll der Polder in den Griff bekommen, um Koblenz und Köln vor nassen Füßen zu schützen.

Der Rhein-Radweg führt direkt auf dem Hauptdeich entlang und an dem Ein- und Auslaufbauwerk vorbei. Von da habt ihr einen Überblick über das Areal, das bis zur Autobahn reicht. Verschiedene Infos erklären die Funktionsweise des Polder, aber auch noch viel mehr, z.B. welche ökologischen Auswirkungen mit Überflutungen verbunden sind. ◀

Renaturierung der Selz: Um die Selz wieder so natürlich wie möglich zu gestalten, wurden an zwei Stellen breite und flache Gewässerbetten angelegt, umgestürzte Bäume wurden liegen gelassen, damit das Wasser sich aufstauen kann. Es entstanden acht Laichbiotope, Röhrrichtzonen und auentypische Bäume wurden gefördert und die Wasserqualität verbessert, sodass sich jetzt wieder Fische ansiedeln können, die es schon früher einmal in der Selz gab.

und mit Rhein- und Selzwasser vergleichen oder mit einer Riesenlupe Blüten untersuchen. Nach 500 m führt der Erlebnispfad über die *Selz,* die dort in den Rhein mündet. Dieser Bach, der vom über 60 km entfernten Donnersberg kommt, war noch bis vor wenigen Jahren ökologisch fast tot. Dank des Engagements rheinhessischer Naturschützer verwandelt er sich jetzt durch verschiedene **Renaturierungsmaßnahmen** allmählich in ein natürliches Gewässer.

Anschließend wandelt ihr lange durch eine **Pappelallee.** Allerdings ist das eine auenfremde Abart der Kanadischen Pappel, die nach dem Krieg wegen ihres schnellen Wachstums angepflanzt wurden. Diese Bäume, die mittlerweile ein Alter erreicht haben, in dem häufig Astbrüche auftreten, sollen in nächster Zeit durch auentypische Bäume ersetzt werden. Nach 1,2 km verlasst ihr das Flussufer und geht rechts zum Aussichtsturm hinüber. Auch hier ist der Ausblick ein Erlebnis. Die Route verläuft weiter gen Süden durch Auwiesen. Dann werden in einem urwaldhaft-üppigen Streifen die Selz und die Sandlache überquert. Anschließend geht es in Richtung Südwesten durch Auwiesen zum 1 km entfernten Ausgangspunkt zurück. Unterwegs kommt ihr an den Infostationen Auwald, Leben im Totholz und Hochwasser vorbei. An der letzten sind zahlreiche Baumstümpfe aufgestellt, die zeigen, wie hoch der Wasserstand in Jahren mit schweren Hochwassern war. Kurz vor dem Ziel könnt ihr die Rundwanderung auf dem gut eingerichteten Spielplatz oder dem benachbarten Bolzplatz ausklingen lassen. Das wäre auch ein geeigneter Flecken fürs Picknick.

Naturdetektive in Aktion: Auenerlebnisroute Budenheim

Budenheim. **Länge:** 2,5 km, flach, leicht, Rheinaue, die Informationen auf den Tafeln können als Basis für eigene Beobachtungen dienen – z.B. der Erforschung der Streuobstwiesen.

▶ Dieser schöne Naturerlebnispfad durch die Rheinaue ist eine gute Möglichkeit für junge Entdecker, die Vogel- und Pflanzenwelt des Inselrheins ein wenig kennen zu lernen. Ihr beginnt an der Anlegestelle der Budenheimer Fähre. Es geht flussabwärts. Am Westende des Isola-della-Scala-Platzes könnt ihr euch einmal den Plan ansehen, bevor es losgeht. Der Weg verläuft zunächst 1,7 km mit 100 – 300 m Abstand zum Rhein, Bäume verstellen den Blick. Linker Hand begleitet euch der Hochwasserschutzdamm. Nach 900 m beginnen rechts ausgedehnte **Streuobstwiesen.** Eine Infostation informiert euch über die Geschichte des Geländes. Früher gab es viele verschiedene Apfelsorten, heute werden meist nur noch wenige gepflanzt, die viele Äpfel an niedrigen Stämmen tragen und sehr eng angepflanzt werden können. Außerdem verkaufen die Supermärkte auch nur noch sehr wenige Apfelsorten, es lohnt sich deshalb nicht, die anderen zu produzieren. Dank des Engagements des NABU konnte der Niedergang der Obstkultur hier beendet werden. Einige alte Bäume wurden erhalten. Zusätzlich wurden junge Bäume von früher in der Region verbreiteten Apfelsorten gepflanzt. Nur wenig später kommt links ein Pumpwerk. 800 m hinter der Infostation Streuobstwiesen geht es rechts zum Fluss hinüber. Nun habt ihr Gelegenheit, Auwald und Flussufer zu studieren. Allerdings wird diese Aktivität kurz darauf durch das Gelände der Wassersportvereine erschwert. Auf diesem und dem letzten Abschnitt der Auenerlebnisroute gibt es noch die Infostationen Alte Fischerei und Auwald. Anschließend kehrt ihr entweder zum Ausgangspunkt zurück oder geht weiter rheinabwärts nach Heidenfahrt.

© Annette Sievers

Hübsche Blüten zur süßen Frucht: Eine Apfelblüte

*Wenn die graue Jahreszeit endlich vorüber ist, beginnt auf den **Streuobstwiesen** in der Haderaue im Frühling die Zeit der Apfelblüte. Die weiß-rosa Blüten geben den Bäumen ein prächtiges Aussehen. Bienen und Hummeln schwirren geschäftig über das Gelände, Grillen zirpen lautstark und tausende bunte Blumen blühen. Auch viele bunte Schmetterlinge sind unterwegs.*

INSELRHEIN BIS BINGEN

So weit springen wie Fuchs und Hase
Erlebnispfad Binger Wald, Rochusallee 2, 55411 Bingen. ✆ 06721/184-0, www.bingen.de. umwelt@bingen.de. **Länge:** 5,5 km Rundweg, Wald, sehr abwechs-

lungsreich gestaltet, Fülle von Infos und Erlebniselementen. **Bahn/Bus:** MRB, RB, RE, IC Hbf Bingen (Stadtteil Bingerbrück), dann zu Fuß via Prinzenkopfstraße und Heiligkreuzweg, 2,5 km, steiler Aufstieg, oberhalb von Bingerbrück im Wald zum Forsthaus Heiligkreuz. **Rad:** Wie Fußweg, also reichlich steil. **Infos:** Informationsblatt mit Skizze und Hinweisen möglichst vorher bei der Touristinformation Bingen beschaffen.

▶ Im Binger Wald gibt es einen langen **Walderlebnispfad** mit vielen spannenden Stationen. Ihr könnt Bäume raten, werdet zur Beobachtung von Baumschäden angeleitet, könnt mit dem Schlagholz auf den Waldxylophonen Musik machen, in einer Weitsprunggrube mit den Tieren des Waldes um die Wette springen und auf einem Barfußpfad die unterschiedlichsten Bodenbeläge mit den Füßen fühlen.

Es ist empfehlenswert, den Rundgang an der Infostation gegenüber der **Waldgaststätte Forsthaus Heiligkreuz** zu beginnen. Am besten studiert ihr dort zunächst mal die Karte. Danach geht ihr auf einem steilen Pfad aufwärts. Nach wenigen 100 m mündet dieser in einen breiten Waldweg. Dort geht es nach rechts. Nun wandert ihr knapp 2 km immer geradeaus – leicht bergauf – bis zur Straße nach Waldalgesheim. Unterwegs geht es außer an Bauminfos u.a. an so interessanten Stationen vorbei wie der Hängebrücke über die Kreuzbachklamm, den gewaltigen Baumwurzelwerken und dem Steg durch dichten Jungwald. Dicht am Erlebnispfad liegt außerdem die ↗ **Villa rustica.** Von der Straße gibt es noch den Abstecher zum Teichbiotop. Dort geben Frösche lautstarke Konzerte. Dann geht ihr auf der Straße in südwestlicher Richtung bis zum Waldrand und wendet euch nach links und 2 km geradeaus, leicht bergab. Kurz hinter der Abzweigung könnt ihr links einen Abstecher zu einer Infostation und der **Grillhütte Lärchenwiese** unternehmen – ein schöner Platz zum Picknicken. Auf dem Hauptweg kommt ihr an der Kinderstube der Hirschkäfer, der Weitsprunggrube der

Wusstet ihr, dass die Familie der Ameisen rund 6000 verschiedene Arten umfasst und dass die kleinste Ameise nur 1,5 mm groß ist? Die Rote Waldameise besitzt eine Art Stachel am Hinterleib, mit dem sie Gift verspritzen kann. Trotzdem ist sie genauso harmlos für den Menschen wie die anderen Arten. Sie leben in gut organisierten Staaten, in denen die Weibchen das Sagen haben.

Waldtiere und einem großen Ameisenhaufen vorbei. Bald darauf taucht der Balancierpfad auf. Zum Schluss kehrt ihr schließlich in nordwestlicher Richtung zum Ausgangspunkt zurück, wo ihr im Biergarten der ↗ **Waldgaststätte Forsthaus Heiligkreuz** einkehren könnt.

© Stadt Bingen, Fotograf: Karl Ludwig

Wer Höhenangst hat, schaut strikt nach vorn: Die Hängebrücke beim Erlebnispfad

Barfuß- und Balancierpfad im Erlebnispfad

▶ Familien mit kleineren Kindern, für die der Erlebnispfad Binger Wald viel zu lang ist, können sich auf die Station **Barfußpfad** konzentrieren. Dieser circa 200 m lange Rundkurs ist wunderbar abwechslungsreich. Der Bodenbelag, den eure Füße fühlen, wechselt alle paar Meter: Pflastersteine, allerlei andere Steine, Baumrinde, Sand, Tannenzapfen. Es gibt noch mehr, das verrate ich aber nicht, denn am spannendsten ist es natürlich, mit verbundenen Augen zu erfühlen, um was für einen Untergrund es sich gerade handelt!

Und dann gilt es hier, auf einem **Balanciersteg** und Baumstämmen zu balancieren. Für viele Kinder ist das die totale Gaudi.

Ihr könnt die Station vom **Gasthaus Forsthaus Heiligkreuz** anwandern und kehrt auch dorthin zurück – insgesamt eine Strecke von circa 2 km. Zum Schluss wartet ein Biergarten unter Waldbäumen auf euch.

Römische Villa rustica im Binger Wald

Stadtverwaltung Bingen, Umweltabteilung, Claudia Budinger, Rochusallee 2, 55411 Bingen. ✆ 06721/184-135, Fax 184170. www.bingen.de. umwelt@bingen.de.

Hunger & Durst
Waldgaststätte Forsthaus Heiligkreuz,
↗ Wanderung durch die wilde Kreuzbachklamm.

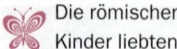 Die römischen Kinder liebten **Brettspiele** so sehr, dass sie sie auch noch als Erwachsene gespielt haben, z.B. Mühle. Dafür genügt es, mit einem Stock das Spielfeld auf den weichen Waldboden zu zeichnen (zwei Quadrate mit Kreuz und Diagonalen) und drei kleine Tannenzapfen und drei dicke Steine zu suchen. Jeder setzt nun seine Spielsteine abwechselnd an gute Positionen, um beim anschließenden Ziehen eine Mühle bauen zu können. Wer seine Mühle zuerst zumacht – drei Steine bzw. Zapfen in einer Linie – hat gewonnen.

Bahn/Bus: RE, RB Bingen Hbf, zu Fuß oder per Rad 2,5 km, steiler Aufstieg. **Zeiten:** jederzeit zugänglich; Gruppenführungen nach Vereinbarung durch die Stadtverwaltung Bingen, ✆ 06721/184135.

▶ Im Nordwestabschnitt des Erlebnispfades Binger Wald liegt die Ausgrabungsstätte **Villa rustica**, ein römischer Gutshof aus dem 2. Jahrhundert. An dessen Freilegung wurde von 1999 bis 2004 im Rahmen eines Beschäftigungsprogrammes des Internationalen Bundes (IB) unter Aufsicht des Landesamtes für Denkmalpflege gearbeitet. Seither sichert und erschließt die Stadt Bingen die historischen Gemäuer. Solche Gutshöfe gab es in der Nähe der Römerstraßen alle paar Kilometer. Auf den Höfen wurde Weizen, Öl oder Honig produziert und Tiere zur Fleischversorgung gehalten. Die Waren wurden an die Garnisonen oder an vorüberziehende Händler verkauft. Mit einer Grundfläche von 3,8 ha war die Villa rustica im Binger Wald eine Anlage mittlerer Größe. Es gab ein Hauptgebäude und mindestens 8 Nebengebäude, eine Mauer schützte das Anwesen vor wilden Tieren und Räubern. 10 – 20 Menschen sollen hier gelebt haben: der Gutsbesitzer mit seiner Familie und seine Knechte und Mägde.

Ausgegraben wurde bis jetzt nur das **Hauptgebäude** mit dem Badetrakt. Das ganze wird derzeit zu einem Grundriss aufgemauert. Infotafeln geben euch aber schon heute einen Einblick in die Funktion dieses römischen Gutshofes, wie er aussah und wie hier gelebt wurde. Obwohl das gut gemacht ist, reicht das längst nicht aus für eine halbwegs lebensnahe Vorstellung. Das wird alles schon viel lebendiger bei Führungen.

Schön, dass Binger Kinder im Rahmen des Ferienprogramms der Stadt hier einen richtigen antiken **Lehmbackofen** erbaut haben und dass eine kleine **Ausstellung** Brettspiele aus der Römerzeit zeigt. Da erfahrt ihr doch etwas ganz Konkretes aus dem Alltag römischen Lebens auf dem Lande.

Herbstspaziergang im Eichen-Hainbuchenwald

Wald- und Naturlehrpfad auf dem Binger Rochusberg,
Länge: 2,5 km, Profil leicht, schattiger Waldweg, älterer Lehrpfad, Gestaltung bescheiden. **Bahn/Bus:** Bus 607 Bhf Bingen-Stadt – Rochusberg bis Rochusallee/Hildegardishaus; für Rückweg vom Grillplatz Scharlachkopf 1,5 km nach Nordosten zur Haltestelle Rochusallee/Hildegardishaus. **Rad:** Auf dem Hinweg von Bingen langer, schwerer Aufstieg, immer auf Straße.

▶ Dieser Waldlehrpfad beginnt kurz vor der Rochuskapelle und endet am Grillplatz auf dem Scharlachkopf, wo ihr natürlich auch picknicken könnt. Auf den ersten circa 700 m, d.h. bis zur Rochusallee, geht es bergab. Dann kommt ein leichter Anstieg. Danach hält die Route bis zum Ende die Höhe. Auf dem 2,5 km langen Waldweg am Nordhang des Rochusbergs stehen 32 Informationstafeln, die überwiegend Bäume charakterisieren. Statt beim Vorlesen der Tafeln auf kalte Füße zu warten, solltet ihr auf die Suche nach Eicheln und schön gefärbten Blättern gehen. Mit diesen Utensilien, getrocknet und gepresst, könnt ihr zu Hause Waldbilder kleben. Oder an Ort und Stelle mit den Nüssen Murmel spielen.

Es lohnt sich, diesen schönen Spaziergang mit dem Besuch des nahe gelegenen ↗ **Hildegard-Forums** zu verbinden. Schaut euch den mittelalterlichen Kräuter- und Obstgarten an und kehrt in der Gaststube ein, in der Gerichte nach den Ernährungsvorstellungen der *Hildegard von Bingen* serviert werden.

Pappel la Papp

Erlebnispfad Binger Rheinauen, NABU-Naturschutzzentrum Rheinauen, An den Rheinwiesen 5, 55411 Bingen-Gaulsheim. ✆ 06721/14367, Fax 10004. www.nabu-rheinauen.de. kontakt@nabu-rheinauen.de.

▶ Am NABU-Naturschutzzentrum von Bingen-Gaulsheim beginnt ein Naturinformationspfad, der durch das Naturschutzgebiet Fulder Aue – Ilmen Aue führt.

 Eine einfache Wanderkarte *Höhenpark Rochusberg* ist bei der Tourist-Information Bingen erhältlich.

Nüsse-Spiel: Auf ebener Fläche grabt ihr eine kleine Mulde, 5 Schritte davon entfernt zieht ihr eine Linie, hinter der ihr euch aufstellt. Nun versucht jeder, seine 6 Nüsse in die Mulde oder so nah wie möglich daran zu werfen. Aber nicht über die Linie treten!
In der Mulde = 3 Punkte, eine Fußlänge davon entfernt = 1 Punkt. Wer die meisten Punkte hat, hat gewonnen. Dieses Spiel haben übrigens schon die Römerkinder im Binger Wald gespielt.

Infostationen: 1 Überblick Fulder Aue am Naturschutzzentrum, dort auch Nisthilfe für Wildbienen, 2 Kopfweiden am Weg zum Ufer, alle anderen Stationen am Ufer, 3 Pappel, 4 Pirol, 5 Flusswald, 6 Schilf, 7 Hindenburgbrücke.

An acht Infotafeln erfahrt ihr alles über die Tier- und Pflanzenwelt dieser Flussaue, über ihre Eigentümlichkeiten und insbesondere auch, was zu schützen ist. Auf Anfrage bietet der Auenservice Führungen für Gruppen durch die Rheinauen an. Los geht's am Naturschutzzentrum vorbei an Tümpeln, Kopfweiden und Storchennest bis an den Stillwasserbereich der Rheininseln.

Geheimnisvolle Salamanderlöcher

Geoökologischer Lehrpfad Gau-Algesheim, 55435 Gau-Algesheim. ☏ 06725/3151, Fax 6616. www.gau-algesheim.de. touristik@gau-algesheim.de. **Länge:** 7,5 km markierter Rundweg mit 14 Infostationen, starke Steigung zwischen Km 1 und 3, landschaftlich abwechslungsreich. **Bahn/Bus:** RB Bhf Gau-Algesheim. **Auto:** A60 Abfahrt 15 Ingelheim-West. **Infos:** Flyer mit Planskizze bei der Tourist Information erhältlich.

▶ Der Lehrpfad beginnt am **Graulturm** auf dem Festplatz. Hier befindet sich ein Übersichtsplan. Auf 14 Tafeln werden Gesteinsaufbau und geologische Entwicklung der Region vorgestellt sowie die Wechselbeziehungen zwischen Ausgangsgestein, Boden, Landschaftsformen, Wasser, Klima, Vegetation, Tierwelt und Mensch beschrieben. Das klingt vielleicht schwierig oder abstrakt, ist es aber nicht, die Tafeln sind optisch sehr ansprechend gestaltet.

Ihr geht zuerst 1,1 km am beschaulichen *Welzbach* entlang. Dann biegt ihr nach links ab und steigt auf der Bergstraße bergauf. Nach circa 400 m führt der Lehrpfad rechts in den Weinberg. An der Infotafel 4 endet die Steigung zunächst. Die Route verläuft ein Stück parallel zum Hang, bevor sie steil zur Infostation 5 hinaufgeht. Ab dort hält der Weg wieder ein Stück die Höhe, Gelegenheit zu Atem zu kommen. Schließlich biegt ihr nach links ab und geht – nun wieder stark bergauf – zum Wald hinauf, wo ihr die Infotafel Quelle in der Michelskaut passiert. Dort gilt es, 100 m Treppe zu steigen. Nun seid ihr endgültig auf

© NABU Rheinauen

Keschern am Teich: Eine Aktion bei den Wassertagon

der Höhe und für eine Weile im Wald. Von der Hauptroute erfolgt alsbald ein kurzer Abstecher zu den geheimnisvollen **Salamanderlöchern.** In diesen Feuchtbiotopen, die wie kleine Krater aussehen, leben vier Molch- und sechs Libellenarten, aber komischerweise keine Salamander!

Nachdem ihr auf die Hauptroute zurückgekehrt seid, geht ihr rechts weiter. Kurz danach haltet ihr euch links. Immer geradeaus Richtung Nordwesten kommt ihr 1,2 km hinter den Salamanderlöchern an der *Steinkautergewann* vorbei. Kurz dahinter geht es in die Flur hinaus zur Info Landwirtschaft, wo der ökologische Landbau positiv hervorgehoben wird. Der Lehrpfad verläuft von dort ein kurzes Stück nach Nordosten und ein langes Stück nach Nordwesten. Kurz vor dem **Bismarckturm,** den ihr rechts liegen lasst, taucht er noch einmal in den Wald ein. Schon bald beginnt der Abstieg nach Gau-Algesheim. Hinter der Lehrtafel zur Geologie von Hunsrück und Taunus könnt ihr noch einmal in einer **Schutzhütte** rasten – und den Ausblick in den Rheingau genießen. Am Schluss geht es steil nach **Gau-Algesheim** hinunter.

Bahnen und Burgen

Ehemaliges Stellwerk der Bahn

Stellwerk Bot – Mensch, Natur, Technik, 55411 Bingen-Bingerbrück. © 06721/184135, www.stellwerk-bingen.de. umwelt@bingen.de. **Lage:** im Park am Mäuseturm. **Rad:** Rhein-Radweg. **Zeiten:** April – Nov Di – So 11 – 17 Uhr, Nov, Feb, März Sa, So 11 – 16 Uhr, Dez, Jan geschlossen. **Preise:** Eintritt frei. **Infos:** Informativer Prospekt zum Stellwerk.

Es gibt regelmäßig spannende Aktionswochen für Kinder, wie die Wassertage.

▶ Das **Stellwerk Bot** des einstigen Rangierbahnhofs von Bingerbrück ist seit der Landesgartenschau von 2008 in einem schön restaurierten Zustand und bietet interessante Ausstellungen zur Eisenbahngeschichte und zur Natur und Umwelt des oberen Mittelrheintals, das sich seit ein paar Jahren sogar zum UNESCO-Welterbe zählen darf.

In der multimedialen Wissenswand im Paterre bekommt ihr durch allerlei Filme richtig spannend und anschaulich erzählt, wie Bingerbrück sich zu einem viel benutzten Eisenbahnknoten entwickelte und weshalb es im Zweiten Weltkrieg aus strategischen Gründen schwer bombardiert wurde. Auf Grund der Modernisierung der Bahn hat Bingerbrück diese große Bedeutung nun vor Jahrzehnten verloren, der Rangierbahnhof und die große Ausbesserungswerkstatt wurden eingestellt und verrotteten. Ihr erfahrt viele interessante Dinge über die Rheinschifffahrt und die Pflanzen- und Tierwelt rund um das Binger Loch. In Terrarien seht ihr Laubfrösche und Smaragdeidechsen sowie ein Rheinfischaquarium.

Im Obergeschoss sind kleine Ausstellungen. Absoluter Höhepunkt ist die große **Modelleisenbahn**, die den Bahnhof Bingerbrück in seiner Blütezeit spielt. Mit Kohle beladene Züge fahren zum Rheinufer. Mehrere Wagen werden auf ein Trajet geladen und zum anderen Rheinufer transportiert. Dort geht's an Land und zu einem Güterzug. Wenn genügend Waggons zusammen sind, geht's auf die Reise nach Wiesbaden.

Mäuseturm: Versucht euch mal vorzustellen, wie viele Mäuse im Mäuseturm Platz hätten!

© NABU Rheinauen

Binger Mäuseturm

▶ Schon in der Römerzeit stand auf dem Riffinsel-
chen im Binger Loch ein Turm. Er gab den Schiffen
Orientierung in dem mit gefährlichen Strudeln gefüllten Binger Loch, diente zugleich aber auch der Beobachtung sich nähernder Feinde. Später befand sich
hier lange Zeit eine Zollerhebungsstation. Der Turm
wurde damals Mautturm genannt, denn alle Schiffe
mussten erst eine Gebühr zahlen, wenn sie vorbei
wollten. Bis 1974, als das **Binger Loch** von allen **Riff-
resten** befreit wurde, fungierte der Mäuseturm noch
als Signalturm.

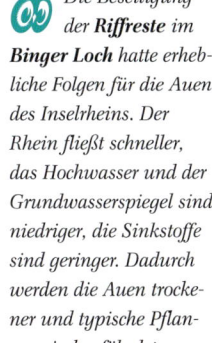

*Die Beseitigung
der **Riffreste** im
Binger Loch hatte erhebliche Folgen für die Auen
des Inselrheins. Der
Rhein fließt schneller,
das Hochwasser und der
Grundwasserspiegel sind
niedriger, die Sinkstoffe
sind geringer. Dadurch
werden die Auen trocke-
ner und typische Pflan-
zen sind gefährdet.*

Burg Klopp

Bingen. ✆ 06721/184193, 184110, www.bingen.de.
stadtverwaltung@bingen.de. Kurzer Aufstieg von der Innenstadt. **Infos:** Die Stadt Bingen bietet tolle Führungen zur Burg Klopp an, mit kostümierten Führern.
▶ Hoch über der Stadt Bingen thront die fast quadra-
tische Burg Klopp. Der Mainzer Erzbischof hatte sie
zur militärischen Sicherung seiner Zollstation errich-

▶ Der Sage nach pflegte der Erzbischof *Hatto II.* vor rund tausend Jahren in seinem Mainzer Palast einen luxuriösen Lebensstil, während
das Volk unter einer
Hungersnot zu leiden
hatte. Als die Men-
schen vor lauter Verzweiflung an seine Türen klopften, um Brot und
Mehl zu erbitten, fühlte er sich in seiner Schlemmerei gestört. Er lock-
te die Menschen mit Versprechungen in eine leere Getreidescheune
und ließ sie kurzerhand verbrennen. Dabei machte er sich noch lustig: »Höret nur, wie meine Kornmäuse piepsen! Nun hat das Betteln
allemal ein Ende. Mich sollen die Mäuslein beißen, wenn's nicht wahr
ist.« Da kamen Abertausende Mäuse hervor und trieben Hatto zur
Flucht auf den Mautturm. Die Mäuse ließen aber nicht locker und ver-
folgten ihn sogar über den Rhein, krabbelten die Turmwände hoch
und fraßen den gierigen und grausamen Erzbischof zur Strafe auf.
Seitdem nennt man den Turm »Mäuseturm«. ◀

DIE SAGE VOM MÄUSETURM

Der Weg zur Burg führt durch Parkgelände aufwärts, in dem sich auch ein Spielplatz mit Rutsche, Hängebrücke und Schaukeltieren befindet. Der Turm kann von 8 – 18 Uhr bestiegen werden.

ten lassen. 1689 wurde Burg Klopp im Pfälzischen Erbfolgekrieg zerstört. 200 Jahre später war die Ruine ein beliebtes Ziel von Rheinromantikern und Literaten. 1875 ließ gar ein Kölner Unternehmer einen Teil der Burg als seinen Wohnsitz wieder aufbauen. Seit über 100 Jahren residiert hier nun die Stadtverwaltung.

Von der Burg, insbesondere dem Turm, habt ihr einen hervorragenden Rundblick, der über die Nahemündung und den Rhein bis zum Rüdesheimer Niederwalddenkmal sowie das rheinhessische Umland reicht. Da kann es nicht überraschen, dass an sonnigen Tagen die Aussichtsterrasse des **Burgrestaurants** viele Menschen anzieht.

Wo einst Raubritter hausten: Burg Reichenstein

Burgweg 24, 55413 Trechtingshausen. ✆ 06721/6117, Fax 961798. www.burg-reichenstein.de. info@burg-reichenstein.de. **Lage:** Oberhalb von Trechtingshausen. **Zeiten:** 10 – 18 Uhr, Mo Ruhetag, Mitte Nov – Ende Feb witterungsbedingte Öffnungszeiten, normal ab 11 Uhr. **Preise:** 4,50 €; Kinder bis 12 Jahre 3 €. **Infos:** Kostenlose Burgführung für Gruppen ab 20 Pers, vorher unbedingt anmelden.

Happy Birthday!
Kinder können hier an einer spannenden Führung teilnehmen und Geburtstag feiern. Da werden gruselige Geschichten erzählt und nach alten Geheimgängen gesucht.

▶ Die erste Burg war ein gefürchtetes Raubritternest. Sie wurde 1282 von den Habsburgern zerstört. Nachdem die Ruine 1344 in den Besitz von Kurtrier kam, begann der Wiederaufbau. Als ihre strategische Bedeutung zurückging, ließ man sie im 16. Jahrhundert wieder verfallen. Dann eroberten 1689 die Franzosen das Mittelrheintal und sprengten die Reste. Das Schicksal hatten ja fast alle Burgen der Region. Lange schien es sodann unwahrscheinlich, dass hier noch einmal ein entsprechendes Bauwerk entsteht. Die Rhein- und Burgenromantik machte es möglich. Der reiche Industriekapitalis *Baron von Kirsch-Puricelli* fand Gefallen an dem Flecken und ließ hier 1899 – 1902 ein Riesenbauwerk errichten. Allerdings war

das etwas Neues, nämlich eine neugotische Wohn-
burg im englischen Stil.

Heute wird Burg Reichenstein als Museum, Hotel mit
Restaurant und Hochzeitssaal vermarktet. Es sind
Ritterrüstungen, allerlei alte Möbelstücke und eine
Sammlung gusseiserner Ofenplatten zu sehen.

Auf steilem Fels: Burg Rheinstein

Familie Hecher, Burg Rheinstein 1, 55413 Trechtingshausen. ℂ 06721/6348, Fax 6659. www.burg-rhein-
stein.de. info@burg-rheinstein.de. **Lage:** Circa 4 km
nordwestlich von Bingen Hbf. **Bahn/Bus:** Keine Anbin-
dung, Schiffsanleger unterhalb der Burg mit den Schiffen der Linien Rössler-Linie und Bingen-Rüdesheimer
Schifffahrtsgesellschaft. **Auto:** A60/A61 Abfahrt 49
Bingen-Mitte, dann B9 Richtung Bingerbrück, St. Goar.
Rad: Linksrheinischer Rhein-Radweg (Hinweißschild
Burg Rheinstein), Fahrräder unterhalb stehen lassen,
zu Fuß mehrere 100 m langer Aufstieg (steil!). **Zeiten:**
Mitte März – Anfang Nov 9.30 – 18 Uhr, letzter Einlass
30 Min vor Schließung. **Preise:** 5 €; Kinder 5 – 13 Jahre
3 €; Gruppen ab 20 Pers 4,50 € pro Pers, Schulklassen
3 € pro Schüler.

▶ Diese Burg wurde 1316 erbaut, um das Wiederauf-
bauverbot des besiegten nachbarlichen Raubritter-
nests Burg Reichenstein zu überwachen. Der Anblick
des massiven Bau-
werks über dem steilen
90 m hohen Felssporn
am Rheinufer südlich
von Trechtingshausen
ist beeindruckend.
Kein Wunder, dass
Rheinstein stark be-
sucht ist. Die Burg hat
sogar eine eigene
Schiffsanlegestelle.
Burg Rheinstein verlor
nach etwa 200 Jahren

Ritter Hyun Woo von und
zu Rheinstein: Lässig hat
er seinen Tarnumhang
über den Arm gelegt, mit
dem er in der Vergangen-
heit verschwinden
kann …

© pmv, Eberhard Schmitt-Burg, sorry: Burk

Für eine eigenständige Besichtigung braucht ihr die kleine Broschüre »Burg Rheinstein«. Es gibt auch Kinderführungen und eine Nachtführung.

Hunger & Durst

Kleiner Weinprinz, Burg Rheinstein, Trechtingshausen. ✆ 06721/6377. www.kleinerweinprinz.de. Mitte März – Anfang Nov Mi – So 11 – 18 Uhr, Nov – Mitte März Sa, So 12 – 17 Uhr. Regionale Küche, Übernachtung möglich, gehobene Preise.

jede Bedeutung und wurde im 16. Jahrhundert dem Verfall preisgegeben. Sie war in einem derart desolaten Zustand, dass sich die Franzosen 1689 nicht einmal die Mühe machten, die Reste zu sprengen. Wie andere Burgen verdankt sie dem im 19. Jahrhundert aufgekommenen Interesse an den ehemaligen Rheinburgen in schöner Lage, die Wiederauferstehung. Sie war sogar die erste Ruine, die wieder belebt wurde. Der heutige ausgesprochen gute bauliche Zustand wurde allerdings erst später in einer circa drei Jahrzehnte dauernden Restaurierung ab 1975 hergestellt. Jetzt ist sie eine private Museumsburg. Es erwarten euch alte Rüstungen, ein echter Rittersaal, eine urige Burgküche, eine Schlosskapelle mit Gruft und romantischen Gärten. Auch wertvolle Buntglasfenster, Wand- und Deckenfresken und antike Möbel könnt ihr sehen. Vom Kanonenplatz besteht eine prima Aussicht auf das Rheintal. Im Burg-Café, der Tafernwirtschaft **Kleiner Weinprinz** könnt ihr essen. Von der Terrasse besteht ein Postkartenblick auf die Burg und den mächtigen Fluss.

Museen & Stadtführungen

Spaziergang durch die Kaiserpfalz und das alte Ingelheim

Francois-Lachenal-Platz 5, 55218 Ingelheim. **Infos:** Broschüre erhältlich bei der Tourist Information, Neuer Markt 1, 55218 Ingelheim am Rhein.

▶ Nachdem ihr die Ausstellung zur Pfalz im Museum Kaiserpfalz Ingelheim gesehen habt, seid ihr gerüstet für einen Rundgang auf dem Gelände der Kaiserpfalz, deren Reste zum Teil in andere mehr oder weniger alte Ingelheimer Bauten integriert sind. Am Westrand des Pfalzbezirkes lag der große Saal, in welchem Rats- und Gerichtsversammlungen abgehalten wurden. Seinen Resten könnt ihr nachspüren. Dafür solltet ihr euch unbedingt die Broschüre »Eine

Entdeckungsreise durch das Saalgebiet in Ingelheim« (4. Auflage 2008, 1 €, erhältlich im Museum) anschaffen. Sie enthält außer dem Plan für den Rundgang auch eine gut verständliche Beschreibung der wichtigsten historischen Bauwerke sowie viele Informationen zu *Karl dem Großen* und dem Leben im Mittelalter. Der Rundweg führt über die Stationen 1 *Aula regia* (Kaisersaal), 2 Mauerverlauf im Straßenbelag, 3 Saalkirche, 4 Heidesheimer Tor, 5 Gesundheitsbrunnen, 6 Zuckerbergtor, 7 Kräutergarten, 8 Bolander und 9 Jüdischer Friedhof. Los geht's am Informationszentrum.

© pmv, Eberhard Schmitt-Burk

Wie ein Wappenschild geformt: Spielplatz bei der Kaiserpfalz

Museum bei der Kaiserpfalz

Besucherzentrum (Zweigstelle der Tourist-Information), Francois-Lachenal-Platz 5, 55218 Ingelheim-Nieder-Ingelheim. ℘ 06132/7147-01, Fax 7147-07. www.museum-ingelheim.de. infomuseum@ingelheim.de. **Zeiten:** April – Okt Di – So 10 – 17 Uhr, Nov – März Di – So 10 – 16 Uhr, Mo geschlossen, außer an Fei und vom 23. Dez – 5. Jan. **Preise:** Eintritt in die Dauerausstellung frei. **Infos:** Preise für Führungen, Sonderausstellungen und weitere Veranstaltungen im Internet.

▶ Mittelalterliche Kaiser hatten keinen festen Herrschersitz so wie unser Kanzler, der in der Hauptstadt residiert. Vielmehr verfügten sie über ein Netz von großen Gutshöfen, Pfalz genannt, zwischen denen sie nach Vorlieben oder aktuellen Erfordernissen mit ihrem Gefolge hin- und herzogen. Auch in Ingelheim gab es seit Karl dem Großen eine solche **Pfalz** (erbaut nach 785). Das war allerdings kein x-beliebiger Herrschersitz, sondern ein besonders großes und prächtiges Bauwerk. Für Karl den Großen war Ingelheim neben Aachen die wichtigste Residenz. Er hielt sich des Öfteren hier auf, mehrmals sogar einige Monate. Auch seine Nachfolger sind häufig in die Pfalz am Inselrhein gekommen. Unter den *Saliern* verlor sie schließlich ihre Funktion. Ab 1354 setzte der allmähliche Verfall ein. Schon 1855 gab es erste Gra-

🦋 Schön für eine längere Pause ist der Spielplatz an der Straße Auf dem Graben, direkt vor dem östlichen Rundbau der einstigen Kaiserpfalz. In einem langen Kanal rauscht hier Wasser zu Tal und bietet Gelegenheit für allerlei Planscherei mit den Mini-Wehrvorrichtungen. Es gibt auch andere Spielgeräte wie Rutschen, Kriechrohr, Schaukel und Balancieranlage. Mo – Sa 8 – 20, So, Fei 9 – 12 und 15 – 20 Uhr.

bungen. Aber erst in jüngster Zeit konnten Reste, wie der Thronsaal (Aula regia) und das Heidesheimer Tor, freigelegt werden.

Im **Besucherzentrum** und **Museum** erfahrt ihr zum einen viel über Pfalzen im Allgemeinen: Wann sie entstanden, welche Aufgabe sie hatten und wie sich das im Laufe der Zeit änderte. Anhand eines Modells könnt ihr aber auch sehen, wie die frühe karolingische Pfalz von Ingelheim aussah. Ferner bietet das Museum eine kleine Ausstellung zur Vor- und Frühgeschichte sowie zur Römer- und Merowingerzeit im Ingelheimer Raum. Die jüngsten Besucher finden in den Ausstellungsräumen spezielle Kinder-Texttafeln.

Museum am Strom

Museumstraße 3, 55411 Bingen. ☏ 06721/184-353, 184-350, Fax 184-359. www.bingen.de. historisches-museum@bingen.de. **Lage:** Am Rheinufer. **Bahn/Bus:** Von Bhf Bingen-Stadt und Bingen-Hbf zu Fuß. **Rad:** Rhein-Radweg, Nahe-Radweg. **Zeiten:** Di – So 10 – 17 Uhr. **Preise:** 3 €, Gruppe ab 10 Pers 2 €, Familie 6 €, Gruppenführung 40 € plus Eintritt; Kinder 2 €, Kinder-

▶ Das Mittelalter war die Zeit von 500 bis 1500, unterteilt in Frühmittelalter (6. – 9. Jahrhundert), Hochmittelalter (10. – 13. Jahrhundert), Spätmittelalter (13. – 15. Jahrhundert). Seit dem 3.

WAS IST DAS MITTELALTER?

Jahrhundert breiteten sich die Franken am Niederrhein, bis nach Gallien hinein, wo das Franken-Reich gegründet wird, und entlang von Rhein und Main aus. Sie waren »freie« und »kühne« Germanen, behauptet der Name Franke. Der Kernstamm hieß Salier, was Herrscher bedeutet. Daneben gab es noch die Merowinger, die »Gelockten«, weil sie wilde Bärte und lange Locken trugen. Mit dem Vater von *Karl dem Großen* (*Pippin dem Jüngeren*) begann die Zeit der karolingischen Könige (751 – 811) und Kaiser (800 – 905). Sie herrschten von Sachsen über Kärnten, Italien, ganz Frankreich und bis in die Pyrenäen. ◀

gärten und Schulklassen 1 €. **Infos:** Museumsquiz für 3. – 8. Schuljahr oder Rallye durch alle Abteilungen.

▶ In einer denkmalgeschützten Industriehalle befindet sich ein Museum, das zu Begegnungen mit 2000 Jahren Kultur und Geschichte einlädt.

Die größte Dauerausstellung beschäftig sich eingehend mit dem Leben und Wirken der berühmten Äbtissin *Hildegard von Bingen* (1098 – 1179). Die Ausstellung zeichnet anhand verschiedener Schwerpunkte das Leben Hildegards nach. So wird gezeigt, dass sie schon als Kind Visionen hatte – Erscheinungen, die im theologischen Sinne ausgelegt wurden. Sie wurde von der Nonne Jutta im Kloster Disibodenberg erzogen, wo sie 1136 selbst Äbtissin, Leiterin eines Klosters, wurde. 1147 gründete sie das Kloster Rupertsberg bei Bingen. Sie war sehr gebildet, ist viel durch Deutschland und Frankreich gereist und schrieb sich mit Kaiser, Königen, Kardinälen und anderen belesenen Männern viele Briefe. Außerdem leistete sie im naturwissenschaftlichen und medizinischen Bereich Pionierarbeit. Alles Dinge, die in der damaligen Zeit für Frauen sehr ungewöhnlich und oft auch verboten waren. Frauen durften allenfalls dichten, wenn sie überhaupt lesen und schreiben konnten. Und gedichtet hat Hildegard auch. Nebenbei.

Beeindruckend ist auch der **Hildegarten** neben dem Museum. Hier könnt ihr sehen, was Hildegard in der Naturkunde vollbracht habt. Sehr hilfreich ist die Broschüre »Hildegarten am Strom. Hildegard von Bingen und die Heilkraft der Pflanzen«, die ihr im Museum bekommt.

Ihr könnt weitere Abteilungen besuchen, wie die Abteilung **Stadtgeschichte.** Hier erfahrt ihr etwas über Bingen zur Zeit der Römer und im Mittelalter. Absolute Attraktion ist hier das im Grab eines römischen Arztes gefundene chirurgische Instrumentarium (»das römische Ärztebesteck«) aus dem 2. Jahrhundert n.Chr., das aus 67 Geräten, darunter Messer, Wundhaken, Skalpelle, Löffel, Pinzetten und sogar

Happy Birthday!
Wie wär's mit einer Geburtstagsparty im Museum am Strom? Zuerst gibt es eine kleine Führung, anschließend wird gebastelt. Themen können u.a. sein:

· Spielen wie die alten Römer;
· Tunica, Toga & Co, wie die Römer sich kleideten, zum Abschluss Modenschau;
·Stein für Stein, schöner wohnen bei den Römern, wie ein Mosaik gelegt wird; Dauer 2 – 2,5 Std, Kosten für max. 12 Kinder 45 € zzgl. 1,50 € Materialkosten pro Teilnehmer.

ein vollständiger Instrumentensatz für Schädeloperationen, besteht. Beim Anblick der groben Werkzeuge und mit dem Wissen, dass damals ohne Betäubung operiert wurde, wird euch bestimmt wie mir Angst und Bange.

Unbekannter Radball

Rheinhessisches Fahrradmuseum, Museumsleiter, Norbert Diehl, Schlossgasse 12, 55435 Gau-Algesheim. ✆ 06725/95770, Fax 95772. www.fahrradmuseum-rheinhessen.de. norbert.diehl@online.de. **Rad:** Eigentlich standesgemäß: vom Rhein-Radweg 2 km. **Zeiten:** Ostern – Fest des jungen Weines (2. So im Okt) an So, Fei 14 – 18 Uhr sowie nach Vereinbarung, Führungen für Gruppen möglich. **Preise:** Eintritt frei. **Infos:** Barrierefreier Zugang.

▶ Im renovierten **Schloss Ardeck** in Gau-Algesheim befindet sich ein Fahrradmuseum – das erste in Rheinland-Pfalz. Wie ihr hier sehen könnt, war das Radeln am Anfang ziemlich schwer. 1817 wurde das Laufrad erfunden, ein langes, schweres Zweiradfahrzeug, auf dem man zwar sitzen konnte, das sich aber nur bewegte, wenn man sich mit den Füßen vom Boden abstieß. Ab etwa 1850 gab es dann erstmals Zweiräder mit Vorderradantrieb durch Pedale. Sie hatten hohe Vorder- und niedrige Hinterräder. Mit ihnen konnte man richtig flott fahren, aber es war nicht einfach, die Balance zu halten. Beim Bergabfahren und Bremsen sind die Radler oft schlimm gestürzt. Ein Glück, dass sich daraus bald die bequemen, leicht im Gleichgewicht zu haltenden Niedrigfahrräder mit zwei gleich großen Rädern, Tretkurbelanordnung dazwischen und Hinterradantrieb entwickelten. Als dann auch noch die Kettenschaltung erfunden war, konnte man mit wenig Kraftaufwand schön schnell fahren – und ohne zu schieben, sogar hohe Berge hinauf fahren.

Ihr könnt in dem liebevoll eingerichteten kleinen Museum, das in fünf Abteilungen organisiert ist, unter-

Auf der Welt fahren über 1 Milliarde Menschen Rad, womit das Fahrrad das meistgenutzte Individualverkehrsmittel ist.

schiedliche Fahrräder sehen: Fahrräder aus dem Alltagsgebrauch, alte und neue Herren-, Damen- und Kinderräder, alte und neue Rennräder – und viel Zubehör wie Klingeln, Lampen, Dynamos, Pedalen und Rückstrahler. Besonders ist, dass im Schwerpunkt Radsport außer Rennrädern auch Kunstfahr- und Radballräder sowie Einräder zu sehen sind. Das sind kunstvolle Sportarten, über die in der Öffentlichkeit leider nur selten berichtet wird.

Schaut auch regelmäßig in das Jahresprogramm, hier gibt es sehr interessante Sonderausstellungen. 2013 beispielsweise über die Touren eines Mountainbikers, der viele Gebirge in der Welt erfahren und gesehen hat.

22 MTB-Touren Rheingau Rheinhessen von Alexander Kraft. pmv, ISBN 978-3-89859-323-6, 18 €.

Kreativität & Feste

BÜHNE, LEINWAND & AKTIONEN

Vorlesestunden der Stadtbibliothek Bingen

Kaufhausgasse 1, 55411 Bingen. ✆ 06721/990846, Fax 990848. www.bingen.de. stadtbibliothek@bingen.de. **Zeiten:** Mo, Di, Do 14 – 18, Fr, Sa 9 –12 Uhr, Vorlesen jeden 1. Do im Monat. **Infos:** Zum Vorlesen muss man sich nicht anmelden und es ist kostenfrei.

▶ Vorlesen für Kinder ab 3 Jahre. In den Sommerferien könnt ihr am Lesesommer teilnehmen, er ist für Kinder von 6 – 14 Jahre. Gelegentlich lesen auch Kinderbuchautoren.

Bingen kreativ

junge KUNSTWERKstadt, VHS Bingen, Friedhof 11, 55411 Bingen. ✆ 06721/12327, 991103, Fax 10308. www.vhs-bingen.de. service@vhs-bingen.de. **Zeiten:** Mai – Sep. **Infos:** Anmeldung Mo – Fr 8.30 – 12, Mo auch 14 – 18 Uhr.

▶ Joseph Boys hat einst verkündet, dass jeder ein Künstler ist. Die junge Kunstwerkstatt der Volkshochschule Bingen wandelt auf diesen Spuren. Sie bietet ein vielfältiges Programm an Kursen und Aktivitäten für Kinder von 6 – 14 Jahre an. Es wird gemalt, mit Ton, Kork, Pappe und Pappmaché gearbeitet, gedrechselt, mit Ästen und Zweigen gebaut oder auf Fotosafari gegangen. Und es gibt noch viel mehr, schaut einfach mal auf die Internetseite, ihr werdet sicher fündig werden.

Rotweinfest Ingelheim

www.ingelheim.de. touristinformation@ingelheim.de.
Zeiten: Ende Sep – Anfang Okt, 9 Tage lang.
▶ Das Riesenfest der Ingelheimer ist nicht nur für Weinseligkeit und Erwachsene. Für Kinder gibt es auch mehr als die Karussels des Vergnügungsparks rund um die Burgkirche. So gibt es einen Familientag mit buntem Programm und zum Schluss ein Höhenfeuerwerk.

FESTKALENDER

Juli:	1. Sa, Bingen: **Rhein in Flammen,** berühmtes Fest am Rhein mit spektakulären Feuerwerken.
	1. So, Bingen: **Kulturuferfest.**
	Letztes Wochenende, Ingelheim: **Hafenfest.**
August:	2. – 3. Wochenende Fr – Mo, Gau-Algesheim: **Kerb** und **Algastmarkt,** großes traditionsreiches Fest.
	2. So, Bingen: **Rochus Open-Air,** Volksfest mit kirchlichem Hintergrund.
September:	Anfang Sep 11 Tage, Bingen: großes **Winzerfest,** Vergnügungspark, Feuerwerke, Festzug.
	Letzte Woche, Ingelheim: **Rotweinfest.**
Oktober:	2. Wochenende, Gau-Algesheim: **Fest des jungen Weines.**
Dezember:	2. und 3. Wochenende, Ingelheim: **Weihnachtsmarkt,** 11 – 19 Uhr, Alte Markthalle, Binger Straße 9 – 11, Weihnachtsmarkt in der warmen Halle!
	3. Adventswochenende Fr – So, 4. Wochenende Do – So, Bingen: **Weihnachtsmarkt** mit 30 Ständen in der Fußgängerzone.

RHEINAUE BIS WORMS

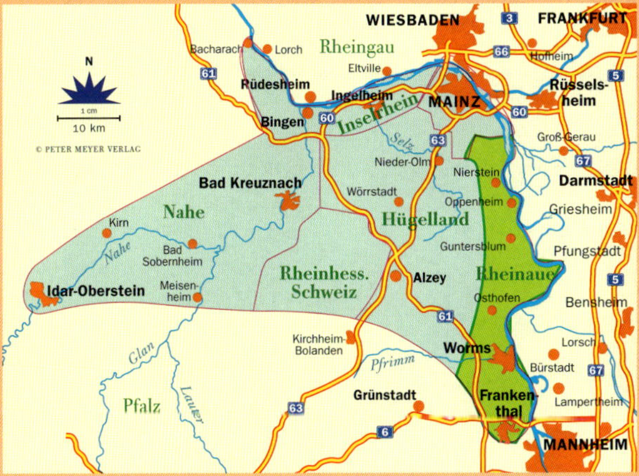
WIESBADEN
FRANKFURT
Bacharach
Lorch
Rheingau
Eltville
Hofheim
Rüdesheim
Ingelheim
MAINZ
Rüssels-
heim
Bingen
Inselrhein
Selz
Groß-Gerau
N
1 cm
10 km
© PETER MEYER VERLAG
Nieder-Olm
Nierstein
Darmstadt
Bad Kreuznach
Wörrstadt
Oppenheim
Griesheim
Nahe
Hügelland
Kirn
Guntersblum
Pfungstadt
Nahe
Bad
Sobernheim
Rheinhess.
Schweiz
Alzey
Rheinaue
Idar-Oberstein
Meisen-
heim
Osthofen
Bensheim
Glan
Kirchheim-
Bolanden
Worms
Lorsch
Pfrimm
Bürstadt
Pfalz
Lauter
Grünstadt
Franken-
thal
Lampertheim
MANNHEIM
3
66
5
61
60
63
67
6

MAINZ: NATUR & SPORT
MAINZ: WISSEN & KULTUR
INSELRHEIN BIS BINGEN
RHEINAUE BIS WORMS
RHEINHESSISCHES HÜGELLAND
RHEINHESSISCHE SCHWEIZ
AN DER NAHE
INFO & FERIENADRESSEN
KARTEN & REGISTER

Der Oberrhein von Bodenheim bis zum Ried südlich von Worms und darüber hinaus bis zum pfälzischen Frankenthal ist eine schöne Flusslandschaft mit mehreren ökologischen Höhenpunkten – dazu zählen linksrheinisch die Eicher Seen.

Auf der rheinhessischen Seite beginnt fast überall das Hügel- und Tafelland bereits in Ufernähe oder nur wenige Kilometer vom Ufer entfernt. Nur von Guntersblum bis Osthofen erstreckt sich eine breite Ebene. An den Abhängen der Hügelkette wird Weinbau betrieben. Hier liegen die Städtchen Bodenheim, Nackenheim, Nierstein und Oppenheim, die zu den traditionsreichsten Weinorten Deutschlands zählen. Naturkundlich sehr spannend sind Radtouren und Wanderungen in der Rheinaue zwischen Oppenheim und Eich – vor allem, wenn ihr euch für Vögel interessiert. Bei Oppenheim gibt es noch einen richtigen Rheinbadestrand. Junge Wasserratten haben ferner die Wahl zwischen den Eicher Seen, dem Herrnsheimer Badesee und den Badeseen von Bobenheim-Roxheim und Frankenthal.

Frei- und Hallenbäder

Strandbad Frankenthal

Meergartenweg, 67227 Frankenthal. ℗ 06233/ 64026, Fax 6070298. www.ostparkbad.de. info@ostparkbad.de. **Bahn/Bus:** BRN-Bus 67 bis Am Strandbad. **Auto:** B9 Frankenthal Mitte, im Südosten der Stadt. **Zeiten:** Mai – Sep Mo, Mi, Fr – So und Fei 9 – 19.30, Di und Do 7 – 19.30 Uhr, Juli – Mitte Aug Fr und Sa bis 22 Uhr, ab 19 Uhr Eintritt frei. **Preise:** 4 €, 6er-Karte 21 €, Saison 70 €; Kinder unter 6 Jahre freier Eintritt, Kinder 6 – 17 Jahre 3 €, 6er-Karte 15 €, Saison 45 €.

▶ Das Strandbad – eines der schönsten Freibäder der Region und deswegen hier aufgenommen, obschon bereits zur Pfalz gehörig – beeindruckt durch die gelungene Mischung von natürlichen (Badesee)

DIE RHEIN-AUE BIS INS WOMSER RIED

Nach Süden schließt der pmv-Ausflugsführer *Pfalz mit Kindern* an, 320 Seiten, 16 €, ISBN 978-3-89859-433-2.

TIPPS FÜR WASSER-RATTEN

Ihr könnt hier auch Minigolf spielen, im Sommer bis 22 Uhr nutzbar. Erw 2 €, Kinder 1,50 €.

Ja, hallo: Den Erdmännchen im Wormser Tiergarten kann man stundenlang zugucken

Kleiner Kapitän auf großer Fahrt: Schon 1 m vom Ufer entfernt

Außerhalb der Saison könnt ihr von 8 Uhr (Sa, So, Fei 10 Uhr) bis Einbruch der Dunkelheit, spätestens jedoch 17 Uhr auf einem 1,3 km langen **Rundweg** um den See spazieren gehen.

und künstlichen (Pools) Bademöglichkeiten. Es gibt ein Sportbecken mit acht 50-m-Bahnen, ein Sternbecken mit Rutschen, ein Lehrschwimmbecken und für die Kleinen ein eigenes Planschbecken und Spielplätze. Entspannen könnt ihr auf ausgedehnten Liegewiesen. Ein Höhepunkt für Kinder ab 10 Jahre ist die **Parkour-Anlage.** Die Geräte laden zu Sprüngen, Tricks und Balanceakten ein. Ein weiterer Höhepunkt ist der einzigartige **Wasserfunpark Wibit im Badeweiher.** Mit den verschiedenen Etappen wie Wassergräben, Trampolin und Bergen, die es zu überwinden gilt, kommt im Sommer keine Langeweile auf! An sonnigen Sommertagen herrscht ein Riesenandrang. Im Bistro gibt es eine große Auswahl.

Heinrich-Völker-Bad

Alzeyer Straße 111, 67549 Worms. ℂ 06241/9728-0 (Kasse), Fax 9728-13 (Verwaltung). www.freizeitbetriebe-worms.de. info@freizeitbetriebe-worms.de. **Lage:** Im Südwesten der Kernstadt. **Bahn/Bus:** Bus 401 bis Heinrich-Völker-Bad. **Rad:** Vom Hbf 1,7 km über Bahnhof- und Alzeyer Straße. **Zeiten:** Freibad Mai – Sep 9 – 21, außer Mi 6 – 21 Uhr. **Hallenbad** Mo, Sa 9 – 21, Di, Do, Fr 13 – 21, Mi 6 – 21, So 9 – 20 Uhr. **Preise:** 4,50 €, 20er-Karte 70 €, Saisonkarte Freibad 70 €; Kinder 6 – 15 Jahre 3,20 €, 20er-Karte 55 €, Saisonkarte Freibad 52,50 €; Familie klein (3 Pers mit 1 Kind) 9,50 €, Familie groß (2 Erw mit 4 Kindern) 13,50 €.
▶ Das Sport- und Spaßbad in Worms besteht aus Freibad, Hallenbad und Traglufthalle und garantiert wetterunabhängigen Badespaß. Das **Hallenbad** besitzt ein 25 x 15 m Schwimmerbecken, ein Erlebnis-

becken mit Nackenduschen und Massagedüsen sowie ein Kinderplanschbecken und Wellnessbecken. Im Warmwasser-Außenbecken ist relaxen angesagt. Das **Freibad** bietet ein 50 x 21 m großes Schwimmerbecken, ein Nichtschwimmerbecken mit Wasserpilz und Massageliegen sowie ein Springerbecken mit einem 10 m hohen Sprungturm. Kleinkinder können im Planschbecken mit verschiedenen Spiel- und Spaßangeboten ihre Freude haben. Ein Strömungskanal und die Breitrutsche bieten zusätzlichen Badespaß. Nach der Freibadsaison steht den Badegästen mit der **Traglufthalle Luftikus** ein zusätzliches, überdachtes 50-m-Becken zur Verfügung.

Der Wellness-Bereich rundet das Angebot ab. Gastronomiebetriebe und ein umfangreiches Kursangebot sorgen dafür, dass es euch an nichts fehlt.

Paternusbad – Pfeddersheimer Freibad, Pfeddersheim. ℰ 06247/7338. www.paternusbad.de. Mai – Sep 10 – 20 Uhr, in den Ferien 9 – 21 Uhr. Sommerliche Alternative zum Heinrich-Völker-Bad. Erw 4,50 €, Kinder ab 6 Jahre 3,20 €. Familienkarte für 3 Pers 9,50 €, für 6 Pers (davon 2 Erw) 13,50 €. Beheizte Schwimmer-, Nichtschwimmer- und Planschbecken.

Gimbsheimer Freibad

Zum Schwimmbad, 67578 Gimbsheim. ℰ 06249/4977, www.schwimmbad-gimbsheim.de. info@schwimmbad-gimbsheim.de. **Lage:** Am Südostrand von Gimbsheim. **Bahn/Bus:** Von Worms Bus 432 bis Marktplatz, von Mainz bis Bhf Guntersblum, dann Bus 432 nach Gimbsheim bis Marktplatz. **Auto:** Von der B9 über K48 oder K53/51. **Rad:** Radwege zum Bhf Guntersblum (RB-Strecke Mainz – Worms) sowie zum Rhein-Radweg. **Zeiten:** Mitte Mai – Mitte Sep 11 – 19, Sa, So, Fei und in den Ferien 9 – 19 Uhr; Schulklassen und angemeldete Gruppen auch in Schulzeiten 9 – 11 Uhr. **Preise:** 3,50 €, 20er-Karte 55 €, ab 17.30 Uhr 1,80 €; Kinder unter 6 Jahre frei, Kinder 6 – 18 Jahre 2,20 €, 20er-Karte 35 €, ab 17.30 Uhr 1,20 €; ab 16 Uhr 1,80 €, Kind 1 €.

▶ Das einzige beheizte Freibad zwischen Mainz und Worms bietet alles, was für unbeschwerten Wasserspaß nötig ist. In das große Schwimmerbecken (50 x 16 m) ist ein Springerbecken mit Sprungturm integriert, am Nichtschwimmerbecken (20 x 20 m) befindet sich eine große Rutsche. Die Kleinen haben das

Planschbecken mit Kinderspielplatz. Dann gibt es noch eine ausgedehnte Liegewiese mit genügend Baumschatten sowie ein Beachvolleyballfeld und einen Boule-Platz. Zudem existiert ein Kiosk mit kalten und warmen Speisen und Getränken.

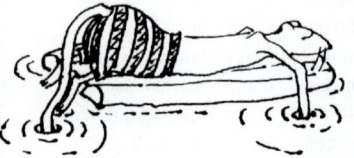

Badeseen

Bobenheim-Roxheims Badesee Nr. 1: Silbersee

Kalmitstraße 11, 67240 Bobenheim-Roxheim. www.bobenheim-roxheim.de. info@bobenheim-roxheim.de. **Lage:** Östlich von Roxheim. Anlegestelle Windsurfschule am Westufer, Strandbad am Südufer. **Auto:** B9 Ludwigshafen – Worms Abfahrt Roxheim, 2 km bis zum See. Parkgebühren Pkw 2,50 €, Krafträder 1,50 €. **Rad:** Vom Rhein-Radweg südlich von Petersau 3 km über die K1. **Zeiten:** ganzjährig zugänglich. **Preise:** Eintritt frei.

Ihr könnt den malerischen Silbersee auf einer 5 km langen Route umwandern. Los geht's am Südwestende nahe dem Parkplatz. Bleibt bitte immer schön auf dem Rundweg, damit die Ufervegetation nicht zu Schaden kommt.

▶ Der 90 ha große Baggersee (max. Tiefe 10 m), Teil des wunderschönen Roxheimer Altrhein-Biotops, ist sehr beliebt unter Surfern, Seglern und Paddlern des Rhein-Neckar-Raums. Entsprechend groß ist der Andrang an schönen Tagen. Am Südrand existiert auch ein Badebereich mit flachem Strand. Auch Kiosk mit Bänken und Tischen, Umkleiden, WC und Parkplatz sind dort vorhanden, aber keine geräumige Liegewiese. Das Nordwest- und das Südostufer stehen unter Naturschutz. In einem Teil des Sees wird noch gebaggert.

Bobenheim-Roxheims Badesee Nr. 2: Nachtweide

Gemeindeverwaltung, 67240 Bobenheim-Roxheim. ☎ 06239/9390, Fax 939-258. www.bobenheim-roxheim.de. info@bobenheim-roxheim.de. **Lage:** Am Ostrand von Bobenheim. **Bahn/Bus:** Bobenheim-Roxheim ist Bahnstation an der RB-Linie Mainz – Worms – Frankenthal – Ludwigshafen. **Auto:** Von der L523 im

Zentrum von Bobenheim ostwärts auf die K1. **Rad:** Radwegverbindung vom Rhein-Radweg. **Zeiten:** jederzeit zugänglich. **Preise:** Eintritt frei.

▶ Die Strandwiese an dem 3 ha großen Badeweiher, den Bäume und Sträucher säumen, wird an heißen Sommerwochenenden schnell zu klein, denn dann herrscht hier großer Andrang. In der Nähe befinden sich ein kleiner Vogelpark und ein Spielplatz sowie eine Half Pipe. Und etwas weiter weg am Altrhein gibt es eine Minigolfanlage und einen weiteren Spielplatz.

Badesee Herrnsheim

Fahrweg, 67547 Worms-Herrnsheim. ℘ 06241/53031, heimatkreis.herrnsheim@web.de. **Lage:** Östlich von Herrnsheim, nördlich von Neuhausen. **Bahn/Bus:** Stadtbus 407 bis Richard-Stumm-Straße, 1 km via Slevogtstraße, rechts Von-Steuben-Straße, links Fahrweg, bald darauf rechts zum See. **Auto:** Fahrweg ab B9/Mainzer Straße. **Zeiten:** 10 – 19 oder 20 Uhr. **Preise:** 1,50 €; Kinder ab 4 Jahre 1 €.

▶ Der 3,2 ha kleine Herrnsheimer Badesee hat einen Sandstrand und Liegewiesen. Umkleidekabinen und Toiletten sind vorhanden. Den See säumen stellenweise Bäume und Sträucher. Auch Angler sind hier aktiv.

Badeseen im Altrheinarm von Eich und Gimbsheim

Touristinformation der VG Eich, Hauptstraße 26, 67575 Eich. ℘ 06246/6917, Fax 6969. www.vg-eich.de. verkehrsverein@vg-eich.de. **Bahn/Bus:** BRN-Bus 432, dann 500 m zu Fuß. Ruftaxis ergänzen abends den Busverkehr zwischen VG Eich, Osthofen und Worms. **Auto:** Von der B9 Mainz – Worms Richtung Eich bzw. Gimbsheim. Parkplätze am Altrheinsee und Pfarrwiesensee, Gebühr 3 €. **Rad:** Radwege nach Eich bzw. Gimbsheim von Bhf Guntersblum, Alsheim oder Mettenheim an der RB Mainz – Ludwigshafen – Mannheim. **Preise:** Eintritt frei.

 Wenn es euch langweilig wird, könnt ihr eine Runde auf dem Waldlehrpfad in den Klauern drehen, der beim Eingang des Strandbades beginnt. Auf einer Infotafel könnt ihr den Verlauf des Rundweges durch das größte zusammenhängende Waldstück der Stadt Worms studieren.

Sehr nützlich ist die Freizeitkarte der Verbandsgemeinde Eich (Alsheim, Eich, Gimbsheim, Hamm, Mettenheim), 6. Auflage 2011, kostenlos sowie viele andere Infos zu Eich und Rheinhessen in der Touristinfo erhältlich. Damit könnt ihr auch interessante Wander- und Radtouren planen, etwa die Rundtour um den Altrheinsee.

▶ Zwischen den Ortsgemeinden Eich und Gimbsheim liegt hufeisenförmig im auf natürlichem Wege entstandenen Altrheinarm ein halbes Dutzend kleiner Seen. Das ist eine schöne Feuchtlandschaft, in der eine besondere Flora und Fauna gedeiht. Viele Arten sind selten. Gut, dass Teile dieses Gebietes unter Naturschutz stehen.

Der **Altrheinsee** direkt am Nordrand von Eich ist das größte Gewässer des Gebietes. Er besitzt im Westen einen Abschnitt mit flacher Uferzone, wo gebadet wird, und einen Strand mit Liegewiese. In den Sommermonaten ist auch ein Kiosk geöffnet. Ebenfalls nahe an Eich befinden sich der **Elisabethensee** und der **Heinrich-Thalaue-See,** die beide unter Naturschutz stehen, weshalb dort baden verboten ist.

Die zweite Ansammlung von Seen befindet sich am Südrand von Gimbsheim. In dem größten der insgesamt drei Seen, dem im Jahr 2000 eröffneten **Pfarrwiesensee,** darf gebadet werden. Dort gibt es einen Badestrand und im Sommer Kiosk und WC mit Babywickelraum, allerdings bietet kein Baum Schatten, wenn die Sonne sticht. Wie im Altrheinsee wird auch hier noch Kies gebaggert.

Paddeln und Schiff fahren

Kanu-Verein Worms e.V., Am Salzstein 6, 67547 Worms. ✆ 06241/82261, www.kvworms.de. service@kvworms.de. **Lage:** Rheinufer Flusskilometer 412. **Bahn/Bus:** Bus 410 bis Am Salzstein. **Preise:** 57 € Jahresbeitrag, 31 € Aufnahmegebühr; Kinder bis 14 Jahre 21,60 € Jahresbeitrag, keine Aufnahmegebühr, Kinder 14 – 18 Jahre 43,20 €, 10 € Aufnahmegebühr.
▶ Hier könnt ihr Kanu fahren lernen. Das Bootshaus mit Campingplatz liegt direkt am Rhein.

Wormser Ruderclub Blau-Weiß von 1883 e.V., Am Rhein 5, 67547 Worms. ✆ 06241/25730,

www.wrcbw.de. vorstand@wormser-ruderverein.de.
Zeiten: Büro Mi 17 – 18 Uhr. **Preise:** Über 27 Jahre 216 €; Schüler/Studenten unter 27 Jahre 120 €.

▶ Der Verein besitzt 3 Bootshäuser und Trainingszentren: das Bootshaus Am Rhein 5, Worms, Strom-km 443,4, die Halle am See, an der Wormser Straße 49, Lampertheim, Strom-km 440,1 (Mündung des 4,7 km langen Altrheinarms) und das Walter Mauer Trainingszentrum, ebenfalls am Lampertheimer Altrheinarm.

Hunger & Durst

Bootshaus-Restaurant, Am Rhein 5, Worms. ☎ 06241/925240. www.bootshaus-restaurant.de. Di Ruhetag. Bootshaus des Wormser Ruderclubs Blau-Weiß, an der Promenade, Blick auf den Fluss.

Auf dem Oberrhein zwischen Nackenheim und Worms

▶ Von Nierstein und Oppenheim gibt es nur wenige Schiffstouren, von anderen Orten dieses Rheinabschnitts gar keine. So bleiben kleinen Leuten, die mal in See stechen wollen, lediglich dio ↗ Fähren Nierstein – Kornsand, Guntersblum – Kühkopf und Eich – Gernsheim. Da seid ihr natürlich nur kurz auf dem Wasser. Von Guntersblum gibt es ja noch die faszinierende Fahrt mit der Fähre durch den Altrhein zum Kühkopf. An den Ufern liegen Auwälder,

© pmv, Rolf Wegst

die wie Wildnis aussehen. Es gibt Röhrichtzonen und viele Wasservögel, darunter auch der Schwarzmilan, der König der Flussaue.

An der Anlegestelle der Gaststätte ↗ Zum Rheinhof: Kleine Fahrten lassen sich auch von hier aus unternehmen

Schiffslinien von Worms

Weiße Flotte Heidelberg, Abfahrt Hagen-Denkmal, 67547 Worms. www.weisse-flotte-heidelberg.de. info@weisse-flotte-heidelberg.de. Worms – Lampertheimer Altrhein. **Zeiten:** Anfang Juni – Mitte Sep, circa 75 Min, Abfahrt 14 Uhr, Mindestbeteiligung 20 Erw. **Preise:** 10 €; Kinder 5,50 €. **Infos:** Tickets im ↗ Gasthaus Hagenbräu, Am Rhein 3, Worms, ☎ 06241/921100.

▶ Es legen zwar einige Ausflugsschiffe an, jedoch sind die Touren entweder tageszeitlich ungünstig oder die Fahrt bis zur nächsten Haltestelle dauert zu lang. Für Familien mit Kindern interessanter sind da die Rundfahrten, die bis zum Lampertheimer Altrhein reichen. Ich habe aber noch einen schönen Ausflugstipp: Fahrt mit der Bahn nach Mannheim und macht die spannende Rundfahrt durch den Mannheim-Ludwigshafener Hafen, das ist der zweitgrößte Binnenhafen Europas und an den Kais ist allerhand los!

▶ Auf dem Rhein herrscht viel Betrieb: Lastkähne, Frachtschiffe und Ausflugsschiffe fahren hin und her. Als Schiffe noch keine Motoren hatten, also weder mit Dieselkraftstoff noch mit Dampf angetrieben wurden, mussten andere Hilfsmittel gefunden werden, um auch gegen die Strömung fahren zu können. Mit der Strömung, auf so genannter Talfahrt, war's ja noch recht einfach, die Schiffe trieben mal langsam, mal schneller mit dem Fluss mit. Bergauf aber musste nachgeholfen werden.

DIE RHEINSCHIFFFAHRT

Die Germanen nutzen Segel und Ruder, die Römer kombinierten beides, um mit ihren Militärschiffen flott voranzukommen. Doch ihnen war das immer noch zu langsam. So erfanden sie das Treideln: Tiere und Menschen mussten die Schiffe an langen Seilen flussaufwärts ziehen. Dazu legten die Römer vor allem linksrheinisch erhöhte Uferstraßen an, die als Deiche gleichzeitig die Siedlungen schützten. Auf den Trampelpfaden oben drauf trotteten Pferde oder Menschen und zogen die schwere Fracht an Leinen, so entstanden die Leinpfade. Als um 1850 immer mehr Dampfschiffe aufkamen, die mit ihrem Propellerantrieb schnell und wendig waren, brach ein heftiger Streit unter den Schiffern aus. Die Treidelschiffer und Pferdebesitzer bangten um ihre Arbeit. Sogar beschossen haben sie die verhassten Schiffe. Genutzt hat es ihnen nicht: 1918 wurde die Treidelschifffahrt eingestellt. Die letzte Treidelstation, wo Pferde ausgewechselt wurden, schloss am Binger Loch nach dem Ersten Weltkrieg. ◀

Radeln

Radtouren rund um Worms

Tourist-Information Worms, Neumarkt 14, 67547
Worms. ℗ 06241/8537306. www.worms.de. tourist-
info@worms.de.

▶ Auf den ersten Blick ist Worms ein hartes Pflaster
für Radler, besonders natürlich für Kinder. Aber an-
dererseits gibt es dort die südliche, industriefreie
Rheinaue. Dort könnt ihr stressfrei am Rheinufer zur
Petersau oder noch weiter durch Auwiesen bis zum
Roxheimer Silbersee radeln.
Schöne Strecken sind u.a. Worms/Nibelungenbrü-
cke – Lampertheim/Badesee oder Lampertheim
Bhf – Museum Lorsch und zurück mit einem langen
Wegstück durch Wald.

Zu den Eicher Seen

Von Nierstein über Glimbsheim nach Alsheim, 55276
Nierstein. **Länge:** 17 km beschilderter Radweg. Zwar
flach und leicht, aber auf Grund der Länge erst für Kinder ab 10 Jahre. **Bahn/Bus:** RB Bhf Nierstein, Rückfahrt RB von Bhf. Alsheim, beide an der RB Mainz –
Ludwigshafen – Mannheim. **Auto:** B9 Nierstein, Rückweg B9 Alsheim.
▶ Vom **Niersteiner Bhf** geht es per Unterführung zur
sehr stark befahrenen B9. Wenige hundert Meter
rechts überquert ihr diese an einer Ampel. Dann radelt ihr in südlicher Richtung auf einem Radweg zunächst am Rhein und dann das **Oppenheimer Hafenbecken** entlang, in dem Motorboote dümpeln. Am
Nordrand von Oppenheim (etwa auf Höhe des Bahnhofs) biegt der Rhein-Radweg links in die Fährstraße.
Dank der recht guten Markierung findet ihr leicht den
Weg zum Rheindamm. Auf diesem fahrt ihr dann ein
weites Stück. Bei nassem Wetter sind Teile der Strecke übersät mit Pfützen. Ab Kilometer 3,5 seid ihr
mitten in der weiten Rheinaue. Die Route verläuft circa 300 m vom Fluss abgesetzt. Links schaut ihr im-

FRISCHE LUFT UND SPORT

☀ Seit Juni 2011
ist im Bereich
Bürgerweide und Mittle-
rer Busch ein Themen-
pfad zum Hochwasser-
schutz mit 8 Infotafeln
angelegt. Ihr könnt die-
sen interessanten
Rundkurs radeln oder
wandern.

mer auf Auwald. 2,5 km hinter Oppenheim geht es am **Segel- und Motorflugplatz Oppenheim** vorbei, einem ausgedehnten Wiesengelände. Hier könnt ihr, vor allem am Wochenende, Segel- und Motorflugzeuge beim Starten und Landen beobachten. Dann sind es nochmals circa 3 km Fahrt bis zur Abzweigung zum Flussufer. Zunächst kommt ihr durch Auwald, dann stehen nur noch spärlich Bäume am Ufer. Dafür könnt ihr jetzt Schiffe sehen und mit ihnen um die Wette radeln. Knapp 3 km hinter der Abzweigung kommt ihr zur Anlegestelle der Kühkopffähre – Gelegenheit für einen Inseltrip. Lasst die Räder zurück und erkundet die Hartholzaue und die Feuchtwiesen des Reiherwegs. Es gibt eine Rundwanderung mit der Markierung R, sie ist allerdings nochmal 5,8 km lang. Hier beginnt auch der **Ökolehrpfad Guntersblum,** eine andere Gelegenheit für einen spannenden Naturstreifzug. In diesem Bereich befindet sich rechts das Ausflugslokal **Zum Rheinhof.** Eine wunderbare Möglichkeit zur wohlverdienten Rast. Ihr bleibt anschließend noch 1 km am Rheinufer. Dann geht es nach rechts Richtung Gimbsheim. Auf dem leeren Landsträßchen K48 immer geradeaus mitten durch intensiv genutztes Ackerland gelangt ihr nach 2 km mitten in den schönen alten Ortskern von **Gimbsheim.** Nur wenige hundert Meter entfernt ist ein Freibad. Nahe ist aber auch der Pfarrwiesensee mit Strandbad, der zu den Eicher Seen gehört. Ihr durchquert Gimbsheim via Rheinstraße, Kirchstraße, Hauptstraße und Alsheimer Straße. Kurz vor dem südwestlichen Ortsende haltet ihr euch rechts Richtung Alsheim. Nach circa 100 m haltet ihr euch erneut rechts. Es geht dann über die L437 und ein Stück am Naturschutzgebiet Eicher Seen entlang. Anschließend wendet ihr euch nach rechts und radelt durch Rübenfelder schnurstracks auf Alsheim zu – am Westrand der weiten Ebene, darüber der lang gezogene Weinberg. Am Ortsrand müsst ihr über die verkehrsreiche B9. Das kann eine Geduldsprobe werden. Dann geht es geradeaus nach **Alsheim** hinein und schließlich per Gimbsheimer Straße, Bachstraße und Bahnhofstraße zum RB-Bahnhof Alsheim.

Wo einst Amiche und Valtinchen dampften

Bodenheim Bhf – Selzen – Friesenheim – Nierstein Bhf, 55294 Bodenheim. **Länge:** 24 km, bis auf die ersten 4 km flach oder bergab. Sehr gut für kleine Radler ist der Abschnitt Gau-Bischofsheim – Selzen, 8 km, gut ausgebauter Radweg, hervorragend beschildert. **Bahn/Bus:** Der Startort Bodenheim und Nierstein, das Ziel der langen Variante sind Stationen an der RB Mainz – Ludwigshafen – Mannheim. **Auto:** A60 Ausfahrt Mainz-Laubenheim, L431 bis Bodenheim, Rückweg von Nierstein auf B9.

▶ Die Tour beginnt am **Bahnhof Bodenheim.** Ihr durchquert diesen alten Weinort auf einer ausgeschilderten Route via Mainzer Straße, Zwerchgasse und Gaustraße. Es geht bergauf. Am Ortsende biegt ihr links in den Leidheckenweg ein. Immer geradeaus alle Abzweigungen ignorierend führt die Route in einem weiten Bogen durch Ackerflur nach Gau-Bischofsheim hinauf (keine schwere Steigung). 1,5 km hinter Bodenheim zweigt links ein Sträßchen zum 200 m entfernten Fischteich ab. 1 km weiter endet euer Weg an einer T-Kreuzung. Hier geht es rechts nach **Gau-Bischofsheim.** Nach 800 m seid ihr direkt am Beginn des Radweges auf der ehemaligen Trasse der Amiche-Bahn nach Selzen. Der Weg ist gut beschildert und ihr radelt nun auf vollkommen ebener Strecke an Harxheim und Mommenheim vorbei nach Selzen. Auf dem ersten Kilometer stehen zu beiden Seiten ganz dichte Hecken. Danach habt ihr einen weiten Blick über die Felder, von Weinbau keine

@ Alles über die Dampfloks Amiche, Bawettche, Zuckerlottche & Co findet ihr unter www.amiche.de.

Kinderleicht: Auf dem alten Bahndamm lässt es sich spielend leicht radeln

© Annette Sievers

 **Minigolfplatz
Nierstein,** am
Südwestrand von Nier-
stein, an der Radelstre-
cke.

Spur. Die Bahnhöfe der ehemaligen Bahnstrecke stehen oft noch, fungieren heute aber als Wohnhäuser.
In **Selzen** fahrt ihr auf der Gaustraße 200 m in den
Ort hinein und biegt dann vor dem Brunnen rechts in
die Tränkgasse ein, die euch nach 200 m zur Selz
bringt. Anschließend geht es auf einem feinschottri-
gen Weg zwischen Gärten und der idyllischen Selz
bachaufwärts. Fürs Picknick bieten sich Bänke oder
der kleine Grillplatz an. 1 km hinter Selzen mündet
die Route in den **Selztalradweg** (geteert). Rechts am
anderen Ufer gibt es ein kleines Feuchtbiotop. Ihr
biegt aber links ein und radelt Richtung Köngernheim. Nach 800 m kommt ihr an dem bekannten
Ausflugslokal Jordans Untermühle vorbei.

Ihr fahrt bis kurz vor Friesenheim an der Selz entlang.
Dort zweigt ihr nach links ab Richtung Nierstein. Ihr
überquert die L425 und radelt nun auf der ehemaligen, ebenen Trasse der Valtinchen-Bahn Richtung
Rheinaue. Für Abwechslung sorgen der Spiel- und
Grillplatz am Südostrand von Dexheim oder im
Herbst das Labyrinth im Maisfeld bei Dalheim. Dann
rollt ihr nach **Nierstein** hinunter. Nun sind auch mal
Weinberge zu sehen. In Nierstein verläuft die Route
zunächst auf einem Radweg neben der Straße, dann
müsst ihr aber auch auf die Straße. Via Bildstockstraße, Ernst-Ludwigstraße und Bleichweg (nach
rechts), landet ihr am **Bahnhof** – Ziel einer langen,
abwechslungsreichen Tour.

Ihr könnt die flache, leichte Strecke Gau-Bischofsheim – Selzen natürlich auch laufen! Sie ist bestens
für Kinderwagen geeignet.

Jordans Untermühle

Martina und Gerhard Jordan, Außerhalb 1, 55278 Köngernheim. ℡ 06737/7100-0, Fax 7100-99. www.jor-
dans-untermuehle.de. info@jordans-untermühle.de.
Bahn/Bus: Ab Mainz Hbf Bus ORN 660 bis Köngern-
heim/Römer, dann 1 km zu Fuß. **Auto:** A63 Ausfahrt 6
Wörrstadt, auf B420 Richtung Oppenheim, Abfahrt Kön-

gernheim, durch den Ort hindurch, am Ortsausgang halb links abbiegen und schmalem Teerweg folgen. **Rad:** Selztal-Radweg. **Zeiten:** Täglich ab 11 Uhr geöffnet, warme Küche bis 23 Uhr.

▶ Regionale Küche und saisonale Gerichte, verschiedene Speisen auf Wunsch auch in kleinen Portionen. Handkäs-Carpaccio, verschiedene Salate, Fleisch- und Fischgerichte. Schöne Sonnenterrasse mit Blick ins Grüne. Zimmervermietung inklusive Frühstück ab 55 €.

Wandern

Im Auwald zum Oppenheimer Strandbad

Nierstein. **Länge:** 4 km (hin und zurück 8 km), flach, leicht, urwaldhafter Auwaldabschnitt. **Bahn/Bus:** RB Mainz – Worms bis Nierstein alle 30 Min, am Wochenende und abends stündlich bis 24 Uhr. Rückfahrt auch ab Bhf Oppenheim möglich. **Auto:** An der B9 Mainz – Worms.

▶ Die Tour beginnt an der Fähranlegestelle in Nierstein. Ihr geht am Hafenbecken entlang rheinaufwärts nach Oppenheim. Kurz hinter dem Bootshaus des Kanu-Clubs erreicht der Weg die Fährstraße. Auf dieser wandert ihr zum Rheinufer hinüber. Dort geht es direkt am Ufer weiter flussaufwärts. Am Ufer reiht sich eine kleine Sandbucht an die nächste. Rechts wuchert Auwald. Nach circa 1,5 km seid ihr an einem richtig großen Sandstrand. An Sommerwochenenden ist hier allerhand los. Schön, dass sich da auch eine Liegewiese

Der Oppenheimer Strand lockt, nicht aber das Wasser des Rheins: Es ist aus hygienischen Gründen und wegen der starken Strömung zu gefährlich, um hier zu baden

© priv. Rolf Wegst

Nu mal schöön langsam:
Im Oppenheimer Strand-
lokal

Hunger & Durst

**Rheinrestaurant Oppen-
heim,** Außerhalb 2, Op-
penheim. ✆ 06133/
571113. www.rheinres-
taurant-oppenheim.de.
Mo, Mi – Fr 12 – 20,
warme Küche bis 19
Uhr, Sa, So 11 – 21,
warme Küche bis 19.30
Uhr. Restaurant, Café,
Biergarten.

und eine **Gaststätte mit Sommergarten** befinden. Der große **Sandstrand** am Rheinufer bietet eine Liegewiese und die Möglichkeit, sich
kalt abzuduschen und auf die Toilette zu gehen. Ihr könnt hier ganz ge-
ruhsam mit Sand und Kieselsteinen
spielen, doch ist es nicht ratsam,
hier zu baden. Trotz Reduzierung der
Schadstoffe im Rhein, ist es wegen
der Keime und Salmonellengefahr
gesundheitlich riskant.

Nach der Rast am Strand geht ihr
auf der Hinterseite des Lokals auf
einem Weg mit etwas Abstand zum
Ufer wieder zur Fährstraße zurück.
Die Route führt 1,5 km durch dich-
ten Auwald. Unterwegs kommt ihr auch an einer ehemaligen Kiesgrube vorbei, die zum Feuchtbiotop re-
naturiert wurde. Anschließend geht es per Fährstraße
und Rheinuferweg zur Anlegestelle der Niersteiner
Fähre zurück.

Türme bei Nierstein: Wartturm, Schlosturm und Trutzturm

Nierstein. **Länge:** 5 km, steiler Aufstieg am Anfang,
später noch ein paar leichte Anstiege, über weite Strecken Höhe haltend, am Schluss stark bergab nach Nierstein, über weite Abschnitte durch Weinberg. **Bahn/
Bus:** RB44 bis Bhf Nierstein, Bus 662 bis Bahnhof Fußweg via Bleichweg und Langgasse zum Alten Marktplatz. **Auto:** Mit dem Auto über die B9. **Rad:** Rhein-Radweg. **Infos:** Wanderkarte Nierstein, erhältlich bei der
Tourist-Information, kostenfrei.

▶ Die Wanderung beginnt in **Nierstein** am Alten
Marktplatz. Ihr geht auf der Karolingerstraße in nordwestlicher Richtung ortsauswärts. Vorbei kommt ihr
am **Winzerhaus.** Immer geradeaus geht es im Weinberg kräftig bergauf. An der alten Kelter haltet ihr

euch links. Es geht weiter stark bergan. Auf der Höhe erreicht ihr den hohen Turm der **Niersteiner Warte.** Schade, dass er in der Regel verschlossen ist. Aber auch so habt ihr einen schönen Rundblick. Und es gibt Bänke und Tische zum Picknicken.

Anschließend geht ihr ein kurzes Stück zurück und biegt rechts Richtung Schwabsburg ein (markiert). Bis zur Schwabsburg geht ihr immer geradeaus Richtung Südwesten. Der Weg hält hier seine Höhe. Von der **Schwabsburg** ist der hohe **Donjon** restauriert. Ihn könnt ihr auch besteigen – das kostet zwar ein paar Schweißtropfen, lohnt sich aber. Tief unten liegt der alte Winzerort Schwabsburg, in den ihr anschließend absteigt. Das Dorf wird von Norden nach Südosten über Burgstraße, Hauptstraße und Laidlebstraße durchquert. Danach geht es durch ausgedehnte Rebfelder knapp 200 m in südöstlicher Richtung aufwärts und schließlich links – jetzt die Höhe haltend – zur 600 m entfernten B420 hinüber. Die Route folgt der breiten Straße kurz Richtung Nierstein, bevor es rechts auf einen landwirtschaftlichen Nutzweg zum knapp 1 km südöstlich gelegenen **Trutzturm** geht. Dieser ist schon von weitem zu sehen. Danach habt ihr gut 1,5 km bis zum Ziel in **Nierstein** zurückzulegen – bis zum Ortsrand Weinbergwege, zuerst Richtung Nordost, dann Südwest. Schon bald setzt der Abstieg ein. In dem alten Weinstädtchen steuert ihr via Am Hummertal, Wörrstädter Straße, Bildstockstraße, Schmiedegasse und Oberdorfstraße den Alten Marktplatz an.

Rheinhöhenweg Nackenheim – Nierstein

Nackenheim. **Länge:** 6 km, langer Anstieg am Anfang, Rest leicht, wegen der Aussicht auf den Fluss populäre Wanderroute, für Kinder ab 9 Jahre. **Bahn/Bus:** Bhf Nackenheim, zurück ab Bhf Nierstein, beide an der RB-Linie Mainz – Ludwigshafen – Mannheim.

▶ Vom **Bhf Nackenheim** geht ihr durch die Wormser Straße und Flutgasse ins Zentrum. Anschließend

Donjon ist französisch und bezeichnet bei französischen Burgen den Hauptturm, das was bei uns der Bergfried ist. Ein Donjon war im Gegensatz zu diesem aber zum dauerhaften Wohnen eingerichtet (lat. domus dominationis = Haus der Herrschaft).

Hunger & Durst
Winzerhaus, Karolinger Straße 6a, Nierstein. ✆ 06133/5689. www.winzerhaus-nierstein.de. Di – So 11 – 14 und 17.30 – 23 Uhr. Terrasse, Hof, je 3 Kindersitze innen und außen, italienische, deutsche und vegetarische Küche.

führt die Tour auf der Weinbergstraße nach Süden. Auf Höhe des Ristorante Zum Lehrbrünnchen biegt ihr nach links in die Adam-Winkler-Straße ab. Nun beginnt ein schweißtreibender Aufstieg. Nach 400 m passiert ihr eine Vinothek. 200 m weiter haltet ihr euch links. Fortan dient das R des **Rheinhöhenwegs** als Wegweiser. Bald ist die Höhe erreicht. Von einem Feldkreuz besteht ein schöner Ausblick. Unten fällt auf der Rhein-Insel Kisselwörth im Auwald ein einzelnes Haus auf. Der Blick reicht bis weit ins Hessische Ried. Der Weg bleibt bis kurz vor Nierstein auf der Höhe. Zum Fluss hin erstrecken sich Weinberge. 2 km hinter dem Kreuz heißt es gut aufpassen, dann geht es links auf einen Rasenweg (Markierung an einer Leitplanke). Jetzt ist es nicht mehr weit zu der großen Hütte auf dem **Brudersberg,** ein optimaler Picknickplatz mit Bänken im Freien. Kurz dahinter umgeht der Rheinhöhenweg in einem Bogen die tiefe Senke des Rehbachs. Kurz vor der Fockenberghütte haltet ihr euch links. Immer geradeaus geht es nun nach **Nierstein** hinunter und direkt auf den Marktplatz, wo es mehrere Möglichkeiten zum Einkehren gibt. Hier befindet sich auch das wunderbare kleine Fossilienmuseum. Via Langgasse und Bleichweg gelangt ihr zum Bahnhof.

Ins Eichelbachtal

Weinbergstraße 84, 55299 Nackenheim. **Länge:** 4 km, längere Steigung, enges Tal, beschaulicher Bach, Hecken, kein Weinberg, mal was ganz anderes. **Auto:** An der B9 Mainz – Worms.

▶ Die Wanderung im engen Eichelbachtal beginnt am Parkplatz der geschlossenen Fabrik »Vereinigten Kapselwerke«, die einst **Carl Zuckmeyers** Vater gehörten. Das Geburtshaus des weltberühmten Dramatikers ist noch gut erhalten. Ihr müsst zunächst das betriebsame Fabrikgelände durchqueren. Das lässt sich ertragen, denn direkt dahinter beginnt das beschauliche **Eichelbachtal.** In einem gepflasterten

Carl Zuckmeyer wurde am 27.12.1896 in Nackenheim geboren und verlebte seine Jugend in Mainz. 1920 ging er nach Berlin, weil er Theaterregisseur werden wollte, doch dann hatte er mit seinen Bühnenstücken mehr Erfolg: Der fröhliche Weinberg (1925), Der Schinderhannes (1927) und vor allem das hintergründige Stück Der Hauptmann von Köpenick (1930). 1938 mussten Zuckmeyer und seine Frau Alice emigrieren. Mit Des Teufels General hatte er 1945 seinen größten Erfolg, weil es Bezug auf den blinden Gehorsam der Nazizeit nahm. Carl Zuckmeyer starb 1977 in der Schweiz.

Hohlweg an Gärten und Wiesen vorbei geht es an dem schmalen Gewässer leicht aufwärts. Ihr kommt an Teichen und einem Gehege vorbei. An der Gabelung nach 900 m haltet ihr euch auf dem jetzt geteerten Weg rechts. Das Gelände wird jetzt offener. Es folgen Streuobstwiesen und Ackerflur. Nach 1,9 km Wanderung endet der Weg an einer T-Kreuzung. Ihr habt nun zwei Möglichkeiten. Entweder kehrt ihr um und geht auf derselben Route zurück oder ihr geht rechts durch Rebfelder zur 500 m entfernten Landstraße hinüber und nach Lörzweiler hinauf (bis Bushaltestelle im Dorf 1,4 km).

Spazieren auf der Rheinpromenade und im Hafen Worms

▶ Die Wormser Rheinpromenade liegt nördlich von der Nibelungenbrücke. Hier könnt ihr mehrere hundert Meter am Ufer entlanggehen und den vorbeiziehenden Schiffen zusehen. Ihr könnt aber auch selbst in See stechen, denn von der Anlegestelle starten Ausflugsschiffe und Rundfahrten. Besonders gemütlich ist es, sich in einem der Sommergärten der populären Restaurants niederzulassen. Wenn ihr mal genau sehen wollt, wie Schiffe be- oder entladen werden, müsst ihr euren Spaziergang zum Floßhafen erweitern, der südlich von der Nibelungenbrücke liegt.

Rheinaue südlich von Worms

Länge: 10 km, flach, leicht, Rheinufer, Pappeln, Auwiesen, Auwaldreste.

▶ Die Wanderung beginnt am Südende des Hafens. Ihr lauft um den Jachthafen herum flussaufwärts. Die Route verläuft auf dem alten Leinpfad bis an die Stadtgrenze am Oberen Busch. Pappeln stehen am Wegesrand. Ab Km 2,5 zieht sich am anderen Ufer das Naturschutzgebiet Biedensand hin. Vom Großen Busch, das heißt vor dem Fabrikgelände, geht es rechts zum circa 300 m entfernten Wanderweg hinüber, der zunächst auf einem landwirtschaftlichen

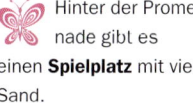

Hinter der Promenade gibt es einen **Spielplatz** mit viel Sand.

Hunger & Durst

Hagenbräu, Am Rhein 3, Worms. ℂ 06241/ 921100. www.hagenbraeu.de. März – Okt Mo – Fr 10 – 23, Sa, So 9 – 23, warme Küche 11.30 – 22 Uhr, Nov – Feb Mi – Fr 11 – 23, Sa, So 10 – 23 Uhr. An der Promenade, mit Biergarten und eigener Brauerei, Spielplatz in der Nähe.

Ihr könnt die Tour um 3,5 km abkürzen, indem ihr schon auf Höhe des Mittleren Busches umkehrt.

Tipps für den Rucksack:

· Achtet schon beim Packen darauf, so wenig Müll wie möglich mitzunehmen.

· Haltbares Obst wie Äpfel und Bananen.

· Leckere Butterbrote in verschließbaren Plastikboxen.

· Für jeden eine Plastikflasche mit Saft.

· Kekse, Süßigkeiten etc. zur Belohnung erreichter Etappenziele.

· In den leeren Plastikbehältern können Fundstücke aufbewahrt werden.

Nutzweg verläuft. Ihr kehrt nun in nordwestlicher Richtung nach Worms zurück. Durch Äcker führt der Weg immer geradeaus zum Dalberger Busch. Kurz nachdem ihr den Altbach überquert habt, haltet ihr euch direkt hinter dem Gebäude links. Ihr lauft zwischen Feuchtbiotop und Wald am Grillplatz vorbei (Bänke und Tische, Wiese zum Herumtollen) zum schönen Anglersee mit dichtem Schilf. Am Ufer stehen Bänke, ein kleiner Strand ist zu sehen, es darf aber nicht gebadet werden. Vom Nordosten des Sees führt ein Weg erst in nordöstlicher (200 m) und dann nordwestlicher Richtung zum Tierpark. Es geht durch dichten Laubwald. Direkt hinter dem Parkplatz des Tierparks und vor dem Gartenlokal biegt ihr rechts auf den Hammelsdamm ein, dieser bringt euch durch schattigen Laubwald direkt zum Ausgangspunkt zurück.

Spaziergang zu den Westhofener Mühlen

Am Seebach entlang, 67593 Westhofen. **Länge:** 2 km, leicht, Bachroute für kleinere Kinder und jung gebliebene Großeltern. **Auto:** A61 Ausfahrt Gundersheim, 14 km nördlich von Worms.

▶ Es geht vom malerischen Marktplatz auf der Ohligstraße aufwärts. Kurz vor dem Ortsende biegt ihr links in die Reipoldskircher Gasse ein und steigt bald darauf auf der Langen Treppe ab. Die Route führt zur kräftig sprudelnden **Seebachquelle,** die einen Forellenteich speist. Direkt dahinter liegt noch ein zweiter Teich, in dem sich Enten tummeln. Anschließend fließt der Seebach als schmales Gewässer weiter. Die Häuser stehen häufig nahe an ihm dran. Deswegen geht ihr nur teilweise direkt am Bach entlang. Auf den circa 600 m bis zur Wormser Straße kommt ihr mehrfach an Treppen vorbei, die zum Wasser runterführen und an denen früher die Wäsche gewaschen wurde. Auch eine ehemalige Mühle liegt am Weg, sogar das Mühlrad ist noch zu sehen. Einmal fließt der Seebach gar unter einem Gebäude hindurch. Ihr überquert die Wormser Straße und geht ein Stück bachabwärts. Schließlich verläuft die Route kurz auf der Osthofener Straße (Nr. 11 – 15). Ihr kehrt zum Bach zurück, aber nur, um ihn zu überqueren. So landet ihr auf einem urwüchsigen, naturnahen Spielplatz, dicht dahinter kommt außerdem gleich noch ein Bolzplatz – also reichlich Gelegenheit zum Spielen und Toben! Die schöne Bachstrecke ist nun zu Ende. Via Osthofener Straße, Am Alten Backhaus und Am Markt geht's zum Marktplatz zurück.

Grillen und brutzeln

Grillplatz Bodenheim

Ortsgemeinde Bodenheim, 55294 Bodenheim. ✆ 06135/92600, Fax 926060. www.bodenheim.de. ortsbuergermeister@bodenheim.de.
▶ 500 m nördlich von der Sändchensinsel, klein, Grillstelle, 2 Tische und Bänke, am Rheinradweg, auch von Bodenheim per Rad gut erreichbar.

Grillplatz im Wormser Wäldchen

Worms. ✆ 06241/8536915, www.worms.de.
▶ Südöstlich, Rheinaue, Grillhütte, Wiese, Wald.

Grillplatz Pfeddersheim

Worms. ✆ 06247/246, Fax 904951. www.worms.de. ov-pfeddersheim@worms.de. **Infos:** Vermietung Büro des Ortsvorstehers, Schlossstraße 48, 67551 Worms.
▶ Ortsteil Pfeddersheim, westlich, an der Pfrimm, Naherholungsgebiet Wiesenbrünnchen, Grillhütte.

Reiten und toben

Hofgut Petersau

Familie Carlo von Opel, Petersau 6, 67227 Frankenthal. ✆ 06239/7026, Fax 3941. www.hofgut-peters-

Zum Jagdhorn, Hofgut Petersau 2, Frankental-Petersau. ✆ 06239/4090360. www.zum-jagdhorn,de. Mi – Mo 11.30 – 22.30, Mittagstisch 11.30 – 14.30 Uhr. Standardgerichte, Pfälzer Küche, Flammkuchen, preiswerter Mittagstisch.

au.de. hof@vonopel.de. **Lage:** 3 km östlich von Roxheim am Rheinufer. **Auto:** B9 Ludwigshafen – Worms, ab Ausfahrt Roxheim 1,5 km. **Preise:** Gruppenstunde 17 €, Springen 20 €, 10er-Karte 150 €, Dressur mit Privatpferd 8 €, Springen 12 €, Longe 30 Min 20 €.

▶ Schön gelegenes Hofgut mit Lokal direkt am Rheinradweg. Großer Reitplatz, Reitunterricht für Kinder (ab 6 Jahre) und Jugendliche.

Naturspielplatz Paradies Oppenheim

Am Stadtbad, 55276 Oppenheim. www.stadt-oppenheim.de. info@stadt-oppenheim.de. **Lage:** Neben dem Hallenbad am westlichen Stadtrand. **Infos:** Zuständig: Henriette Degünther ✆ 0176/83017868.

▶ Auf dem fast 2 ha großen Gelände existieren keine konventionellen Spielplatzgeräte. Es geht hier herrlich naturwüchsig zu. Hügel und Mulden prägen das wie eine Wildnis bewachsene Gelände, durch das Dickicht führen zahlreiche Pfade. Ihr könnt an Felsen und auf Baumstämme klettern, Geheimverstecke bauen und vieles mehr tun.

Freizeitspaß im Wormser Wäldchen

Worms. www.worms.de. touristinfo@worms.de.

▶ Der **Stadtpark** – auch »Wäldchen« genannt – liegt am Südrand von Worms. Als man es in den Jahren zwischen 1900 und 1905 anlegte, wurde auch ein Auwaldrest einbezogen. Zahlreiche Spazier- und Radwege bieten sich für Kurztouren mit dem Rad, Roller oder Kinderwagen an. Darüber hinaus könnt ihr hier viel mehr als nur spazieren gehen. Es gibt nämlich einen großen Spielplatz mit vielen Spielgeräten. Nah ist außerdem der ↗ Tiergarten mit dem ↗ Erlebnis- und Umweltgarten sowie dem Umwelthaus.

Nach Süden bieten sich schließlich noch das Naherholungsgebiet *Bürgerweide* und die südlichen Rheinauen für weitere Aktivitäten an.

Spiel- und Infostätte

Herta-Mansbacher-Anlage, 67547 Worms. ✆ 06241/
8537306, www.worms.de. touristinfo@worms.de.
Lage: Bei der Synagoge. **Zeiten:** immer zugänglich.

▶ Der Spielplatz der **Herta-Mansbacher-Anlage** hat
eine Besonderheit: Auf ihm befindet sich die hundert-
fach verkleinerte Stadtmauer des mittelalterlichen
Worms. Die Tore der nachgebauten Stadtmauer tragen sogar die richtigen Namen. Ihr könnt mittendrin
im Sand spielen oder es mit dem auf der Tafel vorge-
schlagenen Stadtmauerspiel versuchen. Ansonsten
befinden sich auf dem Spielplatz auch Kriechrohre,
ein Spielschiff und ein paar andere Geräte. Schade
ist nur, dass die viel befahrene Berliner Straße genau
daran vorbeiführt.

*Herta Mansba-
cher war eine jü-
dische Lehrerin in
Worms, die 1942 im KZ
ermordet wurde.*

Ein Besuch der
Synagoge und
des Raschi-Hauses und
ein Bummel durch die
Judengasse lassen sich
gut mit einer Pause auf
dem Spielplatz verbin-
den.

Abenteuerspielplatz Worms-Neuhausen

Gaustraße 192, 67549 Worms-Neuhausen. ✆ 06241/
24949, Fax 425108. www.abenteuer-in-worms.de.
abenteuerspielplatz-worms@gmx.de. **Zeiten:** Mo, Fr
14 – 18, Di, Mi, Do 16 – 18 Uhr. **Preise:** Eintritt frei.
Infos: für Kinder und Jugendliche zwischen 2 und 18
Jahre.

▶ Der Abenteuerspielplatz ist eine freizeitpädagogi-
sche Einrichtung, hier dürft ihr so richtig loslegen,
z.B. Hämmern und Sägen beim Hüttenbau oder Toben, Rennen, Matschen, Klettern, Graben, Malen
und Basteln. Erfahrungen mit Feuer, Wasser, Pflanzen, Erde und Tieren werden von den hier aktiven So-
zialarbeitern und Pädagogen gezielt gefördert. Ihr
könnt im Garten arbeiten und ab und an ein Lager-
feuer aufbauen. Im Spielhaus mit seinen vier Räumen gibt es eine Werkstatt, eine Teeküche sowie eine Tischtennisplatte und einen Billardtisch. In der
Werkstatt werden die Werkzeuge und das Material
ausgegeben: Hämmer, Nägel, Zangen, Spaten,
Schaufeln, Schubkarre, …

Tiere und Natur entdecken

Bei den Flamingos

Vogelpark Bobenheim-Roxheim, Verein für Vogelschutz, Kleiner Weg 1, 67240 Bobenheim-Roxheim. ✆ 06239/ 929739, Fax 926391. www.vogelpark-bobenheim-roxheim.de. vogelparkborox@gmx.de. **Lage:** Am östlichen Ortsrand. **Bahn/Bus:** Bahnstation an der Strecke Mainz – Worms – Ludwigshafen. **Rad:** Radweg von Frankenthal und Worms. **Zeiten:** frei zugänglich. **Preise:** Eintritt frei, Spenden erbeten.

▶ Zur Vogelwelt des kleinen Parks zählen Sittich, Fasan, Ente, Truthahn, Kibitz, Adler, Storch, Kranich und viele andere. Schön anzusehen sind die beiden Teiche mit Enten bzw. Flamingos. Der Schwerpunkt der Arbeit des Vogelschutzvereins ist die »Zucht und Erhaltung einheimischer Arten«. Es gibt Erfolge bei Nachtreiher, Säbelschnäbler, Baumfalke und Schwarzem Milan.

Tiergarten Worms

Hammelsdamm 101, Naherholungsgebiet Bürgerweide, 67547 Worms. ✆ 06241/972270, Fax 9722722. www.tiergarten-worms.de. tiergarten@freizeitbetriebe-worms.de. **Rad:** Nicht weit vom Rhein-Radweg. **Zeiten:** März und Okt 9 – 18 Uhr, April – Sep 9 – 19 Uhr, Nov – Feb 9 – 17 Uhr, Fütterungen 15 Uhr Di Wölfe, Mi Hängebauchschweine, Do Waschbären, Sa Paviane, So Wölfe und Füchse. **Preise:** Tageskarte 5,50 €, Kutschfahrten 3 €; Kinder 4 – 15 Jahre 3 €, Kutschfahrten 2 €; Kleine Familie (1 Erw und 2 Kinder) 8 €, Große Familie (2 Erw und 4 Kinder) 12,50 €. **Infos:** Kindereisenbahn 1 €, Tierfutter 1,20 €, Bollerwagen (Pfand: Ausweis) 2,50 €.

▶ Der Tiergarten in Worms ist nicht nur Zoo, wo man die Tiere (über 500, circa 80 Arten) in ihren Gehegen besucht, sondern viel mehr. Aber langsam: Zunächst ist da ein ganz normaler **Tierpark,** in dem die einheimische Tierwelt vertreten ist: Es gibt z.B. Wildschweine, Mufflons, Füchse, Feldhamster und Wölfe etc. Aus fernen Ländern könnt ihr Erdmännchen, Waschbären, Reptilien, Papageien, Sittiche, Strauße, Flamingos, Paviane, Kattas und allerlei andere Tiere bestaunen, sogar ein Exotenhaus mit Nashornleguanen und Bartagamen gibt es. Auf dem Gelände am See könnt ihr schön spielen.

© pmv, Eberhard Schmitt-Burk

Außerdem könnt ihr mit einer Mini-Eisenbahn Rundfahrten unternehmen oder Touren mit der Kutsche einplanen. Im Pavillon-Café bekommt ihr Snacks und Getränke.

Der Tiergarten ist von einem dichten Wegenetz durchzogen, das sich gut mit dem Kinderwagen befahren lässt. Erwähnenswert ist auch der Streichelzoo mit Eseln und Kleinziegen. Diese Tiere dürft ihr sogar füttern. Zum anderen gibt es im Tiergarten auch einen **Bauernhof** mit allem, was so dazugehört, sowie einen **Schul- und Umweltgarten** mit dem ↗ **Wormser Umwelthaus.**

Auf dem Bauernhof könnt ihr interessante Tiere kennen lernen. Hier sind richtige Pfalz-Ardennen-Pferde (Kaltblüter) zu Hause. Die stehen keinesfalls nur träge im Stall herum. Sie ziehen die Tiergartenkutsche und marschieren auf dem Festumzug des Backfischfestes mit. Weitere Bewohner des Bauernhofs im Tiergarten sind bunte Bentheimer Schweine, Thüringer Waldziegen und Glan-Rinder.

Fast hätte ich es vergessen: Auf einem Mast befindet sich ein großes Storchennest und mittels einer installierten Kamera könnt ihr sehen, wie es so in der Storchenfamilie zugeht.

Die Zoopädagogen sind sehr eifrig: In der Zooschule werden naturnahe Themen angeboten, auf kinder-

Etwas fotoscheu – oder kniept der Fuchs gerade mit dem Auge?

Ihr könnt im Tiergarten auch mit der Kutsche Runden drehen. Kinder 1,50 €, Erw 3,10 €. Wenn euch die Strecke zu kurz ist, könnt ihr nach Absprache auch eine größere Runde außerhalb unternehmen.

Hunger & Durst
Café am See, im Tierpark. ✆ 06241/88842. März – Okt 10 – 18 Uhr. Schnitzel, Würstchen, Getränke, auch Kakao, Eis, Bänke im Freien, Spielplatz, Karussell, Meerschweinchenstall.

RHEINAUE BIS WORMS

135

spezifischen Führungen könnt ihr spannende Rundgänge unternehmen. Der Tiergarten bietet um Ostern, im Sommer und Herbst spannende Ferienprogramme.

Erlebnis- und Umweltgarten und Wormser Umwelthaus

Hammelsdamm 105, am Tiergarten, 67547 Worms. ✆ 06241/206933, Fax 207316. Handy 0172/7248097. www.wormser-umwelthaus.de. wormser-umwelthaus@t-online.de. **Rad:** Vom Rheinradweg gut erreichbar. **Zeiten:** Mo – Fr 9 – 16 Uhr. **Preise:** ↗ Tiergarten.

Angebote für Schulen: thematische Unterrichtseinheiten, Projekttage, Workshops, Seminare, Ferienspiele; Feste und Aktionen für die ganze Familie.

▶ Direkt neben dem Tiergarten liegt ein fantasievoll eingerichteter großer Garten, in dem Kindergärten und Schulklassen sich betätigen – sogar eigene Beete anlegen und Experimente betreiben – können. Es gibt einen Teich, eine Baumschule, einen Kartoffelacker, eine Wallhecke, Blumenbeete, einen Tast- und Barfußpfad, ein Freiluftklassenzimmer, ein Backhaus, alternative Energieanlagen (Solarkocher, Fotovoltaik, Biogas), ein Umwelthaus- und zentrum, ein Bienenhaus mit Infos, ein Jugendhandwerkerdorf, einen naturnahen Spielplatz und noch einiges andere. In diesem üppig bewachsenen, großen Garten dürfen alle Tierparkbesucher hineinschauen.

Lehrpfade

Im Bodenheimer Weinberg

Weinlehrpfad, 55294 Bodenheim. ✆ 06135/704913, www.bodenheim.de. verkehrsverein@bodenheim.de. **Länge:** 2,7 km Rundweg, mehrere Steigungen, auch mit dem Fahrrad möglich. **Bahn/Bus:** Bhf Bodenheim, dann zu Fuß via Mainzer Straße, Schönbornplatz, Am Reichsritterstift. **Auto:** Parkplatz am Reichsritterstift.

▶ Der Weinlehrpfad Bodenheim beginnt am Ostende der Straße Am Reichsritterstift. Dort könnt ihr auf einer Infotafel sehen, wie er verläuft. Auf der Strecke könnt ihr auf 19 Schildern lesen, was für Rebsorten angebaut werden und an zwei Stellen informieren große Tafeln über die Arbeit des Winzers.

Es geht zuerst in Richtung Osten/Nordosten den Weinberg hinauf. Auf der Höhe besteht ein schöner Ausblick auf Bodenheim und die weite Rheinaue sowie in das Hessische Ried. Die Route verläuft circa 1 km gen Süden. Danach geht ihr in nordöstlicher bzw. östlicher Richtung wieder zum Ortsrand zurück. An diesem entlang führt der Lehrpfad schließlich zum Ausgangspunkt an der Straße Am Reichsritterstift hinüber. Im nahe gelegenen Dollespark befindet sich übrigens ein gut ausgestatteter Spielplatz mit Bolzplatz.

Die Infotafeln gelten größtenteils den Rebsorten des Bodenheimer Weinberges. Allgemeine Zusammenhänge wie die Arbeit im Wingert, die Bodenpflege oder der Pflanzenschutz werden nur knapp dargestellt. Es wird nur der konventionelle Weinbau vorgestellt, auf den ökologischen Weinbau wird noch nicht einmal hingewiesen.

Wo Frösche und Kröten zu Hause sind

Ökologischer Lehrpfad Guntersblum, Wasserversorgung Rheinhessen Pfalz GmbH, Rheinallee 87, 55294 Guntersblum. ✆ 06135/7355, www.wvr.de. hoffmann@wvr.de. **Länge:** 3 km Rundweg, leicht, markiert, bei feuchtem Wetter gutes Schuhwerk erforderlich, sehr abwechslungsreich. Höhepunkte: Hecke, Teich, Röhricht, typische Vögel der Gegend zu entdecken. **Zeiten:** Führung für Gruppen nach Vereinbarung. **Infos:** Prospekt Ökolehrpfad.

▶ Von der Anlegestelle der Fähre Guntersblum – Kühkopf führt ein ökologischer Lehrpfad auf einem 3 km langen Rundweg durch die Rheinaue. Die verständlich formulierten Infotafeln klären unter anderem über die Lebensräume Hecke, Tümpel, Wiese, Weide und Schilf auf und erläutern die Anlage und die Ge-

 Weitere Weinlehrpfade in der Region:

Bechtheim, Länge 2 km, Rundweg, befestigt, Markierung: blauer Pilger, Start: Basilika in der Dorfmitte;

Guntersblum, Länge 2,5 km, befestigt, Markierung: keine, Start: Nordende des Kellerweges.

winnung von uferfiltriertem Wasser sowie die Maßnahmen zum ökologischen Ausgleich.

Ihr geht ein kurzes Stück von der Anlegestelle der Kühkopffähre flussabwärts und biegt dann nach links in die Wiese ab. Es geht zwischen den wie frühgeschichtliche Grabhügel aussehenden Brunnen der Uferfiltratanlage hindurch und über den Schutzdamm hinweg zum Leitgraben. Ihr überquert das schmale Gewässer und folgt ihm an Hecken entlang zur K43. Auf der anderen Seite geht es geradeaus weiter zum Tümpel. Kurz dahinter macht ihr mit dem Leitgraben zusammen einen Schwenk nach rechts. Nach der Infotafel 7 geht ihr auf der anderen Seite ein Stück zu-

▶ Wälder am Fluss bestehen von Natur aus aus verschiedenen Zonen. In der feuchten Uferzone ist der Schilf zu Hause. Er kommt mit dauerhaft überschwemmten und zeitweise trockenen Gebieten zurecht.

AUWALD UND FEUCHTWIESEN

Dies ist ein Lebensraum für viele Kleinstlebewesen, Amphibien und Vögel. Außer dem Schilfröhricht sind für diese Zone auch Bäume typisch, die längere Perioden im Wasser leben können. Typisch für diese so genannte **Weichholzaue** ist die *Silberweide,* die 300 Tage ohne Schaden im Wasser stehen kann. Auf diesem Baum sind viele Vögel zu Hause, z.B. die seltene *Beutelmeise* und die *Weidenmeise.* Weitere Bäume dieser feuchten Uferzone sind *Hundsrose, Blutroter Hartriegel, Korb-* und *Mandelweide* oder *Schwarzer Holunder.* An die Weichholzaue schließt landeinwärts die **Hartholzaue** an. Hier stehen *Eichen, Eschen, Ulmen* und *Ahorn.* Diese Baumarten vertragen nur kurze Überflutungen. Die Hartholzaue besitzt einen reichen Unterwuchs. Zahlreiche Kräuter blühen im Frühjahr. Verbreitet ist der *Bärlauch,* der den Waldboden im Frühjahr in einen weißen Blütenteppich verwandelt und kräftig nach Knoblauch duftet. An den Baumstämmen ranken *Efeu, Waldrebe* und *Hopfen,* das gibt der Hartholzaue einen Hauch von Wildnis. Die Hartholzaue ist in der rheinhessischen Rheinaue durch Trockenlegung für landwirtschaftliche Nutzung bis auf Reste in der Harter Aue bei Ingelheim verschwunden. ◀

© Annette Sievers

Fische, Krebse, Larven, Wasserpflanzen und sogar noch die winzigen Einzeller reagieren sehr empfindlich auf Dreck. Sterben sie, ist ihr Lebensraum mit der Stufe IV belastet. Salze, Schwermetalle, Öl und nicht abbaubare Tenside (Seife) zerstören hier jedes Leben. Deswegen: Geht sparsam um mit Spülmittel, Badesalz und Kloreiniger!

rück und dann rechts zum Naturschutzgebiet hinüber. Der Pfad führt nun an einem breiten Schilfstreifen und einer Feuchtwiese entlang Richtung Rheinufer zum Schutzdamm. Auf diesem kehrt ihr flussabwärts zum Ausgangspunkt zurück. Einkehren könnt ihr im Ausflugslokal ↗ **Zum Rheinhof.**

Burgen und Museen

Fern sehen auf der Burgruine Landskron

Oppenheim. www.stadt-oppenheim.de. info@stadt-oppenheim.de. **Bahn/Bus:** Über Reil und Treppen 15 Min zu Fuß, durch die Stadt zu Fuß 20 Min RB Bhf Oppenheim. **Auto:** B9, Weg zum Stadtzentrum ausgeschildert. **Preise:** Eintritt frei.

▶ Hoch über Oppenheim thront die Burg Landskron. Sie ist bereits seit 1689 eine Ruine. Nur die hohen Außenmauern stehen noch. Der große Innenhof der ehemaligen Reichsburg bietet euch viel Raum zum Herumtollen, Ritter spielen und zum Verstecken. Eine Infotafel berichtet über die Geschichte der Burg, zur Arbeit der »Maulwurf-Kompanie«, wie sich die hiesigen Archäologen nennen, und über deren Funde. Neben der Burg gibt es einen Waldstreifen, in dem ein tiefer Hohlweg auffällt – ein wunderbares Gelände für Räuber-und-Gendarm-Spiele.

HANDWERK UND GESCHICHTE

Die Oppenheimer Theaterfestspiele haben in der Ruine ihren stimmungsvollen Freilicht-Aufführungsort. Bei der Tourist-Info gibt es Arrangements mit Picknick!

Vom Stadtzentrum um das schöne alte Fachwerkrathaus könnt ihr in einem etwa 600 m langen Aufstieg die Burg ansteuern. Die Route verläuft via Schulstraße, Katharinenstraße, Rittergasse, Zuckerberg und Burgstraße. Ihr kommt an der eindrucksvollen gotischen Katharinenkirche vorbei. Der letzte Abschnitt vor der Burg führt durch Wald. Zurück geht es auf dem selben Weg. Ach so: Die Burgruine bietet einen herrlichen Ausblick in die Rheinebene, an klaren Tagen bis nach Frankfurt und in den Odenwald. Fernsehen ohne Sofa!

Abstieg ins unterirdische Kellerlabyrinth

Restaurant Völker, Josef Völker, Krämerstraße 7, 55276 Oppenheim. ✆ 06133/2269, Fax 2298. www.restaurant-voelker.de. info@restaurant-voelker.de. **Lage:** Eingang in der Schulstraße, unweit vom Rathaus im Zentrum. **Bahn/Bus:** RB Bhf Oppenheim, dann zu Fuß. **Zeiten:** Führungen Feb – Dez Sa 16.30, So 14, Mi 22 Uhr, Rücksicht auf Kinder; für Kindergärten, Schulklassen, Gruppen und Kindergeburtstage Extra-Führungen nach Vereinbarung. **Preise:** 3 €; Kinder 4 – 14 Jahre 1 €, Kindergruppen und Schulklassen 40 €.

▶ Oppenheim spielte im Mittelalter und der Renaissance eine große Rolle als Handelsknotenpunkt und war entsprechend reich. Zum Schutz vor dem Rheinhochwasser war die Stadt auf dem Hang angelegt. Das hatte zur Folge, dass der Raum zum Lagern von Waren sehr knapp war. Das Problem wurde gelöst, indem unter der Stadt viele Keller angelegt wurden, die, durch zahlreiche Gänge verbunden, alsbald zu einer »Stadt unter der Stadt« zusammenwuchsen. Später dienten sie auch als Schutzraum vor feindlichen Attacken, im Zweiten Weltkrieg z.B. vor Bombenangriffen.

In jüngerer Zeit hat man sich nun wieder an diese unterirdischen Gänge und Keller erinnert. Unter dem schönen alten Fachwerk-

 Alle Besichtigungen führen über eine steile Treppe in das Kellersystem, das ausreichend beleuchtet ist. Die Wege sind gut begehbar. Da es dort unten ziemlich kühl ist (12 – 13 Grad), ist es ratsam, dass ihr euch eine Jacke mitnehmt.

Wer traut sich runter?

© pmv, Eberhard Schmitt-Burk

Rathaus sind mittlerweile Kellergewölbe mit einem Netz von 420 m Gängen freigelegt und auch größtenteils für Besucher zugänglich gemacht. Führungen der ↗ Tourist-Information bringen euch durch dieses Labyrinth. Diese »Gruseltour« war anfangs nur für Erwachsene, jetzt können Kinder mitgehen, wenn ihre Eltern ihnen die Tour zutrauen.

Außerdem könnt ihr das private **Kellerlabyrinth des Restaurant Völker** besichtigen. Das ist zwar viel kleiner, aber für Kinder interessanter, weil es viele Besonderheiten auf engem Raum aufweist. Außerdem macht es Spaß, Herrn Völker zuzuhören, der spannend und verständlich erzählen kann und euch noch nebenbei mit der Geschichte der Stadt vertraut macht. Die Räume sind verschieden groß und haben ganz unterschiedliche Gewölbe wie etwa Tonnen- und Klostergewölbe. Manche sind erst im 19. Jahrhundert angelegt worden, die Klostergewölbe reichen mindestens ins 13. Jahrhundert zurück. Die Gänge sind zum Teil ganz eng. Vieles ist erst in jüngster Zeit freigelegt worden. Die Arbeit ist längst noch nicht abgeschlossen.

Deutsches Weinbaumuseum

Verein der Freunde und Förderer des Deutschen Weinbaumuseums e.V., Wormser Straße 49, 55276 Oppenheim. ✆ 06133/2544, Fax 70727. www.dwb-museum.de. kontakt@dwb-museum.de. **Zeiten:** April – Okt Di – Fr 14 – 17, Sa, So 10 – 17 Uhr, Gruppen das ganze Jahr über. **Preise:** 4 €, Gruppen ab 10 Pers 3,50 €; Kinder 7 – 14 Jahre 1 €; Schüler, Studenten, Behinderte 3 €.

▶ Das Museum befindet sich in einem schönen dreistöckigen Barockgebäude und mehreren Nebenbauten, die einen großen Innenhof umgeben. Die Sammlung ist riesig, es wird fast alles gezeigt, was mit dem Weinbau zusammenhängt: von den Böden, dem Klima, dem Wachstum und der Reife der Trauben, der Arbeit der Winzer im Weinberg samt Werkzeug, Gerä-

Hunger & Durst

Restaurant Völker, Krämerstraße 7, Oppenheim. ✆ 06133/2269. www.restaurant-voelker.de. Feb – Dez Fr ab 18, Sa, So, Fei ab 12 Uhr. Mit Gartenlokal. Regelmäßig Theater tief unten im Keller. Paul-Wallot Ausstellung.

Führer, *Deutsches Weinbaumuseum. Haus der deutschen Weingeschichte,* Oppenheim 2010, 57 Seiten, im Museum erhältlich.

RHEINAUE BIS WORMS

ten, Maschinen und Fahrzeugen, der Tierwelt in den Rebfeldern, der Traubenernte und Kelterei, dem Ausbau des Weins im Fass bis zur Abfüllung in die allseits bekannten Weinflaschen. Darüber hinaus wird auch dem Verhältnis von Wein und Kultur viel Raum eingegeben.

Fraglos gibt es viele Informationen. Andererseits bestehen dennoch empfindliche Lücken, so fehlt eine kritische Darstellung der konventionellen chemischen Düngung und Schädlingsbekämpfung, die wegen ihrer Rückstände an Pflanzen und im Boden problematisch sind. Es existiert jetzt zwar eine Infotafel zur Alternative ökologischer Weinbau, schön wäre, wenn in Zukunft daraus eine richtige Ausstellung würde. Platz ist genug ist da, man braucht nur die exzessiven Anhäufungen von Korkenziehern und Flaschenöffnern auf ein paar wenige Exemplare zu reduzieren und die einem Spleen des Museumgründers entsprungene Sammlung von mechanischen Mausefallen aufzulösen.

Stellt sich nun die Frage, was bietet das Museum Kindern? Sehr interessant ist sicher die Küferwerkstatt, zu sehen wie Weinfässer aus Holz gemacht werden, was die runden Gebilde über Jahre zusammenhält. Und dann ist ja auch noch das Wunder zu klären, dass Wein in diesem großen Holzgefäß je älter er wird, umso besser wird. Sicherlich ist es für Kinder durchaus interessant etwas über die Arbeit im Weinberg zu erfahren – einschließlich des Einsatzes der flinken kleinen Weinbergschlitten an den Steilhängen der Weinberge der Mosel und des Mittelrheins und der gewaltigen Vollerntemaschinen in den fast flachen Rebflächen der Pfalz.

Wie könnte sich der Klimawandel auf den Weinbau auswirken? Wenn ihr genau hinschaut, könnt ihr bestimmt auf einer Infotafel Tipps zur Lösung dieser Frage entdecken.

Fantastische Abdrücke im Stein
Paläontologisches Museum Nierstein, Marktplatz 1, 55283 Nierstein. ℗ 06133/609462, www.museum-nierstein.de. vorsitzender@museum-nierstein.de. **Rad:** Abstecher vom linksrheinischen Radweg. **Zeiten:** So

11 – 16 Uhr und nach Vereinbarung. **Preise:** Eintritt und Führungen frei.

▶ In dem wunderbaren kleinen Museum gibt es jede Menge versteinerter Tiere und Pflanzen aus einer viele Mio Jahre zurückliegenden Zeit zu bewundern – eine faszinierende, geheimnisvolle Welt. Zahlreiche Schautafeln erklären diese **Fossilien,** die in ganz Europa, vor allem aber in Rheinhessen und Umgebung selbst, vom Museumsgründer und seinen Nachfahren gesammelt wurden: von einer 265 Mio Jahre alten Eintagsfliege bis zu Saurierspuren, Fließspuren von Wasser, Abdrücke und/oder Versteinerungen von Laubblättern, Farnen, Schachtelhalmen, Seelilien, Seeigeln, Seesternen, Korallen, Schwämmen, Muscheln, Schnecken, Krebsen, Libellen, Panzerfischen, Lungenfischen, Haien und mehr. Kinder, die ich auf meiner Recherche traf, waren sehr beeindruckt von dem Abdruck eines großen Süßwasserhais und dem Skelett einer mächtigen Seekuh.

Jüdisches Museum

Hintere Judengasse 6, 67547 Worms. ✆ 06241/853-4701, -4707, Fax 853-4710. www.worms.de. stadtarchiv@worms.de. **Lage:** Im Raschi-Haus. **Bahn/Bus:** Bis Worms Hbf, dann circa 10 Min zu Fuß. **Zeiten:** April – Okt Di – So 10 – 12.30 und 13.30 – 17 Uhr, Nov – März nur bis 16.30 Uhr. **Preise:** 1,50 €; Kinder 0,80 €.

▶ In Worms gab es fast tausend Jahre lang eine bedeutende jüdische Gemeinde. Ihr Beitrag zu Kultur, zu wissenschaftlichem und wirtschaftlichem Leben der Stadt war enorm. Das **Museum** vermittelt ein Bild der religiösen Kultur des Judentums, von Familienfeiern und traditionellen Festen und zeigt das Leben der jüdischen Gemeinde im 19. und 20. Jahrhundert. Zu den als heilig verehrten Gegenständen gehören zum Beispiel die Thora, das Gesetzbuch und die Quelle des jüdischen Glaubens, sowie der Talmud, das Hauptwerk der rabbinischen Literatur. Der Talmud ist viele tausend Seiten dick und beschreibt sowohl aus-

*Was sind **Fossilien?** »Fossilis« ist ein lateinisches Wort. Es heißt »Ausgegrabenes«. Damit werden jedoch nicht alle alten Gegenstände bezeichnet, die die Archäologen bei ihren Ausgrabungen finden, sondern nur Reste und Versteinerungen von ehemaligen Lebewesen und Pflanzen. Die Wissenschaft, die diese Funde mit heutigen Lebewesen – z.B. den Zähnen und Knochen lebender Tiere – vergleicht, heißt Paläontologie. Jetzt wisst ihr auch, weshalb das Paläontologische Museum Nierstein so heißt.*

Das ist eine Tora-Rolle: Sie ist ein Teil der Bibel und sehr heilig. Ihre Seiten werden nicht geblättert, sondern aufgerollt. Mit einem Zeigestift behält man die Zeilen im Auge und macht das Buch nicht schmutzig

Das Haus ist nach Raschi (1040 – 1105), dem bedeutendsten Theologen des mittelalterlichen Judentums, benannt. Sein Pentateuch-Kommentar, dem 1. und wichtigsten der 5 Bücher Moses, die in der Thora zusammengefasst sind, wurde später zum ersten gedruckten jüdischen Buch. Sein Talmud-Kommentar befindet sich heute noch in den vollständigen Talmud-Ausgaben.

schweifend naturwissenschaftliche Phänomene als auch Anleitungen zur Kindererziehung. *Raschi* hat eine knappe Zusammenfassung all dieser Ratschläge geschrieben, wofür ihm mancher Talmud-Schüler bestimmt heute noch dankbar ist.

Es empfiehlt sich, die Besichtigung der nahe gelegenen **Synagoge** aus dem 11. Jahrhundert (mit Ritualbad) anzuschließen. Geöffnet April – Okt 10 – 12.30 und 13.30 – 17 Uhr, sonst 10 – 12 und 14 – 16 Uhr.

Nibelungenmuseum Worms

Fischerpförtchen 10, 67547 Worms. ℂ 06241/8534120, Fax 8534129. www.nibelungenmuseum.de. nibelungenmuseum@worms.de. **Zeiten:** Di – Fr 10 – 17, Sa, So, Fei 10 – 18 Uhr. **Preise:** 5,50 €, Familie 13 €; Kinder 6 – 16 Jahre 3,50 €.

▶ Einem Mythos zufolge soll Hagen den sagenhaften Nibelungenschatz im Rhein bei Worms, da wo einst Lochheim lag, versenkt haben. Die Nibelungensage, der bekannte Teil der mittelalterlichen Siegfriedsage, in dem es um Liebe, Hass und Mord geht, spielte in Worms. Der Text des unbekannten Autors war keineswegs nur erfunden, er spiegelte die Intrigen und Gewalttätigkeit des mittelalterlich-höfischen Lebens wider.

Heute nennt sich Worms Nibelungenstadt, aus einem Siegfriedbrunnen plätschert munter Wasser und Hagen steht (als Statue) am Rhein.

Außerdem gibt es noch das **Nibelungenmuseum.** Hier könnt ihr die Entstehung der Nibelungensage auf spannende Weise selbst erleben. Bei eurem Besuch kommt ihr zunächst in den **Sehturm,** der das Entstehen der Sage mit Bildern und Texten darstellt. Über einen Kopfhörer hört ihr das Nibelungenlied in einer Fassung speziell für Kinder. Wenn ihr in der Turmspitze ankommt, ist auch die Geschichte zu Ende. Über einen Wehrgang, der die Veränderungen von Worms zwischen Spätmittelalter und Nachkriegszeit darstellt, gelangt ihr danach weiter zum **Hörturm.** Dort sind Teile des Nibelungenlieds in Mittelhochdeutsch zu hören. Das ist für euch bestimmt schwer zu verstehen, aber ihr kennt ja jetzt die Geschichte ein bisschen. Im Hörturm erfahrt ihr viel über die Hintergründe der Nibelungensage und das höfische Leben im Mittelalter. Wenn ihr oben im Turm angekommen seid, habt ihr einen schönen Blick auf Worms. Es gibt neun Tafeln, die rundum alle bedeutenden Bauwerke erklären, die mit der Sage zu tun haben.

Zum Schluss steigt ihr ins unterirdische Mythenlabor und taucht in das Reich der Nibelungen ein. Oder geht noch tiefer in die Welt der Mythen und Sagen – ein spannendes Museum für alle Sinne.

Das Nibelungenmuseum bemüht sich sehr um Kinder. Aus dem Nibelungenlied und den Hintergrundinformationen ergeben sich viele Anknüpfungspunkte für Aktivitäten mit Kindern. Es werden spezielle Führungen angeboten, für Schulklassen gibt es Workshops zu verschiedenen Themen. Das Museum beteiligt sich im Frühjahr, Sommer und Herbst an Ferienspielen und an speziellen Terminen wie dem ersten Samstag im Advent wird ein spannendes Pro-

gramm für Kinder geboten. Aktuelle Angebote erfahrt ihr auf der Internetseite.

Stadtführungen durch Worms

Tourist Information Worms, Neumarkt 14, 67547 Worms. ✆ 06241/8537306, Fax 853739. www.touristinfo-worms.de. touristinfo@worms.de. **Preise:** 6 €; Kinder bis 14 Jahre frei.

Es ist übrigens auch möglich, mit der Tourist-Information für Kindergruppen kind- und altersgemäße Führungen zu vereinbaren.

Eine Burg, mitten in Worms? Nein, »nur« die Nibelungenbrücke

▶ Die Tourist Information Worms führt für Einzelreisende und kleine Gruppen bis 6 Personen folgende Stadtrundgänge durch. Kinder können an diesen Führungen teilnehmen, es wird auf sie eingegangen:
Zu Fuß durch zwei Jahrtausende – Dom St. Peter (innen und außen), Lutherdenkmal, jüdischer Friedhof »Heiliger Sand«, Dominikanerkirche St. Paul und Torturmplatz; Treffpunkt: Dom-Südportal, März – Okt Sa 10.30, So 14 Uhr, Dauer 2 Std.

Durch den Wormser Dom, Treffpunkt: Dom-Südportal, März – Okt Mo – Sa 14 Uhr außer an Fei, Dauer 1 Std.
Jüdisches Worms – jüdisches Viertel mit Synagoge, Mikwe (Ritualbad) und Judengasse, Treffpunkt: vor der Synagoge in der Judengasse, März – Okt 1. So im Monat 10.30 Uhr, Dauer 2 Std.
Auf den Spuren der Dalberger – Herrnsheimer Schloss, Treffpunkt: Schloss Herrnsheim, 3. So im Monat 10.30 Uhr, Dauer 1 1/2 Std.
Liebfrauenkirche-Gotik in Weinberg, Treffpunkt: Liebfrauenkirche, 4. So im Monat, 14 Uhr, Dauer 2 Std.

© dzt. Foto Bonomini, Alberto

NS-Dokumentationszentrum Rheinland-Pfalz und Gedenkstätte KZ Osthofen

Ziegelhüttenweg 38, 67574 Osthofen. ℃ 06242/9108-10, Fax 9108-20. www.gedenkstaette-osthofen-rlp.de. info@ns-dokuzentrum-rlp.de. **Bahn/Bus:** RB Mainz – Ludwigshafen – Mannheim Bhf Osthofen, 3 Min Fußweg zur Gedenkstätte. **Auto:** B9 Mainz – Worms Ausfahrt Osthofen, Richtung Ortsmitte türkisfarbene Hinweisschilder Zur Gedenkstätte. **Rad:** Direkt am Rheinterassen- und Mühlen-Radweg. **Zeiten:** Di – Fr 9 – 17, Sa, So, Fei 13 – 17 Uhr. **Preise:** Eintritt frei. **Infos:** Führung durch die Gedenkstätte und die Dauerausstellung von Gruppen nur nach Voranmeldung.

▶ Von Frühjahr 1933 bis Sommer 1934 befand sich in der ehemaligen Papierfabrik Osthofen AG ein Konzentrationslager, in dem politische Gegner der Nazi-Diktatur »umerzogen« wurden. Im KZ Osthofen wurde in den 16 Monaten seines Bestehens kein Häftling ermordet, aber die Gefangenen wurden gedemütigt und misshandelt. Etliche Inhaftierte wurden nach ihrer Entlassung erneut verfolgt, in andere Haftstätten und Lager verschleppt und einige gar ermordet. Heute befindet sich hier ein Erinnerungs- und Lernort. Mittelpunkt der Dauerausstellung ist die Situation im KZ Osthofen und Hinzert. Ein Raum ist dem Roman »Das siebte Kreuz« von *Anna Seghers* und der Biographie der Autorin gewidmet. In einem speziellen Kartenraum können interaktiv Karten zum Thema abgerufen werden.

Kino, Theater und Jugendtreff

BÜHNE, LEINWAND & AKTIONEN

Kindertheater in Worms

Kulturbüro der Stadt, Bahnhofstraße 41/10, 67547 Worms. ℃ 06241/88385, www.worms.de.

▶ Es existiert zwar kein professionelles Wormser Kindertheater, dennoch müssen Kinder aus Worms und Umgebung keineswegs auf Theaterfreuden verzich-

Das Wormser,
Rathenaustraße 11, Worms. ✆ 06241/2000-420. www.worms.de/extern/das-wormser. Theater, Kultur- und Tagungszentrum, Kulturtempel der Wormser Mittel- und Oberschicht.

ten. Einmal im Monat dürft ihr euch auf eine Aufführung im Haus der Jugend freuen. Außerdem solltet ihr euch im Terminkalender für Anfang September die *Wormser Kindertheaterwoche* vormerken. Auch da treten bekannte auswärtige Kindertheater auf. Im Dezember bringt die in Worms beheimatete Volksbühne stets ein Weihnachtsmärchen heraus.

Kinder- und Jugendbücherei Worms

Stadtbibliothek, Haus zur Münze, Marktplatz 10, 67547 Worms. ✆ 06241/853-4213, Fax 853-4299. www.stadtbibliothek-worms.de. stadtbibliothek@worms.de. **Zeiten:** Kinder- und Jugendbibliothek Mo, Di, Do 14 – 18, Fr 10 – 18, Sa 10 – 13 Uhr. **Preise:** Kinder unter 14 Jahre lesen gratis.

▶ In der Stadtbibliothek gibt es im 1. Obergeschoss eine große Kinder- und Jugendbücherei: Bilderbücher, Erzählungen, Sachliteratur, DVDs, CDs, Hörbücher, Lernsoftware, Computer-Spiele, Zeitschriften und Spiele. Schwerpunkt ist natürlich die Ausleihe von Büchern und Medien an Kinder und Jugendliche.

Fantasiewelten und Gedankenspiele: In der Kinder- und Jugendbücherei Worms könnt ihr sie entdecken

Es werden aber auch viele Veranstaltungen angeboten, wie Lesungen, Kindertheater, Bastelnachmittage und vieles mehr. Ihr könnt auch Rallyes mitmachen.

Kinowelt Worms

Wilhelm-Leuschner-Straße 20, 67547 Worms.
☎ 06241/22336, Fax 22530. www.kino-worms.de.
info@kino-worms.de.
▶ Kinocenter mit 4 Sälen, insgesamt 630 Plätze.

Haus der Jugend Worms

Würdtweinstraße 11, 67549 Worms. ☎ 06241/51655, Fax 56018. www.worms.de. hdj@worms.de.
Lage: Neben der Volksbühne. **Zeiten:** Di 14.15 – 22, Mi 16 – 22, Do 14.15 – 19, Fr 18.30 – 23 Uhr, jeden 1. und 3. Sa 14.15 – 23 Uhr. **Infos:** Für Kinder ab 6 Jahre.
▶ Das Haus der Jugend ist eine gute Adresse für die kalte Jahreszeit und alle Regentage. Ihr könnt dort eine Menge unternehmen, z.B. Billard, Dart, Tischtennis oder Basketball spielen oder euch in Bastel-, Koch- oder anderen Gruppen beteiligen. Außerdem gibt es eine Holz- und Fahrradwerkstatt, wo ihr richtig loslegen könnt. In einem Internetcafé könnt ihr surfen und chatten. Im Sep – Mai jeden 3. Sa gibt es Kindertheater 15 – 16 Uhr für Kinder ab 5 Jahre 3 €, Familien ermäßigt. Spezielle Angebote in den Ferien.

Ferienspiele und Ferienkarte der Stadt Worms

Jugendamt, Zimmer 1, Adenauerring 3a, 67547 Worms. ☎ 06241/8535112, Fax 8535150.
www.worms.de. **Infos:** Bürgerbüro-Soziales, Rathaus, Erdgeschoss, Raum 27.
▶ Das Jugendamt der Stadt Worms organisiert zwei Wochen lang in den Sommerferien Ferienspiele für Kinder und Jugendliche von 6 bis 16 Jahre. Auch Ferienfreizeiten werden angeboten.

Kindervorstellungen in allen Kinos unter ☎ 06241/206921.

Von den Sozialpädagogen aus dem Haus der Jugend könnt ihr bei Ärger mit den Eltern oder Lehrern Ratschläge bekommen.

Infos zum Ferienprogramm rechtzeitig vor den Sommerferien: www.worms.de unter Infos für Kinder.

Für Kinder und Jugendliche, die ihre Ferien selbst organisieren wollen, gibt es darüber hinaus die preiswerte Ferienkarte (Lichtbild erforderlich!), die den kostenlosen Besuch verschiedener städtischer Freizeiteinrichtungen ermöglicht, z.B. Schwimmbäder, Tierpark und weiteres. Es gibt zwei Varianten: die Karte mit kostenloser Nutzung der Stadtbusse kostet 26 € für die ganzen Ferien, ohne Bus 15 € für die ganzen Ferien oder pro Woche 3 €. Die Ferienkarte könnt ihr im Bürgerbüro-Soziales kaufen.

FESTKALENDER

Februar/März: Fastnachtssamstag, Worms, Obermarkt: **Straßenfastnacht,** ab 11.11 Uhr.

Mai: 1. Wochenende, Worms: **Mittelalterlicher Markt** rund um den Dom.

Ab Sa vor Pfingsten, 9 Tage, Worms: **Pfingstmarkt,** So, Fei 11 – 21, Di – Sa 15 – 21 Uhr, Festplatz am Rhein, Informations- und Verkaufsausstellung, Vergnügungspark und Händlermeile, am Familientag halbe Fahrpreise, Kinderschminken, Puppentheater.

Juni: 1. Wochenende Fr – Mo, Bodenheim: **St. Albansfest.**

Juli: 1. Wochenende Fr – Mo, Gimbsheim: **Weinbrunnenfest** auf der Tuchbleiche.

2. Wochenende nach Pfingsten, Westhofen: **Traubenblütenfest,** um die alte Kellergasse, den Marktplatz und die Seebachquelle, am So großer Festzug.

4. Wochenende Fr – Mo, Nackenheim: **Weinfest** im fröhlichen Weinberg.

August: 1. Wochenende Fr – Mo, Nierstein: **Winzerfest,** Künstlermeile, Schifferstechen, Feuerwerk am Rheinufer.

Mitte August Fr – Mo, Oppenheim: **Weinfest.**

Feste und Märkte

Da ist allerhand los: Das Backfischfest in Worms

Festwiese am Rhein, 67547 Worms. ✆ 06241/8537303, www.backfischfest.de. **Bahn/Bus:** Omnibus-Pendelverkehr zwischen dem Hauptbahnhof und dem Festplatz. **Zeiten:** 9 Tage Ende August.

▶ Zu diesem Riesenfest ist jeder auf Achse. Außerdem kommen noch zahllose Menschen aus dem Umland, darunter viele Kinder. Klar, dass es einen langen Festumzug (1. So), ein riesiges Festzelt, einen großen Rummelplatz, zahlreiche Essensstände, Riesenrad und Kettenkarussell gibt. Das ist aber längst

	3. Wochenende, Worms, OT Pfeddersheim: **Pfeddersheimer Markt.**
	3. und 4. Wochenende Fr – So, Guntersblum: **Kellerwegfest.**
	Letztes Wochenende Fr – Di, Eich: **Kerb.**
	Ende Aug, 9 Tage, Worms: **Backfischfest,** größtes Volksfest zwischen Mainz und Mannheim.
September:	1. Wochenende Fr – Mo, Dittelsheim-Heßloch: **Kerb.**
	3. Wochenende Fr – Mo, Osthofen: **Winzerfest,** So großer Festzug.
	3. Woche, Worms: **Kindertheaterwoche.**
	4. Wochenende Fr – Di, Gimbsheim: **Kerb.**
	4. Wochenende Fr – Mo, Nackenheim: **Kerb.**
Oktober:	4. Wochenende, Oppenheim: **Katharinenmarkt.**
	Letzter So im Monat, Worms: **Allerheiligenmarkt.**
November:	2. So, Worms: **Martinsmarkt.**
Dezember:	1. Adventswochenende, Westhofen: **Weihnachtsmarkt** auf dem malerischen alten Marktplatz, Krippenausstellung in der evangelischen Kirche.
	1. Adventswochenende, Osthofen: **Weihnachtsmarkt.**
	3 Wochen bis 23. Dez, Worms: **Weihnachtsmarkt.**

@ Fest-Termine in Rheinhessen sind unter www.rheinhessen-service.de zu finden.

nicht alles. Besonders für Kinder sind der Lampion-umzug und die Kinderolympiade auf der »Fischerwä-äd«. Am zweiten Sonntag könnt ihr mit Spannung das Fischerstechen beobachten. Das Fest schließt mit einem spektakulären Feuerwerk.

Weihnachtsmarkt Worms

www.worms.de. touristinfo@worms.de. **Zeiten:** Ende Nov bis zum 23. Dez ab 11 Uhr.

@ Eine Übersicht über die weih-nachtlichen Aktivitäten in Worms und den Stadtteilen bekommt ihr unter www.worms.de.

▶ Zahlreiche Stände vermitteln in der Innenstadt auf dem Lutherplatz/Obermarkt weihnachtliche Stimmung. Dazu gibt es ein vielfältiges Rahmenprogramm. Auf der Bühne des Weihnachtsmarktes treten fast täglich Musikvereine und Chöre auf. Am vierten Advent geben um 18 Uhr Bläserensembles von den Türmen der Andreas- und Magnuskirche abwechselnd weihnachtliche Lieder zum Besten. Im Dom könnt ihr eine Weihnachtskrippe bewundern.

RHEINHESSISCHES HÜGELLAND

Das Innere von Rheinhessen besteht aus zahllosen Hügeln. Oft sind sie lang gestreckt wie Tafelberge und fast nie hoch. Der höchste Berg, der Kloppberg bei Dittelsheim, ist gerade mal 292 m hoch. Schon vor langer Zeit wurden die Wälder gerodet. Je nach Lage und Böden nehmen jeweils Reben, Getreide oder Rüben ausgedehnte Flächen ein. Über 25.000 ha dienen dem Weinbau, damit ist Rheinhessen das größte Weinanbaugebiet Deutschlands.

Wander- und Radelstrecken sind in dieser Region besonders schön. Die besten Aktivitäten findet ihr hier im Freien. Auf einer Reihe von Weinlehrpfaden könnt ihr den Weinbau kennen lernen. Frei- und Hallenbäder sind ziemlich rar, empfehlenswert ist das Wartberg-Freibad in Alzey. Klein ist auch die Zahl der Museen, allerdings gibt es ein kleines interessantes Postmuseum.

WEIN UND WEIZEN, RÜBEN UND REBEN

Frei- und Hallenbäder

Freibad am Wartberg

Kaiserstraße 29, 55232 Alzey. ℂ 06731/43219, www.schwimmbad-alzey.de. **Lage:** Am Südrand von Alzey. **Bahn/Bus:** RE, RB ab Mainz, Bingen und Worms bis Alzey-Süd, von da aus kommt ihr am schnellsten zu Fuß dorthin. **Auto:** A61, Ausfahrt Alzey, Schafhauser- und Nibelungenstraße, Römer- und Kaiserstraße/L401. **Rad:** Vom Bhf über Bahnberg, Antoniter-, St.-Georgen- und Kaiserstraße. **Zeiten:** Mai – Sep Mo 12 – 20, Di – Sa 8 – 20, So, Fei 8 – 19 Uhr. **Preise:** 3 €, 10er-Karte 27 €, Saisonkarte 90 €; Kinder 4 – 18 Jahre 1,50 €, 10er-Karte 13,50 €, Saison 30 €; Mo – Fr ab 17 Uhr Feierabendtarif 1,50 €, Ermäßigungsberechtigte wie Kinder. Familien-Saisonkarte mit Kindern bis 18 Jahre 150 €, für Alleinerziehende 55 €. **Infos:** Saisonkarten im Foyer des Rathauses, Ernst-Ludwig-Straße 42.

▶ Das Alzeyer Freibad ist ein kindgerechtes Bad und wird umweltfreundlich nur mit Sonnenenergie be-

TIPPS FÜR WASSER-RATTEN

Hier werden schon die Kleinsten zu Piraten erzogen: Neubornbad Wörrstadt

Minigolf, gegenüber vom Freibad. ☏ 06731/43917. www.alzey.de. Gründonnerstag – Ende Sep oder Mitte Okt 10 – 20 Uhr. 3 €, 5er-Karte 10 €; Kinder bis 12 Jahre 2 €, 5er-Karte 6 €, 13 – 17 Jahre 2,50 € bzw. 8 €.

Kinder unter 99 cm Körpergröße haben freien Eintritt!

heizt. Für Abkühlung sorgen ein 25-m-Schwimmerbecken mit 1- und 3-m-Brett, Nichtschwimmerbecken mit einer 70-m-Rutsche und für die Kleinen ein Planschbecken mit Sprudelpilz. Es gibt einen Kinderspielplatz und eine große Liegewiese. Ihr könnt noch mehr unternehmen, z.B. Basketball, Beachvolleyball und Fußball spielen. In einer Cafeteria werden Snacks und Getränke angeboten. Außerdem wartet direkt neben dem Freibad ein Minigolfplatz auf euch.

Rheinhessen-Bad Nieder-Olm

Pariser Straße 165, 55268 Nieder-Olm. ☏ 06136/6462 (Hallenbad), 916890 (Freibad), www.verbandsgemeinde-nieder-olm.de. rheinhessen-bad@vg-nieder-olm.de. **Lage:** Am Westrand von Nieder-Olm. **Bahn/Bus:** RB, RE bis Bhf Nieder-Olm, ab Bhf 1,2 km über die Bahnhofstraße. ORN-Bus 652 bis Schwimmbad/Festhalle. **Auto:** A63 Ausfahrt 4 Nieder-Olm, Ingelheimer Straße und Georg-Taulke-Allee. **Rad:** Nicht weit vom Selztal-Radweg. **Zeiten: Freibad** Mitte Mai – Mitte Sep Mo 13 – 21, Di – Fr 7 – 8 und 10 – 21 Sa, So, Fei 10 – 21 Uhr, Sommer Di – So ab 9 Uhr. **Hallenbad** Di, Mi, Fr 7 – 8 und 10 – 22, Do 7 – 8 und 14 – 22, Sa, So, Fei 9 – 20 Uhr. **Preise:** Freibad 2,80 €, 10er-Karte 22 €, Halle 2 Std 3,30 €, 3 Std 4,40 €, Tageskarte 7,70 €; Freibad unter 18-Jährige 1,50 €, 10er-Karte 11 €, Halle 2 Std 1,70 €, 3 Std 2,20 €, Tageskarte 3,90 €; preiswerte Geldwertkarten, Ermäßigungsberechtigte wie Kinder. **Infos:** Bei Überschreitung des Hallenbad-Tarifs pro Std 1 €, ermäßigt 0,50 €; in der Freibadsaison ist das Hallenbad geschlossen!

▶ Im **Freibad** könnt ihr im Schwimmerbecken lange Bahnen ziehen oder in einem separaten Becken vom 1- und 3-m-Brett eure Sprünge machen. Das Nichtschwimmerbecken verfügt über eine große Rutsche. Es gibt noch ein Babybecken, Platz zum Beachvolleyball spielen und große Liegewiesen. Hunger und Durst können bequem an der Cafeteria gestillt werden.

Im **Hallenbad** ist auch allerhand los. Es gibt ein Schwimmerbecken (25 x 10 m), eine kleine Spaßlandschaft, das Nichtschwimmerbecken (6 x 12 m), Rutsche, Schwallwasser, Wasserkanone und Strudelanlage und ein Babybecken mit Wasserpilz, Wasserkanone, Geysir und Wasserspiel. Vom Nichtschwimmerbecken könnt ihr in das beheizte Außenbecken hinausschwimmen. Eure Eltern wird sicherlich die Saunalandschaft erfreuen.

Neubornbad Wörrstadt

Verbandsgemeinde Wörrstadt, Edgar Heeb, Zum Römergrund 2 – 6, 55286 Wörrstadt. ✆ 06732/601160, Fax 60188160. www.vgwoerrstadt.de. edgar.heeb@vgwoerrstadt.de. **Bahn/Bus:** Bhf an der Strecke Mainz – Alzey, ORN-Bus 441. **Auto:** A63 Mainz – Alzey, Abfahrt 6 Wörrstadt. **Rad:** 1 km südlich vom Bhf.
Zeiten: Mai – Sep 9 – 20 Uhr. **Preise:** 2,50 €, ab 17 Uhr 1,80 €, 10er-Karte 22,50 €, Saisonkarte 45 €; Kinder bis 15 Jahre 1 €, 10er-Karte 8 €, Saisonkarte 20 €; Jugendliche 1,50 €, 10er-Karte 10 €, Saisonkarte 31 €; Studenten wie Jugendliche. Familien-Saisonkarte 50 €.
Infos: Mit Hebelift für Rollstuhlfahrer und Behindertentoilette.

▶ Das Freibad liegt in einer Talmulde zwischen Wörrstadt und Rommersheim. Es ist von Wiesen und Weinbergen umgeben. Seit der Sanierung 2010 sind das Schwimmer- und das Springerbecken mit Edelstahl ausgekleidet. Solarenergie sorgt dafür, dass das Wasser nicht zu kalt ist. Es ist Quellwasser, das aus dem benachbarten Naherholungsgebiet Neuborn kommt. Für die sportlich Aktiven

(Sonnen-)baden mit Blick auf die Weinhänge: Auch das ist das Neubornbad Wörrstadt

© pmv, Eberhard Schmitt-Burk

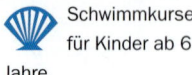 Schwimmkurse für Kinder ab 6 Jahre.

ist ein 25-m-Sportbecken vorhanden. Dazu gehört auch ein 3-m-Brett. Ein Erlebnisbecken ist das Nichtschwimmerbecken, in das ihr per 38-m-Riesenrutsche hinuntersausen könnt. Kleinkinder können von einem Piratenschiff hinab rutschen und mit wasserspeienden Seelöwen spielen. Es gibt eine große Hangwiese und einen Imbiss-Kiosk.

FRISCHE LUFT UND SPORT

Ein kinderspezifisches Radelbuch muss für Rheinhessen noch verfasst werden. Fürs erste denke ich, habt ihr mit den von mir ausgewählten Routen genug zu tun.

Radeln im Rheinhessischen Hügel- und Tafelland

▶ Im Hügelland zwischen Ingelheim und Alzey, Oppenheim und Gensingen-Horrweiler sind längst nicht alle Routen mit Steigungen gespickt. Es gibt eine Reihe von Touren mit langen ebenen Strecken, die auch für kleinere Kinder oder Eltern mit Kinderanhänger oder Kindersitz ohne viel Schweiß machbar sind. Die Königsroute durch das Hügelland ist der 52 km lange Selztal-Radweg, der die Region von Nord nach Süd durchquert. Diese Strecke weist nur wenige Steigungen auf, ist also ideal für radelfreudige Kinder ab 7 Jahren.

Herrlich leicht sind ganz flache Strecken wie von Gau-Bischofsheim nach Selzen oder die Abfahrten in die Rheinaue wie von Harxheim nach Bodenheim oder Friesenheim nach Nierstein. Jungen Bergfahrern kann ich die Route vom Bahnhof Gau-Bickelheim über den mächtigen Wissberg und hinunter nach Sprendlingen empfehlen.

Auf dem Selztalradweg 1: Von Alzey nach Nieder-Olm

Alzey. **Länge:** 30 km, bis auf 3 nicht sonderlich schwere Steigungen stets flach, markiert. **Bahn/Bus:** Hinweg RE, RB bis Bhf Alzey, 300 m per Bahnberg und Antoniterstraße, dann links in die Klosterstraße, Rückweg von Nieder-Olm mit RE, RB Mainz – Alzey.

▶ Gestartet wird am Museum. Zu Beginn müsst ihr erst einmal auf befahrenen Straßen aus der Altstadt von **Alzey** raus. Die Route ist markiert (R2, Selztal-Radweg). Sie verläuft via Klosterstraße, Ostdeutsche Straße, Nibelungenstraße und Gartenstraße. Am östlichen Ortsende kommt ihr schließlich an die Selz – der Bach darf das Städtchen nur unterirdisch durchfließen. Nachdem ihr die Autobahn unterquert habt, seid ihr dann in freier Flur. An den Rändern des breiten Tals sind sanfte Hügel zu sehen. So bleibt es bis auf wenige Abschnitte auf der gesamten Strecke bis Nieder-Olm. In dieser Region werden überwiegend Rüben und Getreide angebaut.

Die Route führt bis **Framersheim** dicht an der Selz entlang, am Bach stehen reichlich Bäume und Büsche. Vor und hinter dem Dorf sind rechts oben Windräder zu sehen. Auch bis **Gau-Oderheim** fahrt ihr zumeist in Bachnähe. Es geht ziemlich weit in dieses ehemalige Reichsstädtchen hinein. Ich empfehle euch sogar, ganz in das Zentrum des malerischen Ortes hineinzufahren, weil es dort so viele schöne alte Bauwerke gibt.

Am Nordostrand Gau-Oderheims führt der **Selztalradweg** über die Selz und dann erstmals auf der Tour vom Bach weg durch Rebfelder. Links am *Petersberg* vorbei, mit 243 m, richtiger Bergkegel und Standort seltener Wildtulpen, geht es nun ein Stück bergauf und anschließend nach **Bechtolsheim** hinunter. In dem Winzerdorf gibt es alte Weingüter mit großen Hoftoren und tiefen Höfen. Danach radelt ihr ein langes Stück meist ein wenig von der Selz entfernt. Es geht via *Schanzenmühle, Pommermühle* und *Weißmühle* nach **Friesenheim,** einem weiteren properen Weinbauerndorf. Hier kommt ihr wieder mal direkt an die Selz. Ihr fahrt nun ein längeres Stück zumeist recht dicht am Bach entlang, hört das Wasser rauschen und seht allerlei Vögel. Circa 800 m hinter **Köngernheim** taucht die *Untermühle* mit ihrem Lokal und dem großen Innenhof auf. Eine willkommene Gelegenheit zur Rast. Danach durchquert ihr alsbald **Hahnheim** und kommt kurz danach an dem ehemali-

Hunger & Durst
Pizzeria Zum Adler,
Alzeyer Straße 2, Gau-Odernheim. ℂ 06733/ 8478. Di – So 11.30 – 14 und 17.30 – 23 Uhr. Mit Terrasse.

RHEINHESSISCHES HÜGELLAND

2 Für alle Teile von Rheinhessen ist die Karte des LVA RLP Mainz und Rheinhessen, topografische Karte 1:50.000 mit Wander- und Radwegen ein unentbehrlicher Helfer.

gen *Klosterkomplex Wahlheimerhof* vorbei. Kurz darauf überquert ihr den Bach und strampelt ein Stück durch Felder bergauf. Anschließend geht es wieder zur Selz hinunter und sogleich über den hier dank der Renaturierungsmaßnahmen wieder fast natürlich aussehenden Bach. Ihr fahrt nun circa 200 m in die Äcker hinauf und haltet euch dann links. Die Route verläuft bis auf Höhe der *Darmstadtsmühle* parallel zur Selz. Dann müsst ihr mal etwas Schweiß vergießen auf dem kurzen starken Anstieg nach **Sörgenloch** hinauf. Den Selzabschnitt von Sörgenloch nach Nieder-Olm fahrt ihr nun mit weitem Abstand vom Bach auf einem Radweg parallel zur L432. In **Nieder-Olm** gelangt ihr via Oppenheimer Straße, Birkenweg und Ludwig-Eckes-Allee zum Bahnhof.

Auf dem Selztalradweg 2: Im Ingelheimer Grund zum Inselrhein

Von Nieder-Olm nach Ingelheim, 55268 Nieder-Olm.
Länge: 19 km beschilderte Radroute mit einigen Ortsdurchfahrten und Anstiegen, keiner ganz schwer, Gesamttour auf Grund der Länge und des Profils nur für Radeltüchtige ab 12 Jahre. **Bahn/Bus:** RE, RB Mainz – Alzey bis Bhf Nieder-Olm, Rückweg von Bhf Ingelheim mit RE, RB Mainz – Bingen – Koblenz oder RE Mainz – Bad Kreuznach – Saarbrücken.

▸ Die Tour beginnt am **Bhf Nieder-Olm.** Es geht auf der Bahnhofsstraße und Pariser Straße abwärts. Kurz vor dem Rondell biegt ihr rechts ein und folgt der Georg-Taukler-Allee auf einer Parallelstraße und später dem Radweg. Nach knapp 1 km geht es nach links und nun neben der Ingelheimer Straße auf einem Radweg in westlicher Richtung durch das Gewerbegebiet von Nieder-Olm. Knapp 2 km weiter könnt ihr endlich die Straße verlassen und rechts zum Bach hinüberradeln. Nun geht es bis **Stadecken-Elsheim** durch beschauliche Aue. Die Route durch den hübschen Doppelort ist gut beschildert. Ihr kommt direkt am *Eiscafé Dolomiti* vorbei – nicht schlecht! Hinter

Elsheim folgt ein sehr schöner Abschnitt in Bachnähe, das Tal ist nun bis Ingelheim-Süd viel enger. Am Südrand von **Schwabenheim** lockt der Spielplatz mit Bolzplatz Kleinkinder aus ihrem Kindersitz. Es geht eine längere Strecke durch das Weinbau-Dorf, bevor

© Ingelheim Stadtmarketing

euch der Weg wieder zur Selz hinunterführt. Dann geht es leicht ansteigend nach **Großwinternheim** hinauf. Danach bleibt ihr eine Weile ein Stück oberhalb des Ortes, bevor ihr schließlich in einem Wäldchen den Bach wieder trefft und sogleich überquert. Nun rollt sich's auf einer fast verkehrsfreien Straße auf der linken Seite der Selz von allein abwärts gen **Ingelheim.** An dem Kreisel, wo links die Straße zum Bismarckturm abzweigt, fahrt ihr – jetzt in Ingelheim-Süd – rechts über die Selz und radelt am beschaulichen Bachufer 1,5 km am Westrand von Ingelheim abwärts bis zur Binger Straße. Auf diesem Abschnitt befinden sich zwei gut ausgestattete Spielplätze und ein Bolzplatz. Hier gibt es auch Bänke für eine Picknickpause. Ihr verlasst den Selztal-Radweg und fahrt rechts auf der Binger Straße nach Ingelheim hinein. Aber schon nach wenigen Metern geht es links ab und direkt zum circa 300 m entfernten Bahnhof Ingelheim.

Sanfte Hügel, die es beim Radeln ganz schön in sich haben können: Blick über die Weinlandschaft

Hunger & Durst
Eiscafé Dolomiti, Spielbergstraße 4, Stadecken-Elsheim.
℡ 06130/944779.
www.dolomiti-stadecken-elsheim.de. März – Okt ab 11 Uhr. 1 km südöstlich von Schwabenheim, Schnitzel, Haxe & Co., aber auch kleine Gerichte.

Wandern

▶ Wenn euch 1 bis 3 km lange Steigungen nichts ausmachen, habt ihr eine Menge schöner Wanderungen zur Auswahl. Es gibt aber auch leichte, flache Routen. Solche sind die Wanderungen an der Selz von Wahlheimerhof nach Sörgenloch oder von Stade-

cken-Elsheim nach Großwinternheim. In diese Kategorie gehört ebenfalls die Wanderung auf der ehemaligen Bahntrasse von Gau-Bischofsheim nach Selzen. Besonders leicht sind die Abstiege vom Hügelland in die Rheinaue. Dafür gibt es viele Möglichkeiten.

Zum Labyrinth-Platz auf den Hornberg bei Framersheim

Framersheim. www.framersheim.de. kontakt@framersheim.de. **Länge:** Hin und zurück circa 2 km, Dauer für Auf- und Abstieg 30 – 60 Min, gute Aussicht auf Framersheim. **Bahn/Bus:** BRN-Bus 427, 435 Kirche. **Rad:** Auch als Abstecher des Selztalradwegs nett.

▶ Diese Tour ist kurz, aber anstrengend, denn ihr müsst auf den 284 m hohen *Hornberg* hinauf. Gestartet wird direkt am Ortsausgang von Framersheim (Richtung Dittelsheim). Es geht rechts in eine kleine Straße, die immer geradeaus zum Hornberg hinaufführt. Die Route führt am Haus des Freimersheimer Carneval-Clubs vorbei in die Felder. Hoch oben seht ihr den Windkraftpark, direkt daneben befindet sich auf einer Wiese der Labyrinth-Platz. An die Stelle der kleinen Straße tritt nun ein Erdweg. Bei Regenwetter ist die Tour nicht zu empfehlen, weil es in diesem Abschnitt dann arg dreckig ist.

Auf dem Labyrinth-Platz solltet ihr natürlich den verwirrenden Weg durch das Labyrinth mit seinen zahlreichen Sackgassen-Abzweigungen testen – und sowohl erfolgreich im Zentrum ankommen als auch wieder zum Ausgangspunkt ins Freie zurückgelangen.

Röhricht an der Selz

Von Walheimerhof bei Hahnheim nach Sörgenloch, 55278 Hahnheim. **Länge:** 5,5 km, leicht, schöne Bachwanderung, für größere Kinder bis Nieder-Olm, 4 km dazu.

▶ Ihr beginnt die spannende Bachwanderung entlang der Selz an der Bushaltestelle am Rand von **Wahlheimerhof.** Anschließend geht es auf dem Selztalrad-

Auf der Insel Kreta gab es einen großen Palast mit vielen Gängen und Gemächern, in denen man sich schnell verlaufen konnte. Der Palast wurde »Haus der Doppelaxt« genannt (labrys), weil dieses Symbol über einer Tür prangte. Daraus machten die Leute scherzhaft **Labyrinth.** *Später hat man planmäßig angelegte oder gemalte geometrische Linienspiele Labyrinth genannt. Malt doch auch einmal ein Labyrinth und die anderen müssen dann den Weg hinein und wieder hinaus finden!*

weg durch die weilerhafte Anlage des ehemaligen Klosters. Die Route ist markiert. An der Selz geht es bachabwärts, am Ufer stehen hohe Pappeln und allerlei Gehölz. Rechts wächst Getreide in der Aue. Die Hügel sind von Rebfeldern bedeckt, auch zwei Windräder sind zu sehen. Nach circa 1 km geht es über eine kleine Brücke aufs linke Ufer, wo ihr bis kurz vor Sörgenloch bleibt. Rechts vor der Brücke ist ein Teich. Auf einer Bank könnt ihr euch ausruhen und dem Vogelgezwitscher lauschen. 500 m weiter fällt am gegenüberliegenden Ufer ein breiter Röhrichtstreifen auf, ihr lauft dagegen an einer Hecke entlang. Nach weiteren 500 m geht's zu einem Abstecher in die Felder. Nach kurzem bergauf und bergab – hier werden Rüben, Sonnenblumen und sogar Spargel gepflanzt – kommen wir wieder an den Bach. Die Wanderroute bleibt noch 200 m auf dem geteerten Radweg. Anschließend verläuft sie 2 km auf einem Erdweg am linken Ufer entlang. Auf diesem Abschnitt ist das Ufer üppig bewachsen. Es gibt Röhrichtstreifen und mehrere kleine Teiche. Hier fühlen sich Wasservögel wohl. Ich habe Graureiher gesehen und Libellen schwirrten über meinen Kopf. An der **Darmstädter Mühle** überquert ihr schließlich den beschaulichen Bach und geht zum Dorf **Sörgenloch** hinauf.

Fische in der Selz: Aal, Brasse, Gründling, Karausche, Moderlieschen, dreistacheliger Stichling, Kaulbarsch und Karpfen.

Auf den Kloppberg, höchste Erhebung Rheinhessens

Dittelsheim-Heßloch-Dittelsheim. **Länge:** Hin und zurück 3 km, Hinweg steiler Aufstieg. **Auto:** Von der A61-Abfahrt 55 Alzey über Framersheim und am Ortsschild von Dittelsheim scharf rechts hoch.

▶ Aus Richtung Hessloch kommend, biegt ihr in Dittelsheim kurz vor der Kirche von der Bahnhofsstraße links ab. Es geht nun auf der Kloppbergstraße immer geradeaus durch den südwestlichen Ortsteil. Danach steigt ihr auf einem Feldweg (nur bei trockenem Wetter!) ebenfalls schnurgerade durch Rebfelder und ein

Weinkastel Kloppberg,
Auf dem Kloppberg, Dittelsheim. ✆ 06244/57111. www.stoeck-bauers-weinkastell.de. Mi – Sa ab 17, So 11.30 – 18.30 Uhr.

bisschen Wald zum Kloppberg (292 m) auf, der in einem Wäldchen am Ostrand eines breiten Plateaus liegt. Zuerst kommt ihr am **Weinkastel Kloppberg** vorbei. Direkt darüber befindet sich der ↗ **Kloppbergturm,** von dem ein fantastischer Ausblick auf die Rheinebene besteht. Im Lokal neben dem Turm gibt's ebenfalls zu essen, im Sommer könnt ihr da auch im Freien sitzen und würzige Waldluft schnuppern. Zwischen dem Weinkastell und dem Turm befindet sich ein Spielplatz. Eine weitere Aktivität könnte ein Spaziergang zum circa 1 km entfernten Windkraftpark sein. Ihr geht entweder auf der derselben Route oder auf der Straße nach Dittelsheim zurück – diesmal immerzu bergab.

Grillen und brutzeln

Grillplatz Nieder-Olm
Frau Duhr, Maria-Montessori-Straße, 55268 Nieder-Olm. ✆ 06136/69223, www.nieder-olm.de. **Preise:** Miete 60 €, Kaution 200 €. **Infos:** Anmeldung auch bei Herrn Gläser, ✆ 69224.
▶ Westrand, Ende Montessori-Straße, Grillplatz, Hütte mit Theke, Tische mit Bänken, Gelände abgeschlossen.

Grillplatz Essenheim
Ortsgemeinde Essenheim, 55270 Essenheim. ✆ 06136/88225. **Preise:** Vermietung 40 €.
▶ Ortsrand, Straße nach Mainz, rechts über Feldweg, Hütte mit Bank, Grillstelle außen, Tische und Stühle über Gemeinde, große Wiese, Platz abgeschlossen, Mai – Sep steht eine Toilettenanlage zur Verfügung.

Grillplatz Dexheim
✆ 06133/61286. **Preise:** Gebühr 40 €.
▶ Grillhütte, offen, Bänke, Tische, Grillstelle außerhalb, mit Toilette.

Direkt am Grillplatz angeschlossen ist ein spannender Abenteuerspielplatz. Hier könnt ihr auf einem großen Holzfort Pirat sein. Beim Fort befinden sich neben Rutsche, Schaukeln, Wippe und Seilbahn eine Kletterwand. Direkt gegenüber liegen der Sportplatz, ein Basketballfeld und eine große Wiese.

Grillplatz Wörrstadt

✆ 06732/3377, www.woerrstadt.de. gemeinde@woerrstadt.de. **Preise:** 25 €, Kaution 100 €. **Infos:** Anmeldung im Rathaus.

▶ Am Neuborn, Grillplatz.

Grillplatz Lörzweiler

Lörzweiler. ✆ 06138/6240, www.loerzweiler.de. info@loerzweiler.de.

▶ Südlich, Grillstelle, Spielplatz, Bolzplatz, Rollschuhbahn Half-Pipe.

Grillplatz Vendersheim

Ortsgemeinde Vendersheim, 55578 Vendersheim. ✆ 06732/951246, www.vendersheim.de. info@vendersheim.de. **Preise:** 25 € für Ortsansässige, 50 € für Auswärtige. **Infos:** Anmeldung Ortsbürgermeister Herr Lenz, 06732/8748.

▶ Südlich, Grillhütte nur mit Bank, Grillstelle außen, sehr einfacher Platz.

Reiten, spielen, verstecken

Reitanlage Illges-Holl

Tanja Illges-Holl, Schildweg 9, 55271 Stadecken-Elsheim. ✆ 06136/760124, Fax 7665982. Handy 0170/7359509. www.reitanlage-illges-holl.de. info@reitanlage-illges-holl.de. **Zeiten:** Mo – Fr 8 – 22, Sa, So, Fei 8 – 20 Uhr.

▶ Zu der ausgedehnten Anlage gehören eine moderne Reithalle (20 x 40 m), 2 Außenreitplätze, große

Grasweiden, Auslaufkoppeln, ein Ponylaufstall, 2 Reiterstübchen und Ausreitgelände. Kinder können hier Reitunterricht nehmen. Die Ausbildung kann bis zum Turnierreiter führen. Zum Angebot gehört auch Therapeutisches Reiten. Die Gruppenpsychotherapie schließt Kinder und Jugendliche 6 – 21 Jahre ein.

Pferdepension Sonnenhof

Norbert Theis, Brühlweg, 55546 Pfaffen-Schwabenheim. ✆ 06701/7877, Fax 2730. Handy 0171/7793572. www.pferdepension-sonnenhof.de. info@pferdepension-sonnenhof.de. **Auto:** Von Bad Kreuznach über Bosenheim.

▶ Der Sonnenhof liegt ein Stück außerhalb der Weinbaugemeinde Pfaffen-Schwabenheim. Die ganz Kleinen können Pony reiten, die schon etwas größeren Kinder Reitstunden nehmen. Es werden auch Lehrgänge für das kleine und große Hufeisen, das Reitabzeichen etc. durchgeführt. Außerdem bietet der Sonnenhof Kutschfahrten für Gruppen an. Länge, Dauer und Preis werden nach Absprache festgelegt. Der Sonnenhof bietet auch regelmäßig Ferienzeltlager an und Feste werden hier auch gern gefeiert.

Robinson Spielplatz

Spielplatz am Herdry, Am Herdry, 55232 Alzey. ✆ 06731/4950, www.alzey.de. information@alzey.de. **Lage:** Am Herdry/Selz, Westrand von Alzey. **Bahn/Bus:** ORN-Bus 422, 425, 426 bis Am Herdry. **Infos:** Toilettenhaus vorhanden.

▶ Dieser Spielplatz wurde im Frühjahr 2013 komplett erneuert. Es gibt nun ein buntes Indianerdorf und einen Baumwipfelpfad. Immer noch da sind die lange Hangelseilbahn, zwei Rutschen, eine Tischtennisplatte und anderes mehr. Die kleinen Kin-

Hunger & Durst
Kutscherstübchen,
Pfaffen-Schwabenheim. ✆ 0151/23522819. www.pferdepension-sonnenhof.de. Ab 16 Uhr, Di Ruhetag, Sa, So ab 10 Uhr. Mit Sommergarten und kleinem Kutschenmuseum, Kinder-Brunch und Grillnachmittage im Sommer.

Will schon gar nicht mehr runter: Die Kleine hat Cleo ins Herz geschlossen

© Pferdepension Sonnenhof

dern haben nun ihren eigenen Bereich zum Spielen. Die Eltern können in Ruheecken auf Bänken ihren Kindern beim Toben zusehen.

Auch das Bähnchen dreht noch am Wochenende bei guten Wetter seine Runden, aber es hält nun an seinem eigenen kleinen Bahnhof. Tour à 5 Runden pro Kopf 0,50 €, Gruppen können die Bahn auch mieten, Anmeldung bei der Stadtverwaltung.

Wenige hundert Meter westlich vom Spielplatz ist die Selz zu einem kleinen See aufgestaut. Ein Rundweg führt um das Gewässer.

Maislabyrinth in Dalheim

Familie Berges, Außerhalb 3, 55278 Dalheim. www.maislabyrinth-dalheim.de. info@maislabyrinth-dalheim.de. **Auto:** B420 Abfahrt Dexheim/Dalheim, 200 m vor dem Ortseingang von Dalheim. **Rad:** Circa 200 m südlich vom Radweg Amiche – Valentinchen an der Straßenüberquerung K39 Dexheim/Dalheim. **Zeiten:** Ende Juli – Mitte Sep genaue Zeiten auf der Internetseite. **Preise:** 4 €; Kinder unter 4 Jahre frei, Kinder 4 – 16 Jahre 3 €, Gruppen ab 10 Pers 10 % Rabatt.

▶ Unglaublich, wie viele Gänge dieses Labyrinth im Maisfeld hat! Sobald ihr die erste Kurve hinter euch gelassen habt, stellt ihr fest, dass ihr jegliche Orientierung verloren habt. Die Pflanzen überragen einen um fast einen Meter und Orientierungspunkte außerhalb des Labyrinths sind kaum auszumachen. Aber keine Angst, irgendwo geht es ja weiter. Im Irrgarten gibt es fünf Stationen, darunter Stempelstationen,

Hunger & Durst

Würzhaus, Am Herdry 15, Alzey. ✆ 06731/549683. www.würzhaus-alzey.de. Mo – Fr ab 17, Sa, So, Fei ab 10 Uhr. Biergarten beim Spielplatz. Ihr sitzt gemütlich unter Bäumen.

Ein ganz besonderes Erlebnis: das Labyrinth nachts zu erkunden. Termine finden ihr auf der Internetseite.

Das wahre Sommergefühl: Im Maislabyrinth

eine Schatzfrage und Fragen zur Landwirtschaft, die ihr beantworten müsst. Ihr braucht ungefähr 50 Minuten und wenn ihr am Ende euren Laufzettel abgebt und alle Antworten richtig sind, nehmt ihr an einem Preisausschreiben teil, wo es lustige Spiele zu gewinnen gibt.

Wintersport im Rheinhessischen Hügelland

▶ Im Hügelland, das teilweise zwischen 200 und 300 m hoch ist, ist die Situation für Rodelfans ein wenig besser als am Rhein. Als besonders geeignet erweisen sich die asphaltierten Wirtschaftswege in den Weinbergen. Eislaufen könnt ihr auch in der ↗ Eishalle am Bruchweg in Mainz.

Rodeln könnt ihr auf den **Kloppberg,** mit 292 m die höchste Erhebung des Rheinhessischen Hügellandes. Er ist 10 km östlich von Alzey oberhalb von Dittelsheim (↗ Wanderung Von Dittelsheim auf den Kloppberg). Sonntags ist das **Turmlokal** geöffnet.

Hunger & Durst

Turmlokal, Auf dem Kloppberg, Dittelsheim-Heßloch. ☎ 06244/5593. So, Fei 9 – 21, Mai – Okt auch Sa ab 15 Uhr. Sitzplätze im Freien, Spielplatz. Preiswert und lecker. Beliebter Biker-Treff – wenn die heißen Maschinen vorfahren, gibt's viel zu staunen!

UMWELT ER-FORSCHEN

Lehrpfade

Wie der Weizen sich entwickelte

Pflanzenlehrpfad »Natur & Kultur« beim Eichenhof, Eichenhof, 55286 Wörrstadt-Rommersheim. ☎ 06732/9621621 (Norbert Kussel), 2489, www.der-eichenhof. com. eichenhof-kussel@t-online.de. **Bahn/Bus:** ORN-Bus Rommersheim Ortsmitte. **Auto:** Abfahrt Wörrstadt geradeaus Richtung Alzey, rechts nach Armsheim. **Zeiten:** Jederzeit zugänglich, Führungen für Schulklassen und Gruppen, Anmeldung bei Norbert Kussel. **Preise:** Eintritt frei.

▶ Der Landwirt und Kulturpflanzenkenner *Norbert Kussel* hat neben dem Eichenhof einen informativen Pflanzenlehrpfad angelegt. Gut 100 Pflanzen sind hier zu finden, alle mit einem Namensschild versehen, bei 40 könnt ihr auf Infotafeln noch mehr erfahren. Grob zusammengefasst gilt, dass ihr auf dem Pflanzenlehrpfad »Natur & Kultur« viele Acker-Kulturpflanzen zu sehen bekommt. Darunter sind Luzern, eine Getreidesorte, Futterrüben, Mais und Roggen, Ackerwildpflanzen wie Adonisröschen, Distel, Rittersporn und Kornrade und Wegrandpflanzen wie Wegwarte, Wilde Tulpe und

© Annette Sievers

Weizen, wie er im Sommerwind winkt und lacht

Rainfarn, die zeigen, wie vielfältig und bunt ein Feldrand aussehen kann. Beim Weizen kann man die gesamte Entwicklung vom Einkorn über Schwarzen Eimer und Dinkel bis zum heutigen Weizen nachvollziehen. Von den Wildblumen befinden sich heute eine ganze Reihe auf der Roten Liste. Besonders viel Spaß macht der Besuch im Frühjahr, wenn die schönen Blüten prächtig leuchten. Hinten gibt es noch eine große Wiese, wo ihr spielen könnt.

Weinlehrpfad Alzey

▶ Ortsteil Weinheim, Länge 2,5 km, befestigt, ohne Markierung, Start: Ende der Nieder-Wieser-Straße, Ende: Sportplatz Weinheim. Mehr Informationen auch unter www.weinlehrpfade.de.

Bahnen und Museen

Mit der Zellertalbahn von Rheinhessen ins Donnersberggebiet

Monsheim. www.der-takt.de. info@der-takt.de. **Bahn/Bus:** RB Worms – Alzey – Bingen Bhf Monsheim. **Zeiten:** Betrieb der Zellertalbahn Mai – Okt So, Fei. **Infos:** Dienstbetreiber: Ministerium für Wirtschaft, Verkehr, Landwirtschaft und Weinbau RLP, Stiftsstraße 9, 55116 Mainz, ✆ 0613/160.

RHEINHESSISCHES HÜGELLAND

HANDWERK UND GESCHICHTE

Donnersberg-Touristik-Verband, Uhlandstraße 2, Kirchheimbolanden. ✆ 06352/1712. www.donnersberg-touristik.de. Mo – Fr 9 – 12.30, Mo – Mi 14 – 17, Do 14 – 18, Fr 14 – 17 Uhr. Faltblatt »Mit der Zellertalbahn von Monsheim bis nach Münchweiler«. Hier findet ihr auch die genauen Zeiten und Preise.

▶ Mit dem Zellertalbähnchen befahrt ihr die schöne Strecke vom Rebenland des südlichen Rheinhessens, vorbei am Südosthang des allgegenwärtigen *Donnersberg* (687 m) und in die Pfalz hinein. Es geht vom rheinhessischen Monsheim via Harxheim, Albisheim, Marnheim und Dreisen nach Münchweiler in der Pfalz. Die historischen oder modernen Dieseltriebwagen brauchen für die 10 km lange Strecke 34 Minuten. Monsheim hat Bahnverbindungen mit Alzey (19 Min) und Worms (11 Min), Münchweiler ist mit Bad Kreuznach (38 Min) und Kaiserslautern (19 Min) verbunden.

Ihr könnt die Bahnfahrt mit Radtouren oder Wanderungen an der Alsenz bei Münchweiler oder Pfrimm von Worms bis Monsheim kombinieren.

Stadtmuseum Alzey

Antoniterstraße 41, 55232 Alzey. ✆ 06731/498896, Fax 990885. www.museum-alzey.de. museum@alzey.de. **Zeiten:** Di – So 10 – 12, 14 – 16.30 Uhr. **Preise:** Eintritt frei. **Infos:** »Kelten und Germanen in der Römerstadt. Ein Gang durch die Abteilung zur Römerzeit des Museums der Stadt Alzey«, 6 Seiten, 0,20 €.

▶ Die Attraktion des Museums im historischen Gebäude des ehemaligen städtischen Hospitals ist zweifellos die **Geologie- und Paläontologie-Ausstellung** im 2. Obergeschoss. Den Schwerpunkt bildet hier die Lebenswelt im subtropischen Binnenmeer, das vor 20 bis 35 Mio Jahren das Mainzer Becken einnahm. Besonders beeindruckend für alte wie junge Besucher ist das große Skelett einer 2,50 m langen Seekuh. Die winzigen Haifischzähne stechen da nicht so ins Auge. Zahlreiche fossile Schnecken, Muscheln, Krebstiere, Stachelhäuter und Fische zeigen, dass es schon damals eine außerordentlich artenreiche Meeresfauna gab.

Sehenswert ist auch die Abteilung für **Vor- und Frühgeschichte** im 1. Obergeschoss, die von der Jungsteinzeit bis zur Ära der Merowinger reicht – ein Zeit-

raum von 6000 Jahren. Hier erscheint mir insbesondere die Römerausstellung interessant, z.B. der Nachbau eines mit Ziegeln gedeckten Daches, damals eine Neuerung, die die Römer nach Mitteleuropa brachten.

Im Parterre finden sich die Zeiträume vom **Mittelalter** bis in die **frühe Neuzeit**. Hier besonders sehenswert ist sicher die alte Apotheke mit Riechstation oder die Entwicklung der Wohnkultur anhand von Puppenstuben. Aber auch einen funktionierenden Webstuhl kann man hier begutachten! Wenn die Weberin an ihm arbeitet, dürft ihr das Weben sogar selbst einmal ausprobieren.

Die Museumspädagogen geben sich große Mühe, Kinder an für sie interessante Bereiche heranzuführen. Familien und Einzelbesucher können mit Hilfe von Rallyeblättern zu verschiedenen Themen die einzelnen Abteilungen selbst und kindgerecht entdecken. Mitmachstationen laden zum Ausprobieren ein, so kann man riechen, Steine bohren oder »Rechnen auf den Linien« wie im Mittelalter.

 Das Museum bietet jeden Di einen Projektnachmittag und in den Oster- und Herbstferien Projekte an. Ihr könnt hier auch euren Geburtstag feiern. Infos bei Museumspädagoge S. Kreisel, ☎ 06731/498896, Mo, Di, Do, Fr 8.30 – 15 Uhr.

Postmuseum Rheinhessen

Verein für Postgeschichte in Rheinhessen e.V., Manfred Hinkel, Hauptstraße 30, im Rathaus, 55234 Erbes-Büdesheim. ☎ 06731/43839, www.postmuseum-rheinhessen.de. manfred.hinkel.az@t-online.de. **Auto:** A63 Abfahrt Alzey/Erbes-Büdesheim. **Zeiten:** siehe Internet. **Preise:** Eintritt frei.

▶ Kleines und einziges Postmuseum in Rheinhessen mit Briefkästen ab 1860, Postschildern ab 1880, Telefone ab 1900 und Briefmarkenautomaten und vieles mehr.

Kino Bali

Bahnberg 10, 55232 Alzey. ☎ 06731/4713222, www.balikino.de. zentrale@balikino.de.

▶ Einziges Kino in Alzey, es gibt ab und zu ein Kinderprogramm.

FESTKALENDER

Februar/März: Fastnachtssonntag: Alzey, Fastnachtsumzug

Mai: 1. Wochenende, Jordans Untermühle: **Weinfest.**

Juni: 1. Sa – Mo, Wörrstadt: **Weinfest** der VG Wörrstadt, So Festumzug.

3. Fr – So, Selzen: **Weinfest.**

3. Sa, Alzey: **Johannisnacht.**

Letztes Wochenende, Gau-Bischofsheim: **Kerb.**

Juli: 1. Sa – Mo, Alzey-Dautenheim: **Kerb.**

2. Fr – Di, VG Alzey-Flomborn: **Kerb.**

3. Sa – Mo, Alzey-Heimersheim: **Kerb.**

August: 1. Sa, Alzey-Dautenheim: **Wäldchesfest.**

1. Wochenende Fr – Mo, Framersheim: **Kerb.**

Letzter Fr – Di, Undenheim: **Kerb.**

September: 1. Sa, Alzey: **Volkermarkt** mit Tieren zum Anfassen und verkaufsoffenem Sonntag.

1. Woche, Nieder-Olm: **Kerb.**

1. Woche, Hahnheim: **Kerb.**

2. Fr – Di: **Monsheimer Markt,** Umzug am So.

2. So – Fr, Selzen: **Kerb.**

3. Wochenende: **Schwabenheimer Markt** und Kerb.

3. Wochenende, Alzey: **Winzerfest.**

Oktober: Mitte Okt, Alzey: **Martinimarkt.**

November: 1. Wochenende, Ober-Olm: **Kerb.**

4. Wochenende, Alzey: **Töpfermarkt.**

Dezember: Gesamte Adventszeit bis vor Heiligabend, Alzey: **Weihnachtsmarkt,** 10 – 20 Uhr.

2. Advent, Sa, Alzey: **Christkindchesmarkt,** ein besonderer, beliebter Markt mit vielen Ständen, Teil des vierwöchigen Weihnachtsmarktes.

1. und 2. Advent, Nieder-Olm, Rathausvorplatz: **Weihnachtsmarkt,** 1. Advent Sa 16 – 21, So 13 – 21 Uhr, 2. Advent Sa 16 – 21, So 15 – 21 Uhr.

2. Adventswochenende, Ober-Hilbersheim: **Märchen-Weihnachtsmarkt,** Sa 12 – 21, So 11 – 20 Uhr, 80 Aussteller, viel Kunst-, Kunsthandwerk und Musik, Weihnachtsmärchen.

RHEINHESSISCHE SCHWEIZ

N
1 cm
10 km
© PETER MEYER VERLAG

Bacharach • Lorch
Rheingau
WIESBADEN • FRANKFURT
Eltville
61
Rüdesheim
Hofheim
Ingelheim
66
Bingen
MAINZ
Rüssels-
heim
60
Inselrhein
Seltz
63
Groß-Gerau
Nieder-Olm
87
Nahe
Bad Kreuznach
Nierstein
Darmstadt
Wörrstadt
Oppenheim
Griesheim
Kirn
Hügelland
Nahe
Guntersblum
Pfungstadt
Bad
Sobernheim
5
Rheinhess.
Schweiz
Alzey
Rheinaue
Idar-Oberstein
Meisen-
heim
Osthofen
Bensheim
61
Lorsch
Kirchheim-
Bolanden
Worms
Bürstadt
87
Glan
Pfrimm
Grünstadt
Lampertheim
Lauter
Franken-
thal
Pfalz
63
6
MANNHEIM

Der äußerste Südwesten hat einen anderen Charakter als das übrige Rheinhessen. Hier – am Fuße des 687 m hohen Donnersberges – bestimmen Bäche, Wiesen und Wald die Landschaft. Nur im Nordosten der Region überwiegt der Weinbau.

Hauptort ist zwischen Bad Kreuznach und der A61/A63 die Kleinstadt *Wöllstein,* ansonsten gibt es nur Dörfer. Die Rheinhessische Schweiz eignet sich vortrefflich zum Wandern mit Kindern. Auch fürs Radeln gibt es leichte, landschaftlich schöne Strecken. In Wöllstein existiert ein Schwimmbad. In Neu-Bamberg könnt ihr eine Burg besteigen. Im tiefen Wald südlich von Nieder-Wiesen wartet auf euch das ehemalige Forsthaus Vorholz.

WALD, WIESEN UND WASSER

@ Sehr nützlich ist das Portal www.rheinhessische-schweiz.org.

Badespaß in Wöllstein

Freibad Wöllstein

Am Schlossstadion, 55597 Wöllstein. ☎ 06703/302-56, www.woellstein.de. **Zeiten:** Mai – Anfang Sep Mo – Fr 10 – 19, Sa, So, Fei 9.30 – 20 Uhr, Badezeit bis Viertel vor. **Preise:** 2,50 €, ab 17 Uhr 1,80 €, 10er-Karte 20 €, Saisonkarte 50 €; Kinder bis 14 Jahre 1,20 €, 10er-Karte 10 €, Saisonkarte 24 €, Kinder 15 – 18 Jahre 1,80 €, 10er-Karte 15 €, Saisonkarte 36 €; preiswerte Familienkarte, Ermäßigungen für Studenten, Schüler.

▶ Das Wöllsteiner Freibad ist ein guter Treffpunkt für Kinder. Für schnelle Wasserratten ist das Schwimmerbecken da. Allerlei Spaßelemente bieten euch das Erlebnis- und Nichtschwimmerbecken. Fast im freien Fall geht's auf der 2 m hohen Steilrutsche abwärts. Nicht so spektakulär sind dagegen Bodensprudler, Strömungskanal und Wasserkanonen. Dafür gibt's eine 27 m lange Riesenrutsche, die in ein eigenes Becken mündet. Zum Planschbecken führt ein schmaler Bachlauf. Es gibt einen Kinderspielplatz, auf der Liegewiese stehen große, alte Bäume und am Kiosk bekommt ihr Snacks und Getränke.

TIPPS FÜR WASSER-RATTEN

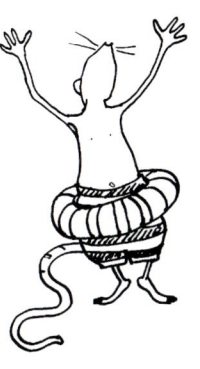

Da kann man ja noch reinwachsen: Hula Hoop auf der Wiese

Radeln und Wandern

Radtouren in der Rheinhessischen Schweiz

▶ Die Rheinhessische Schweiz ist vor allem Wandergebiet. Als Radtouren schlage ich vor:

Von Neu-Bamberg nach Wöllstein, 3,5 km, durch Wald und Wiesen, Tour auf der ehemaligen Bahntrasse der Strecke Fürfeld – Wöllstein, keine Steigung, ganz leicht, auch etwas für junge Pedaltreter, Beschreibung ↗ Wanderung von Neu-Bamberg nach Wöllstein.

Von Wöllstein über Eckelsheim nach Flonheim, 8 km, eine längere Steigung zwischen Eckelsheim und Flonheim. Durch Ackerflur und Weinberge, ab 7 Jahre. Beschreibung ↗ Wanderung von Wöllstein nach Flonheim. Wer mit der Bahn anreist, dem empfehle ich, über Bhf Gau-Bickelheim an- und über Bhf Armsheim abzureisen – beide an der Strecke Bingen – Alzey. Dadurch wird die Tour circa 11 km länger.

Wandern in der Rheinhessischen Schweiz

▶ In der Rheinhessischen Schweiz gibt es zahlreiche Wanderrouten durch Rebfelder und – für Rheinhessen ungewöhnlich – eine wohltuende Mischung aus Wald, Wiesen und quirligen Bächen. Die beschaulichen Dörfer passen gut in diese Landschaft. Nicht verwunderlich, dass die Region im Südwesten Rheinhessens dabei ist, eine beliebte Wanderregion zu werden. Außer den von mir beschriebenen Touren, kann ich noch die Wanderroute von Wendelsheim auf die Teufelsrutsch und nach Nieder-Wiesen (6 km, zwei starke Steigungen, Aussichtsplattform Teufelsrutsch, Proviant mitbringen) und die Rundwanderung um das ehemalige Forsthaus Vorholz auf dem Waldlehrpfad (2,5 km, flach, Proviant mitnehmen) empfehlen.

Wandern in der Rheinhessischen Schweiz, 1:25.000, Zweckverband Erholungsgebiet Rheinhessische Schweiz, 4 €, erhältlich in der Information in Wöllstein und im Buchhandel. Für alle Wanderungen und Radtouren erforderlich.

Zum Donnersbergblick

Flonheim. **Länge:** 3,5 km, erste Hälfte steiler Aufstieg, richtig abwechslungsreich. **Bahn/Bus:** Von Mainz Hbf mit RB 138 bis Albig Bhf, dann Bus 446, 448 bis Flonheim Marktplatz. **Rad:** Von Albig auf Landstraßen via Heimersheim, Lonsheim und Bornheim nach Flonheim.

▶ Ihr beginnt diese Kurzwanderung an der Ecke L408 nach Bornheim/Bahnhofstraße im Südosten von Flonheim. Es geht in der Bahnhofstraße aufwärts. Nach 500 m unterquert ihr die Bahntrasse der ehemaligen Bahnlinie, 400 m oberhalb erreicht ihr das **Haus Schauinsland** und einen **Rastplatz.** Kurz zuvor führt rechts ein Pfad zu einer nahen **Plattform,** von der eine fantastische Aussicht auf das riesige Gelände eines ehemaligen Steinbruches besteht. Das erinnert daran, dass hier von der Römerzeit bis ins 19. Jahrhundert in großem Stil Sandstein gebrochen wurde. Es geht weiter bergauf. Kurz darauf biegt ihr links in den Naturlehrpfad ab. Nun geht es auf dem bewaldeten Hügel durch ein ziemlich wildes Gelände voller kleiner Schluchten (ehemalige Steinbrüche) aufwärts. Der Naturlehrpfad ist gut ausgeschildert, sodass ihr euch nicht verlaufen könnt. Die Infotafeln beziehen sich ausführlich auf hier beheimatete Bäume und Vögel. Zur Altersbestimmung von Bäumen oder zur Vogeluhr hätte ich mir jedoch mehr Hintergrundinformationen gewünscht. Auf der Höhe kommt ihr am Waldrand zur **Hütte Donnersbergblick** – gerade rechtzeitig um euch nach dem anstrengenden Aufstieg zu erholen. Schön ist auch der Blick zum Donnersberg. Anschließend geht es auf einem landwirtschaftlichen Nutzweg an Rebfeldern vorbei immer geradeaus wieder nach Flonheim hinunter. Nach 500 m taucht wieder das **Haus Schauinsland** auf, nach 900 m unterhalb seid ihr am Ausgangspunkt.

Aussichtstürme bei Lonsheim

Lonsheim – Oswaldshöhe – Hemm, 55237 Lonsheim. **Länge:** 5 km, am Anfang 1,5 km bergauf, dann flach,

 Naturnaher Spielplatz gegenüber vom Haus Schauinsland unter Bäumen, kleiner Zug aus Stein, Hangelseilbahn, durch ein Tor geht es in eine wild bewachsene Schlucht für kleine Abenteurer.

Hunger & Durst
Haus Schauinsland, Vereinigung der Naturfreunde Flonheim e.V., 1. Vorsitzender, Flonheim. ℰ 06734/3291380. www.flonheim.de. Mai – Mitte Okt So, Fei 10 – 18 Uhr. Bewirtschaftetes Haus und Rastplatz, wechselnde warme Speisen, Würstchen, Kaffee und Kuchen, gegenüber toller Spielplatz und ein Bienenhaus zum Beobachten.

Ihr könnt die Wanderung mit einer Radtour von Bhf Armsheim über Bornheim nach Lonsheim und zurück verbinden, insgesamt 8 km, leichtes Profil, durch Felder, auf landwirtschaftlichen Nutzwegen. Die Route ist auf der LVA-Karte Mainz und Rheinhessen markiert.

am Schluss 1,5 bergab, markierte Route Lonsheim – Oswaldshöhe – Hemm. **Bahn/Bus:** Von Mainz Hbf mit RB 138 bis Albig Bhf, dann Bus 446, 448 bis Lonsheim Ortsmitte.

▸ Die recht kurze, aber dennoch anstrengende Rundwanderung beginnt an der Kreuzung am Nordrand von **Lonsheim.** Ihr steigt den Markierungen R9 und R52 folgend in der Erbes-Büdesheimer Straße Richtung Südwesten bergan. Circa 700 m geht es immer geradeaus durch Rebfelder zuletzt ein Stück auf Grasweg. Dann biegt ihr erst rechts und 100 m weiter nach links ab. Kurz darauf geht es durch dichten Laubwald mit viel Unterholz. Der anstrengende Aufstieg ist geschafft. 400 m weiter verlasst ihr den R9-Wanderweg und folgt dem R52-Wanderpfad nach links. Immer geradeaus und Höhe haltend, geht's im schattigen Wald zum 400 m entfernten **Aussichtsturm** auf der Hemm hinüber. Natürlich wird der auch bestiegen. Anschließend lasst ihr euch zum Picknick an einem der Tische nieder. Auch ein überraschend hereinbrechender Regen kann den Spaß nicht verderben, denn es gibt hier eine große Schutzhütte. Danach lauft ihr auf dem R52 noch ein Stück durch dichten Wald Richtung Osten – zuerst Höhe haltend, dann bergab. Schließlich erreicht ihr ein asphaltiertes Weinbergsträßchen, das steil nach **Lonsheim** hinunterführt. Bis zum Ausgangspunkt ist es noch 1 km. Die Aussicht auf das kleine Dorf im engen Kessel ist malerisch.

Von der Rheinhessischen Schweiz ins Alsenztal

Von Fürfeld nach Altenbamberg, 55546 Fürfeld. **Länge:** 6,5 km, ein langer Anstieg ab Km 2, viel Wald. **Bahn/Bus:** VGK-Bus 224 von Bad Kreuznach.

▸ Vom Zentrum des großen Dorfes **Fürfeld** wandert ihr auf der Hochstätter Straße in westlicher Richtung (R1) ortsauswärts. Nicht weit entfernt geht es über die B420. Es folgt ein längerer Abschnitt in der Acker-

flur. Ziemlich bald setzt ein langer Aufstieg ein. Es geht immer geradeaus (Markierung R1). 2 km hinter Fürfeld kommt ihr in den Wald – und bleibt es bis zur Altenbaumburg. Es dauert noch eine Weile bis der breite Erdweg auf der Höhe ankommt. Danach ist die Strecke lange Zeit flach. Nach 2 km im Wald trefft ihr am **Wanderparkplatz** ein. Hier haltet ihr euch links und biegt in die zweite Abzweigung (R2) ein. Danach geht es schnurstracks zur 1 km entfernten **Bismarckhütte** hinüber und geradeaus an ihr vorbei. Das massive Bauwerk aus Stein ist ein geeigneter Ort für eine Rast. Anschließend beginnt der Abstieg zur Altenbaumburg im Südwesten (pwv 1 gelb, R2, kleines Schild Altenbaumburg 1,2 km folgen!). An den Abzweigungen nach 250, 500 und 700 m geht ihr stets geradeaus. Nach der letzten beginnt ein steiler Abstieg. Die Altenbaumburg ist nur noch 500 m entfernt. Bei nassem Wetter ist dieser Abschnitt für viele Kinder zu schwierig. Beeindruckend ist der Ausblick auf den Rotenfels im Norden. Ihr tretet zünftig über eine Brücke in das Gelände der **Burgruine Altenbaumburg** ein. Nach dem anstrengenden Abstieg ist es wunderbar, dass sich hier auch ein *Restaurant mit Sommergarten* befindet. Wie wär's mit einem Versteckspiel zwischen den alten Mauern, wenn ihr wieder bei Kräften seid? Zum Schluss geht es auf

Öko-Tipps für die (Rad-)Wanderung
• *Hinterlasse nichts, nicht einmal deine Spuren – alte Indianerweisheit.*
• *Pilze nicht zertreten, Tiere brauchen sie als Nahrung.*
• *Namen und Herzen nirgendwo einschnitzen: solche Botschaften interessieren nicht und Bäumen tun sie weh.*
• *Tiere in Ruhe lassen.*
• *Nicht in Ameisenhaufen herumstochern: ihr zerstört sonst einen ganzen Staat.*
• *Staudämme nach dem Spielen wieder abbauen.*

© Annette Sievers

Kurze Begegnung: Sie sieht euch sehr wohl, denn Blindschleichen sind nicht blind. Sie kann blinzeln, weil sie Augenlider hat, was beweist, dass sie keine Schlange ist; die haben nämlich ihre Augen immer offen

**Burgrestaurant Alten-
baumburg,** Altenbam-
berg. ✆ 06708/3551.
www.altenbaumburg.de.
10 – 20 Uhr, im Som-
mer länger. Regionale
Küche, nachmittags
Kaffee und Kuchen, Kin-
derkarte.

*Das Bähnchen der
Strecke Fürfeld –
Sprendlingen (Personen-
verkehr 1898 – 1953, Gü-
terverkehr bis 1973) wur-
de liebevoll Bawettche
genannt, denn Babette
hieß die erste Frau, die
sich auf das wild
schnaufende Gefährt
wagte.*

Alte Ölmühle, Wöllstein.
✆ 06703/1551. Fr ab
18, Sa ab 16, So ab
15 Uhr. Straußwirt-
schaft, rheinhessische
Spezialitäten, Weine
aus eigenem Anbau.

einer kleinen Straße in das nahe **Altenbamberg** hinunter. Hier hat übrigens die Regionalbahn Kaiserslautern – Bad Kreuznach – Bingen eine Haltestelle.

Wo einst das Bawettche dampfte

Durch das Appelbachtal von Neu-Bamberg nach Wöllstein, 55546 Neu-Bamberg. **Länge:** 3,5 km, flach und
ganz leicht, über einen langen Abschnitt gleichzeitig Vo-
gellehrpfad, zum Rasten: zuerst Schutzhütte, 1 km weiter Straußwirtschaft Alte Ölmühle. **Auto:** Bus Bad
Kreuznach – Neu-Bamberg, ORN-Bus 54 Wörrstadt –
Wöllstein – Alzey. **Infos:** Ist auch eine prima Radelstre-
cke für 5- bis 7-jährige Jungradler.

▶ Ihr startet die Kurzwanderung in Neu-Bamberg an
der Kreuzung Kreuznacher und Alzeyer Straße und
Am Burggraben. Das ist im Übrigen nicht weit von der
Bushaltestelle entfernt. Es geht dann durch den
Burggraben und die Wöllsteiner Straße gen Osten.
Nach 500 m biegt ihr rechts ab zum 100 m entfernt
beginnenden Rad- und Wanderweg nach Wöllstein,
eine vollständig flache Strecke auf einer ehemaligen
Bahntrasse, wo einst das *Bawettche* entlangdampf-
te. Euer Weg führt euch oberhalb vom Sportgelände
nach Osten. Es geht zuerst ein längeres Stück durch
Wald, links unten im Tal fließt in idyllischer Umgebung der *Appelbach,* dem ihr bis Wöllstein recht nahe
seid. 500 m hinter dem Sportgelände kommt ihr an
Fischteichen vorbei. Etwa auf halber Strecke geht es
mal kurz auf das linke Appelbachufer rüber. Ihr seid
jetzt in der Flur von Wöllstein. 400 m weiter kehrt ihr
auf das rechte Ufer zurück. Bis zum Zielort lauft ihr
unterhalb eines Weinberges entlang. Hinter dem
Schützenhaus beginnt die Teerstraße. Am Ortsrand
von Wöllstein haltet ihr euch vor der evangelischen
Sozialstation links. Auf der Kirchstraße geht es geradeaus direkt ins Zentrum. **Wöllstein** ist ein größe-
rer Ort mit einigen Läden und recht viel Gastronomie
im schönen Zentrum.

Im Herzen der Rheinhessischen Schweiz

Neu-Bamberg – Hof Iben – Fürfeld – Frei-Laubersheim – Neu-Bamberg, 55546 Neu-Bamberg. **Länge:** 11 km, mehrere recht kurze Steigungen, nicht schwer.

▶ Die Wanderung beginnt am Ehrfurcht einflößenden mittelalterlichen Turm in **Neu-Bamberg.** Ihr geht in südlicher Richtung auf der Alzeyer Straße ortsauswärts. Bei der außerhalb liegenden kleinen Georgskirche folgt ihr den Markierungen R3 (rot)/R30 (blau) in den Weinberg aufwärts. Mit Erreichen eines kleinen Wäldchens seid ihr oben angelangt. Der Weg hält ein Stück die Höhe und führt dann wieder ins *Appelbachtal* hinunter. Hier macht ihr an der Straßenkreuzung einen Abstecher zum **Hof Iben,** einem ehemaligen Kloster der Templer. In der Nähe gibt es das gleichnamige Restaurant, dort könnt ihr einkehren.

Ihr kehrt zur Kreuzung zurück und geht anschließend auf der Straße Richtung Fürfeld aufwärts. Nach circa 300 m geht es links und direkt dahinter nochmals links ab. Nun führt die R3-Wanderroute zu einem Wäldchen hinauf und hindurch. Am Waldrand biegt ihr rechts in den Wanderweg R28 ein. Durch Felder verläuft die Route nun hoch über dem Seitental des Appelbachs (ohne Steigung) nach **Fürfeld,** 2 km im Nordwesten gelegen. Ihr geht via Weihergartenstraße und Rathausstraße zur Kirche. Dort biegt ihr rechts in den Eichelberger Weg ein. Es geht nun durch ein Neubauviertel aufwärts. An der Gabelung am Ende haltet ihr euch links. Kurz darauf mündet dieser Weg in die Wanderroute R4, die nach Neu-Bamberg führt. Nächstes Ziel ist der Wald des 319 m hohen **Eichelberges.** Oben angekommen habt ihr die letzte Steigung für heute hinter euch. Fortan verläuft die Route flach oder bergab. Ihr wandert dann am Ost- und Nordrand zu Füßen des Eichelberges. Knapp 2 km nordöstlich von Fürfeld quert der R4-Wanderweg die Zufahrtsstraße zu einem riesigen **Porphyrsteinbruch.** Ihr verlasst gleich darauf den Wald und seid kurz danach auf der ehemaligen Bahntrasse der Strecke Für-

Mit kleineren Kindern oder Kinderwagen ist der Abschnitt Neu-Bamberg – Frei-Laubersheim geeignet, wanderfreudige Grundschüler können sich an Neu-Bamberg – Fürfeld (5,5 km) wagen.

Hunger & Durst

Restaurant Hof Iben, Fürfeld. ✆ 06709/889. Do – Di ab 11 Uhr. Etwa 3 km von Neu-Bamberg. Bauernhof und Ausflugsrestaurant mit Biergarten und regionaler Küche, sehenswerter Gebäudekomplex.

feld – Wöllstein – Sprendlingen, auf der der letzte Abschnitt der Rundwanderung verläuft. Es geht jetzt durch Flur. Nur kurz vor **Frei-Laubersheim** ist noch einmal ein ganz kleiner Waldabschnitt. Die Route verläuft am Ostrand der Weinbaugemeinde. Auf den letzten 2 km kommt ihr an Hecken und Äckern vorbei. Die Burg von Neu-Bamberg ist schon von Weitem zu sehen. Über die Straßen Am alten Bahndamm und Am Burggraben erreicht ihr in **Neu-Bamberg** die Kandelpforte, den Ausgangspunkt dieser langen, abwechslungsreichen Rundwanderung.

Zum Ringwall der Kelten

Von Neu-Bamberg auf den Galgenberg und zum Naturschutzgebiet auf dem Horn, 55546 Neu-Bamberg.
Länge: 8,5 km, lange, starke Steigung am Anfang, ein bisschen anstrengend, unbedingt Proviant mitnehmen, keine Möglichkeit zum Einkehren, aber allerlei schöne Picknickplätze.

▶ Ihr beginnt die abwechslungsreiche Wanderung am mittelalterlichen Tor **Kandelpforte.** Es geht durch dieses ungewöhnliche Bauwerk, das durch sein Fachwerk und die Türmchen auf dem Dach auffällt, nach **Alt-Bamberg** hinein und rechts in die Straße Am Schaap (bis Hausnummer 12). Dort überquert ihr rechts den *Appelbach,* der hier geräuschvoll am steilen Hang entlangrauscht. Anschließend führt die Route auf einem mit dicken Rhyolith-Steinen gepflasterten Weg zum **Eckelsgrund** hinauf. Am Feldkreuz geht es geradeaus vorbei. Auf der Weggabelung ein Stück oberhalb verlasst ihr schließlich das Rebenland und steigt rechts durch ein Wäldchen zum **Galgenberg** auf. Auf der Höhe hatten die Kelten einst eine Siedlung mit einem **Ringwall** angelegt. Beim genauen Hinsehen könnt ihr diesen noch an der Abbruchkante ausmachen. Im Mittelalter war das ein grausiger Ort, denn hier stand der Galgen. Heute unternehmen viele Wanderer den anstrengenden Aufstieg vor allem, um die schöne Aussicht zu genießen und **Trockenrasen** zu sehen. Im Osten habt ihr das Ziel, den Bergrücken Horn mit dem Naturschutzgebiet, im Blick, das sich ein wenig über die Hochfläche erhebt. Zunächst müsst ihr noch geradeaus durch ein Rebfeld. Dahinter haltet ihr euch links und kurz darauf rechts. Nun geht es zum NSG hinauf. Oben erwartet euch eine richtige **Steppenheide.** Im Gelände gibt es tiefe Löcher – was mag das bloß sein? Schön, dass da auch Bänke stehen, da könnt ihr euch endlich mal ein bisschen ausruhen und etwas essen. Wenn ihr alles angesehen habt, geht's auf derselben Route wieder nach Neu-Bamberg hinunter.

Quer durch die östliche Rheinhessische Schweiz

Von Wöllstein nach Flonheim, 55597 Wöllstein. **Länge:** 8 km, Markierung: R12, bis Eckelsheim flach, dann Auf- und Abstieg nach Flonheim, durch Weinland. **Bahn/Bus:** VGK-Bus 226 Mo – Sa von Bad Kreuznach und ORN-Bus 444 von Alzey nach Wöllstein; zurück ab Flonheim Marktplatz.

▶ Die Wanderung führt von **Wöllstein** über Eckelsheim und Uffhofen nach Flonheim durch Ackerfluren, Weinberge und Winzerdörfer in der sanften Hügellandschaft der Rheinhessischen Schweiz. Bis Uffhofen folgt ihr immer der Beschilderung R12. Die ersten 2,5 km verläuft die Route neben der Landstraße auf dem Radweg nach Eckelsheim. Nach circa 800 m liegt rechts ein kleines Feuchtbiotop, danach kommt ihr an zwei Pappelreihen vorbei, die in der weiten Ebene den Wind bremsen sollen. Dieses Stück ist flach. Ihr geht entweder am Nordrand von **Eckelsheim** entlang oder in das Zentrum hinein und auf der K6 Richtung Gumbsheim wieder hinaus. Beide Routen treffen sich am Nordostrand des Dorfes, wo ihr in Richtung Südosten auf den Rad- und Wanderweg nach Flonheim abbiegt. Es geht nun circa 2 km durch Rebfelder bergauf und anschließend genauso lange – wiederum durch Wingerte – berg-

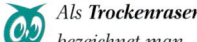 *Als **Trockenrasen** bezeichnet man besonders mageren Boden, auf dem nur wenig Gras und Sträucher und kaum Bäume wachsen. **Steppenheide** befindet sich an sehr trockenen Stellen, auch hier gibt es wenig Bäume, dafür Heidekraut, Federgras, Beifuß, Graslilien und andere Pflanzen, die wenig Wasser brauchen.*

Hunger & Durst
Kulturhof Eckelsheim, Kirchstraße 5, Eckelsheim. ✆ 06703/ 301458. www.kulturhof-eckelsheim.de. Küche Mi – Fr 18 – 22, Sa 18 – 22, So 11.30 – 14, 18 – 22, Fei 11.30 – 14 18 – 22 Uhr. Wunderbares, altes Gehöft mit großem Innenhof, Ausstellungen und Konzerte, in regelmäßigen Abständen kulinarische Schwerpunkte wie z.B. Tomatentage. Alle Gerichte auch als kleine Portion, spezielle Kinderwünsche werden gern erfüllt.

 Die Route eignet sich auch als Radtour.

ab. Dann seid ihr in **Uffhofen.** Von da könnt ihr entweder auf der L407 oder dem 500 m südöstlich der Straße verlaufenden Rad- und Wanderweg R8 zum gut 1 km nordöstlich gelegenen Zentrum von **Flonheim** gehen.

Grillen und rösten

Grillplatz Nieder-Wiesen

VG Wöllstein, 55234 Nieder-Wiesen. ✆ 06703/30225. **Preise:** 30 €.

▶ 1 km südwestlich, Grillplatz, Hütte mit Grill, ferner Schutzhütte, Parkplatz, am Radweg R8, Toilettenanlage ganzjährig nutzbar, genau nebenan Sportplatz und Jugendzeltplatz.

Grillplatz Wöllstein

VG Wöllstein, 55597 Wöllstein. ✆ 06703/3020, www.woellstein.de. **Infos:** Gut belegt, mindestens 4 Wochen im Voraus buchen.

▶ Nordostrand, am Rohrbach, 500 m von der K6 Richtung Gumbsheim, am R3, Grillhütte mit Grill, Tischen und Bänken, Wiese von Hecken umgeben, auch Grillstelle im Freien. Mit Toilette und Stromanschluss.

UMWELT ERFORSCHEN

Wildkräuter entdecken

▶ Das Aulheimer Tal bei Flonheim und das Gebiet um die Ruine der Beller Kirche bei Eckelsheim sind reich an Wildkräutern. Die zwei Wildkräuterexpertinnen Marianne Stocker-Maus und Christina Mann bieten Führungen durch diese geheimnisvolle Pflanzenwelt und Workshops zu vielfältigen Wildkräuterthemen an. Das richtet sich hauptsächlich an Erwachsene.

Für Kinder gibt es aber eigene Veranstaltungen, z.B. »Essen von der Wiese« (Frau Stocker-Maus) oder »Kinder-Naturtag. Auf der Suche nach Hustenkräu-

@ Jahresprogramm von Frau Stocker-Maus unter www.kraeuterschule-herbula.com.

tern« (Frau Stocker-Maus). Im hof-
eigenen, klassischen Bauerngar-
ten des Erb-Frey-Hofes (Stocker-
Maus) gedeihen über 50 verschiedene Wild-, Würz- und Heilkräuter.
Im malerischen Innenhof dieser
fränkischen Hofanlage aus dem
Jahre 1717 ist immer was los –
z.B. Kräuterfeste, Märchenaben-
de, Konzerte, Ausstellungen, private Feiern, Gastronomie und Seminare. Für Kinder durchaus interessant ist die Bioland-Gärtnerei für
Kräuter und Wildpflanzen (Alzey,
Wormser Straße 78) Strickler mit
Kräuterhof (Alzey-Heimersheim,
Lochgasse 1), die ein Riesensorti-
ment von 1700 Pflanzenarten, davon die Hälfte Wild-
arten bietet. Ein Blick auf die Internetseite lohnt sich.

© Annette Sievers

Schachbrettschmetterling
und Hummel: Die Wasser-
minze hat sie angelockt

Burg und Mühle erkunden

Geistermühle am Wiesbach

Weingut Jakob Müller Erben, 55237 Flonheim-Uffhofen. ✆ 06734/8310, Fax 1621. www.geister-
muehle.de. weingut@geistermuehle.de. **Auto:** 1 km
südwestlich von Flonheim-Uffhofen an der Straße nach
Wendelsheim. **Zeiten:** Tag der Offenen Tür Pfingsten ab
11 Uhr. **Preise:** Führungen nach Voranmeldung.
▶ Zwar dreht sich das Mühlrad schon lange nicht
mehr, aber die Einrichtungen sind noch gut erhalten.
Heute dreht sich hier eine Turbine, die Strom erzeugt. Auf Führungen bekommt ihr erklärt, wie die
Mühle arbeitete, allerdings wird nicht mehr gemah-
len. An Pfingsten werden am Tag der offenen Tür interessante Veranstaltungen angeboten. Auch für Kinder gibt es Angebote. Für andere Zeiten könnt ihr telefonisch Führungen vereinbaren. Dies könnt ihr

HANDWERK UND GESCHICHTE

schön mit einer Führung von ausgebildeten Kräuter-
hexen durch das angrenzende Aulheimer Tälchen verbinden.

Auf die Burg von Neu-Bamberg

Neu-Bamberg. **Auto:** Bus Bad Kreuznach – Neu-Bamberg, ORN-Bus 54 Wörrstadt – Wöllstein – Alzey.

▶ Von der Kandelpforte steigt ihr auf der Schlossgasse zur Burg auf. Der Weg durch den alten Ortskern
zur Ruine ist kurz und steil. Oben erwartet euch altes
Gemäuer, in dem eine gut erhaltene Kapelle steht.
Es gibt genug Platz zum Spielen, der Ausblick ist
schön. Ihr steigt dann auf der anderen Seite, d.h. auf
dem Burgweg ab und landet in der Straße Am Burggraben, die links zum Ausgangspunkt Kandelpforte
zurückführt. Rechts ist es nicht weit zum Ausflugslokal **Junkermühle.**

FESTKALENDER

Mai:	2. Wochenende, Fr – Mo, Gumbsheim: **Kerb.**
Juli:	1. Wochenende, Freitagabend – Mo, Flonheim: **Jahr-markt** auf dem Marktplatz.
	2. Wochenende, Fr – Di, Offenheim: **Kerb.**
August:	3. Wochenende, Erbes-Büdesheim: **Kerb.**
September:	1. Wochenende, Wöllstein: **Jahrmarkt.**
	2. Wochenende, Fr – Di, Fürfeld: **Kerb.**
	2. Wochenende, Eckelsheim: **Kerb.**
	2. Wochenende, Gau-Bickelheim: **Kerb.**
	3. Wochenende, Stein-Bockenheim: **Kerb.**
	Letztes Wochenende, Neu-Bamberg: **Kerb.**
November:	1. Wochenende, Siefersheim: Kerb.
Dezember:	1. Advent, Gau-Bickelheim: **Weihnachtsmarkt.**
	1. Advent, Flonheim: **Weihnachtsmarkt.**
	1. Advent, Fürfeld: **Weihnachtsmarkt.**

AN DER NAHE

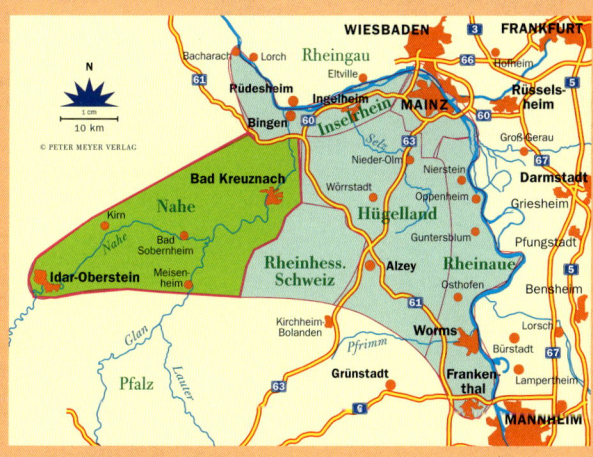

Die Nahe entspringt bei Türkismühle im Südwesten des Hunsrücks und quetscht sich 100 km weit zwischen Hunsrück und Nordpfälzer Bergland Richtung Nordosten, bevor sie bei Bingen in den Rhein mündet. Der lange Abschnitt durch das Gebirge ist meist malerisch, auf den letzten Kilometern, das heißt zwischen Norheim und Bad Münster, wo steile Sandsteinfelsen das Ufer säumen, sogar ausgesprochen spektakulär.

An der oberen Nahe hat die traditionsreiche Schmuckstadt Idar-Oberstein mit Europas einzigem zugänglichen Edelsteinbergwerk und den hochkarätigen Edelstein- und Mineralienmuseen eine große Anziehungskraft. Eine der Hauptattraktionen des unteren Nahegebietes sind die Sandsteinfelsen des Rheingrafensteins von Bad Münster am Stein. Im Salinental zwischen Bad Münster am Stein und Bad Kreuznach stehen beeindruckende Gradierwerke und laden euch ein, zwischen diesen hohen Reisigwänden, von denen Salzsole herabtropft, tief Luft zu holen.

Frei- und Hallenbäder

Freibad Langenlonsheim

Verbandsgemeinde Langenlonsheim, Am alten Mühlengraben 13, 55450 Langenlonsheim. ℂ 06704/644, www.freibad-lalo.de. freibadlalo@gmx.de. **Lage:** Im südwestlichen Teil von Langenlonsheim. **Auto:** Von der B48 am Südrand des Ortes Richtung Stromberg. **Rad:** Von der Kreuzung des Nahe-Radwegs mit der L242 auf dieser rund 1,5 km nach Westen. **Zeiten:** Mai – Ende Aug Mo, Mi, Fr – So 9 – 20, Di, Do 9 – 21 Uhr. **Preise:** 3 €, 10er-Karte 25, Saisonkarte 50 €; Kinder bis 6 Jahre freier Eintritt, Kinder 6 – 10 Jahre 1,30 €, 10er-Karte 10 €, Saisonkarte 18 €; Jugendliche 10 – 16 Jahre 2 €, 10er-Karte 15 €, Saisonkarte 35 €; Ermäßigungsberechtigte zahlen wie Jugendliche, Familientageskarte 7,50 €, Saisonkarte 90 €.

ZWISCHEN HUNSRÜCK UND PFÄLZER BERGLAND

TIPPS FÜR WASSERRATTEN

Schnaufend blasen euch merkwürdige Drachen mit Kuheuter und funkelnden Edelsteinaugen ihren stinkenden Odem ins Gesicht: Erlebnis in der Edelsteinmine Steinkaulenberg

▶ Das umweltfreundlich solar beheizte Freibad der Nahegemeinde ist weiträumig angelegt. Schwimmfreunde können im Schwimmerbecken samt 50-m-Bahnen und Sprungturm aktiv sein. Auch im Nichtschwimmerbecken mit der breiten Rutsche ist allerhand los. Für Kleinkinder gibt es eine Plansch- und Badelandschaft. Dass es an Land nicht langweilig wird, garantieren die große Liegewiese, Tischtennisplatten und ein Bolz- und Beachvolleyballplatz. Am Kiosk mit Sitzgelegenheiten könnt ihr euch stärken.

Schwimmbad an den Gradierwerken: Freibad Salinental

Betriebsgesellschaft für Schwimmbäder und Nebenbetriebe mbH, Im Salinental, 55543 Bad Kreuznach. ✆ 0671/28337, www.bad-kreuznach.de. **Rad:** Am Nahe-Radweg zwischen Bad Kreuznach und Bad Münster am Stein. **Zeiten:** Mai und Sep 10 – 19 Uhr, Juni – Aug 9 – 20 Uhr. **Preise:** 3 €, 10er-Karte 25 €, Saisonkarte 51 €, Feierabendkarte ab 17 Uhr 1,70 €; Kinder 4 – 17 Jahre 1,30 €, 10er-Karte 12 €, Saisonkarte 29 €, Feierabendkarte 0,90 €; Azubis, FSJler 1,30 €, Familiensaisonkarte 72 €, Schwerbehinderte 2,40 €. **Infos:** Behindertengerechte Duschen und Toiletten.

Im Winter könnt ihr im Hallenbad von Bad Kreuznach, Kilianstraße 9, schwimmen gehen.

▶ Das Bad Kreuznacher Freibad befindet sich mitten im schönen Salinental unweit vom Naheufer. Benachbart sind die mächtigen Gradierwerke der Kurstadt: zweifellos eine tolle Kulisse. Euch erwarten in dem altgedienten, aber beheizten Sommerbad ein 50-m-Schwimmbecken mit Bahnen, ein großes Nichtschwimmerbecken mit 50-m-Rutschbahn, ein Kinderplanschbecken, eine große Liegewiese, ein kleiner Spielplatz, Beachvolleyball- und Basketballfeld und ein Restaurant-Café mit Terrasse.

Frei- und Erlebnisbad Am Rosenberg

Verbandsgemeinde Werke, Staudernheimer Straße 100, 55566 Bad Sobernheim. ✆ 06751/81205, Fax 94327. www.bad-sobernheim.de. vg@bad-sobernheim.de. **Bahn/Bus:** Bus 260 bis Bad Sobernheim oder mit Zügen der Nahetalbahn. **Rad:** Nahe-Radweg. **Zeiten:** Mai – 2. Wochenende Sep 9 – 20, Di, Do ab 7 Uhr. **Preise:** 3,50 €, ab 17 Uhr 2,50 €, 10er-Karte 31 €, Saisonkarte 95 €; Kinder 6 – 18 Jahre 2,50 €, ab 17 Uhr 1,50 €, 10er-Karte 22 €, Saisonkarte 62 €; Familiensaisonkarte 125 €.

▶ Das Kurstädtchen im Nahetal besitzt ein großflächig angelegtes beheiztes Freibad. Eingefleischte Wasserratten, mutige Wasserspringer, gemütliche Freizeitschwimmer und -nichtschwimmer und kleine Wasserfrösche können alle fündig werden. Denn hier gibt es ein 25-m-Schwimmerbecken, ein Nichtschwimmer- und Spaßbecken mit einer 70 m langen Riesenrutsche, Breitrutsche, Strömungskanal, Massagedüsen, Wasserpilz, Springerbecken mit 1-, 3- und 5-m-Brett, Planschbecken mit Wasserfall und Rutsche. Eine große Liegewiese mit Spielbereich ist auch vorhanden.

Bootstouren

Boot fahren in Bad Kreuznach

Bootsverleih am Mühlenteich, Mannheimer Straße 75, 55545 Bad Kreuznach. ✆ 0671/92899050, www.naheboote.de. naheboote@gmail.com. **Lage:** Ab- und Anlegestelle Kai 3. **Zeiten:** Frühjahr bis Herbst Mo – Fr (an den Brückenhäusern) 13 – 18, Sa, So, Fei (Am Kurpark) 11 – 19 Uhr und nach Vereinbarung. **Preise:** Ruderboot für Anfänger für 1 – 5 Pers je nach Typ 10 – 15 €, Kanu 10 € und Kahnmaran 60 € pro Std, besondere Angebote: Hotelboot für 2 – 6 Pers mit Bänken und Tischen, 2 Std 50 €, inkl. Essen 75 €; Kahnmaran für 2 – 30 Pers plus Steuermann für 2 – 3 Std 110 €. **Infos:** Ad Opticum im Brückenhaus, Mannheimer Straße 96, ✆ 0671/42445, Prospekt vorhanden.

▶ Die Anlegestelle ist an der Badebrücke. Folgende Boote sind im Einsatz: einfache und größere Ruderboote, Elektroboote, Kanus, das Hotelboot, das von 2 Personen gerudert wird und das große Kahnmaran-Boot, bei dem 4 – 8 Personen paddeln und einer steuert.

Auf der Nahe in Bad Münster

Bootsverleih Hans-Joachim Gellweiler, An der Nahepromenade, 55583 Bad Münster am Stein-Ebernburg. ✆ 06708/669236, Handy 0160/3572212. www.ha-jos-faehre.de. hajogellweiler@googlemail.com. **Rad:** Nahe-Radweg. **Zeiten:** Ostern – Nov Mi, Do 14 – 18, Fr, Sa, So, Fei 9 – 18 Uhr, in den Sommerferien zusätzlich Mo, Di 14 – 18 Uhr. **Preise:** Fähre 1 €, Kinder 0,50 €, Fahrrad 1 €, Hund 0,50 €, Tretboot 30 Min 1 – 2 Pers 5 €, jede weitere Person 1,50 €.

▶ Auf der Nahe unterhalb des beeindruckend großen Sandsteinfelsens Rheingrafenstein könnt ihr auf dem breit und ruhig dahinfließenden Gewässer Tretboot fahren oder auf einer urtümlichen Fähre das Flüsschen Richtung Huttental überqueren. Da fühlt man sich doch gleich wie ein großer Kapitän!

An die Wassersportaktivitäten kann sich ein Spaziergang am Naheufer und im benachbarten Kurpark anschließen. Die Wege sind dort auch kinderwagen-tauglich.

Bootstour am Stadtrand von Meisenheim

HKM Events GmbH, Am Wehr 1, 55590 Meisenheim. Handy 0171/2321749. www.hkm-meisenheim.de. info@hkm-meisenheim.de. **Start:** Am Stauwehr. **Rad:** Glan-Blies-Radweg. **Zeiten:** Mai – Okt 9 – 19 Uhr sowie nach Vereinbarung, Dauer 1/2 – 2 Std. **Preise:** pro Boot je angefangene 1/2 Std 5 €.

▶ Es macht schon Spaß mit dem Tret- oder Ruderboot 3 km auf dem idyllischen Glanflüsschen dahinzuziehen. Es gibt zwei Tretboote für bis zu 4 Personen und zwei Ruderboote für 4 oder 6 Personen.

Mit dem Kanu das Glantal abwärts

HKM Events GmbH, Am Wehr 1, 55590 Meisenheim. Handy 0171/2321749. www.hkm-meisenheim.de. info@hkm-meisenheim.de. **Treffpunkt:** In Meisenheim am HKM Büro. **Zeiten:** Mai – Okt täglich nach Vereinbarung, Dauer gesamte Strecke 6 Std, 20 km. **Preise:** Tagestour 80 € Kanu inkl. Ausrüstung und Boottransfer, Halbtagestour 50 €.

▶ Ihr fahrt mit dem Kanu den Glan flussabwärts, entweder die Tagestour von Lauterecken nach Odernheim, oder die Halbtagestour von Lauterecken nach Meisenheim. Ihr fahrt durch schöne Natur und seht Libellen, Wasservögel, Orte, Gehölz und Wiesen.

Radeln und Wandern

Radtouren an der Nahe entlang

▶ Insider wissen schon lange, dass das Nahetal landschaftlich sehr schön ist. Attraktionen sind die steilen Sandsteinfelsen von Bad Münster am Stein und Norheim sowie die Weinberge zwischen Norheim und Waldböckelheim. Seit einigen Jahren existiert ein Radweg von der Nahe-Quelle bei Türkismühle bis zur Mündung in den Rhein bei Bingen, insgesamt ist er 121 km lang. Für Familien eignen sich die Abschnitte in den Bereichen Bingen – Bretzenheim und Bad Kreuznach – Idar-Oberstein. Empfehlen kann ich die 12 km lange Strecke vom **Bhf Bad Kreuznach** über Bad Münster am Stein und Norheim zur **Staustufe Niederhausen** sowie die 12 km vom **Bhf Bad Sobernheim** über Meddersheim, Merxheim und Martinstein zum **Bhf Hochstetten-Dhaun.**

Auf dem Nahe-Radweg

Idar-Oberstein – Kirn – Bad Sobernheim – Bad Kreuznach – Idar-Oberstein

▶ Die Naheregion von Idar-Oberstein bis Bad Kreuznach eignet sich für Familien gut für einwöchige Rad-

FRISCHE LUFT UND SPORT

 Naheland-Touristik GmbH, Bahnhofstraße 37, Kirn. ℂ 06752/137610. www.naheland.net. Mo – Fr 9 – 17 Uhr. Für Urlaubs-Informationen, diverse Kataloge und Prospekte.

AN DER NAHE

Am 3. So im Juni findet 10 – 18 Uhr auf dem Nahe-Radweg von Bingen bis Nohfelden (80 km) das populäre Radelfest **Nahe Hit – Rad'l mit** statt. Infos bei der Naheland-Touristik.

touren. Ihr könnt die 63 km lange Strecke auf dem ausgeschilderten Nahe-Radweg zurücklegen. Abgesehen von dem Aufstieg nach Schlossböckelheim hinter Boos geht es fast immer leicht abwärts. Es bieten sich jede Menge Aktivitäten und spannende Besichtigungen an.

Ich habe diese Tour in den Sommerferien 2011 mit meinem damals 9-jährigen Enkel Hyun Woo unternommen. Wir waren 6 Tage unterwegs. Es ist uns nie langweilig geworden. Wir hätten noch 2 bis 3 Tage länger bleiben müssen, um unser ganzes Programm zu schaffen.

Auf der Fahrrad-Draisine im Tal des Glan

Booser Au, Ausleihstation, Start, 55568 Staudernheim. Handy 0178/7957729. www.draisinentour.de. **Länge:** Staudernheim – Odernheim, 2,5 km – Reborn, 6,5 km – Raumbach, 9,5 km – Meisenheim, 11,5 km -Odenbach, 15 km – Medard, 17 km – Lauterecken, 21 km. **Bahn/ Bus:** RB Staudernheim. **Rad:** Nahe-Radweg. **Zeiten:** März – Okt 9 – 19 Uhr; am Wochenende Reservierung erforderlich, ungerade Tage Staudernheim – Altenglan, gerade Tage Altenglan – Staudernheim, Buchungen direkt an den Ausleihstationen Staudernheim, Lauterecken, Altenglan oder den Tourist-Informationen Bad Sobernheim und Meisenheim. **Preise:** Fahrraddraisine (max 4 Pers) Mo – Fr 36 €, Sa, So, Fei 44 €, Konferenzdraisine (max 7 Pers) Mo – Fr 66 €, Sa, So, Fei 74 €, Handhebeldraisine (8 – 13 Pers) 12 € pro Pers, barrierefreie Draisine (max 3 Pers) Mo – Fr 36 €, Sa, So, Fei 44 €, max Personenzahl mit Kindern größer; Kinder zahlen wie Erw; Di außer Fei Familientag (2 Erw, bis 2 Kinder bis 16 Jahre) 20 % Rabatt, Mo – Do auf die Rheinpfalz-Card 5 % Ermäßigung. **Infos:** Im Internet seht ihr die Strecke.

Das Laufrad entwickelte Karl Drais aus Mannheim. Von ihm erfahrt ihr mehr in *Odenwald mit Kindern,* 320 Seiten, ISBN 978-3-89859-429-5, 16 €, Peter Meyer Verlag.

▶ Eine Tour mit der **Fahrrad-Draisine** auf den Gleisen der ehemaligen Bahnlinie durch das idyllische Glantal von Staudernheim (Nahe) über Meisenheim nach Lauterecken zu fahren, ist ein Erlebnis besonderer

© pmv, Eberhard Schmitt-Burk

Art. Die einfachste Draisine, die Fahrraddraisine, wird von zwei Personen (Mindestgröße 1,50 m) durch Pedale bewegt. Die beiden sitzen auf Sätteln rechts und links einer Bank, auf der zusätzlich zwei Personen Platz finden. Hinter der Sitzbank ist Platz für Gepäck und Fahrräder. Diejenigen, die nicht an der Reihe sind, können entspannt die Landschaft genießen. Inzwischen sind auf dieser Strecke aber auch Draisinenvarianten mit größeren Kapazitäten im Einsatz – bis 13 Personen. Um Gegenverkehr zu vermeiden, wird täglich wechselnd immer nur in eine Richtung gefahren. Wählt als Familie ein ungerades Datum, da wird abwärts geradelt. Circa alle 2 km sind Haltestellen eingerichtet, wo ihr für Picknick, Einkehr, Wanderungen oder Besichtigung ausscheren könnt.

Von Lauterecken kehrt ihr mit dem Fahrrad auf dem **Glan-Blies-Radweg** nach Staudernheim zurück. Es geht nun immer leicht bergab. Das macht mindestens genausoviel Spaß wie die Tour mit der Draisine. In dem malerischen Städtchen **Meisenheim** könnt ihr einkehren.

Wanderung durch das Salinental
Bad Kreuznach. **Länge:** 6 km, ganz leicht und flach.
Bahn/ Bus: RE, RB Bhf Bad Kreuznach, 700 m zu Fuß bis zum Kornmarkt, Rückreise: RE, RB ab Bhf Bad Münster am Stein.

Salam aleikum, Scheich Ebi: So sieht eine Fahrrad-Draisine aus – und so Ebi, wenn er seinen Sonnenhut vergessen hat

Hunger & Durst
Gartenwirtschaft Zum Radler, Draisinenstation Rehborn. ℘ 06753/124205. www.zum-radler.de. Draisinensaison 10 – 21 Uhr. Wechselnde Tagesgerichte, Weinkarte, Übernachten im Tipi oder eigenen Zelt, Anlegestelle, Kanuverleih und geführte Touren, Bogenschießen, Landeplatz für Paraglider.

AN DER NAHE

▶ Der Spaziergang durch diesen landschaftlich ausgesprochen schönen Abschnitt des Nahetals führt in **Bad Kreuznach** zunächst vom Kornmarkt über die Ross- und die Kurhausstraße zum Kurhaus, wo ihr auf das Nordufer der Nahe wechselt. Danach wandert ihr auf dem Nachtigallenweg weiter flussaufwärts. Über die Salinenbrücke wechselt ihr bald wieder zurück auf die Südseite. Dort geht es rechts auf einem Sträßchen weiter, das zur Fußgängerbrücke Salinental führt. Hier überquert ihr erneut über den Fluss. Nun seid ihr im Salinental angelangt, wo ihr an den imposanten Wänden der Gradierwerke flussaufwärts vorbeiwandert. Bald danach ist der Stadtrand von **Bad Münster am Stein** erreicht. Ihr bleibt noch am Fluss bis zur Anlegestelle der Fähre zum Huttental und seht auf der anderen Seite den steilen Porphyrsteinfelsen, auf dem die Burgruine Rheingrafenstein steht. Im Salinental gibt es schöne Aktivitäten, wie das Freibad und die nahe gelegenen Spielplätze. Wenn ihr schon etwas größer seid, könnt ihr die Wanderung auf dem Nahe-Radweg noch 3 km bis Norheim fortsetzen. Dabei lässt sich sehr gut das gewaltige **Porphyrfelsmassiv** Rotenfels über der Nahe bewundern. Es ist die höchste Steilwand nördlich der Alpen. Von Norheim bestehen Regionalbahnverbindungen nach Bad Münster und Bad Kreuznach.

Porphyr ist ein vulkanisches oder subvulkanisches Gestein mit Einsprengseln von Alkalifeldspäten und/oder Quarz.

Von Bad Münster am Stein zur Burgruine auf dem Rheingrafenstein

Bad Münster am Stein. **Länge:** Hin und zurück 2 km, steiler An- und Abstieg. **Bahn/Bus:** RE, RB Bhf Bad Münster am Stein. **Infos:** Nehmt Getränke und Essen mit, auf der Burg gibt es keine Gastronomie.

▶ Zunächst wandert ihr vom Bahnhof zur *Nahe,* die mit einer einfachen Fähre überquert wird. Danach geht es steil in einer bewaldeten Schlucht aufwärts. Hier befindet sich der **Märchenhain Huttental** – kleine Hütten mit Märchenfiguren. Etwa 200 m oberhalb vom Flussufer zweigt links die Route zum Rheingra-

Am Märchenhain wird Ende Mai – Anfang Juli und Ende Aug – Mitte Okt alle 2 Wochen am So um 15 Uhr ein Puppentheater aufgeführt.

fenstein ab. Der Aufstieg wird jetzt noch etwas steiler. Aber das Ziel ist nah, das ist zu schaffen! Verschwitzt lauft ihr in die Burgruine ein. Von der Burg über dem steil aufragenden Porphyrfelsen ist der Ausblick auf das Naheland spektakulär.

Die mittelalterliche **Burg Rheingrafenstein** klebt auf einem Felssporn, der nur über eine Brücke zu erreichen ist. Ihr Burggraben besteht aus tiefen Schluchten und Felsabstürzen. Ihre Position schien lange Zeit uneinnehmbar zu sein. Doch mit der aufkommenden neuen Waffentechnik – Kanonen und Schießpulver – war ihr Schicksal bald besiegelt: 1689 zerstörten die Horden des französischen Sonnenkönigs die Burg. In ihren Resten lässt es sich heute fantastisch spielen: Es gibt mehrere Höfe, Räume und Nischen, die über Treppen miteinander verbunden sind. Einen trockenen Lagerplatz findet ihr im Brunnenhaus. Dorthin wurde das aufgefangene Regenwasser geleitet und gesammelt – denn einen

Leuchtender Felsen: Der Rheingrafensteinfelsen

Grundwasserbrunnen hätten die Rheingrafen auch in 1000 Jahren nicht in den Fels graben lassen können!

Wenn ihr Kraft und Lust habt, könnt ihr die Besteigung der Burg in eine spannende Rundwanderung durch eine wilde Felsenlandschaft verwandeln (6 km, 210 m Höhenunterschied). Von der Burg steigt ihr durch Felsenahorn-Trockenwald zum Schloss Rheingrafenstein hinauf. Das ist der höchste Punkt. Kurz darauf geht es dann wieder in Serpentinen steil zur Nahe hinunter – über Fels-Trockenrasen, durch Krüppeleichenwald, über Blockschutthalde durch Linden-Blockschuttwald. Da wird's einem manchmal richtig schwindelig. Schließlich seid ihr wieder an der Anlegestelle der urigen Fähre.

© pmv, Eberhard Schmitt-Burk

Spazieren, spielen und reiten

Seltene Baumarten: Schlosspark Bad Kreuznach

Bad Kreuznach. www.bad-kreuznach-tourist.de. info@bad-kreuznach-tourist.de. **Infos:** *Baumkundlicher Führer* und Führer *Baumbestand des Schlossparkes Bad Kreuznach,* erhältlich im Schlossparkmuseum.

▶ Der Schlosspark von Bad Kreuznach ist mehrmals umgestaltet worden. 1605 charakterisierte ihn ein Stadtratsprotokoll als »Baumgarten oder Bangert«. Ende des 18. Jahrhunderts soll er das Aussehen eines Renaissance-Gartens gehabt haben. Sein heutiges Erscheinungsbild als artenreicher Landschaftspark mit vielen seltenen Bäumen erhielt er Ende des 19. Jahrhunderts. Es ist schon ein schöner Flecken für einen Spaziergang, der durch das Bestimmen von exotischen Bäumen sehr spannend werden kann. Dafür ist der baumkundliche Führer der Stadtverwaltung überaus nützlich. Ihr werdet auch Spaß an dem kleinen Weiher haben, auch wenn man hier nicht paddeln kann. Für weitere Aktivitäten gibt es direkt neben dem Park das ↗ Schlossparkmuseum und die ↗ Römerhalle.

Lustigerweise gibt es zu diesem Schlosspark kein Schloss. Dafür aber das ehemalige Rittergut Bangert, ein klassizistisches Gebäude aus dem 18. Jahrhundert, in dem sich heute das ↗ Schlossparkmuseum befindet.

Grillplatz Bad Münster am Stein

Informationsstelle des Besucherbergwerkes Schmittenstollen, 67824 Bad Münster am Stein-Ebernburg-Feilbingert. ✆ 06758/8404, www.schmittenstollen.de. poststelle@vg-bme.de. **Preise:** 25 €, ab 26 Pers zzgl. 1 € pro Person.

▶ Am Eingang zum Besucherbergwerk, Hütte, Grillstelle außen, auch Tische mit Bänken im Freien.

Die Islandpferde vom Brücklocher Hof

Reitschule, Kristina Hammer, 55585 Altenbamberg. ✆ 06709/911550, Fax 3941. Handy 0179/5190302. www.bruecklocherhof.de. kri@bruecklocherhof.de. **Infos:** Zeiten und Preise im Internet.

▶ Der Reiterhof liegt ein Stück östlich von Altenbamberg – völlig allein in einer schönen Landschaft. Das ist natürlich eine gute Basis für Ausritte.

In der Reitschule lernt ihr nicht nur den richtigen Umgang mit Pferden, sondern, wenn ihr wollt, sogar springen und Geschicklichkeitsspiele. Auch Abzeichenlehrgänge werden angeboten. Geritten wird auf Islandpferden. Besonders viel los ist in den Ferien. Eine ereignisreiche Sache sind die Ferienlager für Mädchen von 8 bis 14 Jahren.

Minigolfplatz im Oranienpark

Minigolf Sportverein Bad Kreuznach, Kaiser-Wilhelm-Straße, 55543 Bad Kreuznach. ✆ 06703/2701, www.bad-kreuznach-tourist.de. msv-bad-kreuznach@gmx.de. **Lage:** An der Nahe. **Zeiten:** Anfang März – Mitte März 9 – 17 Uhr, Mitte März – Ende April, Mai – Mitte Sep 9 – 21 Uhr, Sep – Okt 9 – 19 Uhr, Mitte Okt – Ende Okt 10 – 18 Uhr. **Preise:** 2,50 €, Kurkarteninhaber 2 €, 5er-Karte 10 €; Kinder unter 16 Jahre 1,50 €, 4er-Karte 5 €.
▶ Ein kleiner Minigolfplatz mit schönen Bahnen.

Minigolfplatz Am Nohfels

Engelmann, Hömigweg, an der Nahe, 55566 Bad Sobernheim. ✆ 06751/7142, Handy 0171/1752478. www.amnohfels.de. am_nohfels@web.de. **Lage:** Nahe Barfußpfad. **Rad:** Nahe-Radweg. **Zeiten:** Beginn der Osterferien – Ende der Herbstferien (RLP) 14 – 19, So, Fei ab 12 Uhr. **Preise:** 2,50 €; Kinder bis 12 Jahre 2 €; Gruppen ab 10 Pers Erw 2 €, Kinder 1,70 €.
▶ Schwedische Filzbahn-Minigolfanlage, Sommercafé, Kiosk, Reisemobil-Stellplatz, 2 Ferienwohnungen.

Minigolfplatz am Freibad

Alter Salinenweg, 55583 Bad Münster am Stein-Ebernburg. Handy 0171/7053766. www.bad-muenster-am-stein.de. info@bad-muenster-am-stein.de. **Zeiten:** April – Sep sowie Okt nach Wetterlage, Mo – Fr 14 –

Hunger & Durst
Sommercafé Am Nohfels, Hörnigweg 1, Bad Sobernheim. ✆ 06751/854611. www.amnohfels.de. Mitte März – Mitte Okt Mo – Fr 14 – 19, Sa 13 – 19, So, Fei 12 – 19 Uhr, Mitte Okt – Mitte März 13 – 18 Uhr. Kaffee, Kuchen und Waffeln, Spezialität Småländischer Käsekuchen.

18, Sa, So, Fei 11 – 19 Uhr, in den Sommerferien 11 – 19 Uhr. **Preise:** 2 €; Kinder bis 14 Jahre 1 €, Kinder ab 15 Jahre 1,50 €. **Infos:** Bei Regen geschlossen.

▶ Minigolf an der Pouily-Brücke, Bad Münster am Stein-Ebernburg, gegenüber vom Sole-Freibad.

Minigolfplatz Kirn

Roswitha Mildenberger, Ohlmannstraße, 55606 Kirn. Handy 0174/6018179. www.kirn.de. **Zeiten:** Ende März – Ende Okt Mo – Fr 14 – 20, Sa, So, Fei 13 – 20 Uhr. **Preise:** 2 €, 10er-Karte 16 €, Dauerkarte 40 €; Kinder 1 €, 10er-Karte 8 €, Dauerkarte 20 €.

▶ Im Park, auch Boule und Freiluftschach, am Kiosk gibt es Bratwurst, Kaffee und Kuchen, Eis.

UMWELT ER-FORSCHEN

1817 wurde die Heilkraft der Salzquellen entdeckt, die Bad Kreuznach zu einem bedeutenden Radium-Sol-Heilbad Deutschlands machen. Neben den Gradierwerken sind die Brückenhäuser das Wahrzeichen der Stadt. Die beiden Wohnhäuser, die mit einer merkwürdigen Holzkonstruktion auf den Pfeilern der alten Nahebrücke aufsitzen, wurden schon im Jahr 1495 erwähnt.

Natur entdecken

Salinental Bad Kreuznach

Bad Kreuznach. **Zeiten:** Die Salinen sind von Ostern bis Ende Okt in Betrieb.

▶ Im Nahetal im Bereich der B48 nach Bad Münster am Stein, dem Salinental, stehen gewaltige Gradierwerke. Das sind circa 200 m lange Reisigwände, von denen Salzsole herabtropft. Vor diesen eindrucksvollen Gebilden, die als Europas größtes Freiluft-Inhalatorium bekannt sind, sitzen Kurgäste, die Erholung und Heilung suchen. Zwischen den Gradierwerken sind Spazierwege angelegt. Ferner gibt es hier das Freibad Salinental, Sportplätze und natürlich auch Gastronomie. Das Tal ist äußerst malerisch: es ist rechts und links von Steilhängen und steil aufragende Sandsteinfelsen umsäumt.

Geheimnisvoller Orchideenpfad

An der L232, Naheweinstraße, 55566 Bad Sobernheim. www.bad-sobernheim.de. touristinfo@bad-sobernheim.de. **Lage:** Am Staudernheimer Hang. **Rad:** Unweit vom Nahe-Radweg. **Zeiten:** immer zugänglich.

▶ Am Staudernheimer Hang wurde vor ein paar Jahren ein Weinbergterrassen- und Orchideenpfad angelegt. Dank der günstigen Lage gedeiht hier ein besonderer Wein und es wachsen wild-schöne Orchideen. Im unteren Hang sind die Reben zu Hause. Mehrere Infotafeln zeigen u.a. wie Trockenmauern konstruiert sind und was in diesem Lebensraum kreucht und fleucht – z.B. Mauereidechsen und Ringelnattern. Oberhalb davon steigt ihr durch Magerwiesen auf. Hier gedeihen die exotischen Orchideen, es lohnt sich von Mai bis Juli zu kommen, wenn sie blühen. Auf den trockenen Hangwiesen grasen Schafe. Auf der Höhe habt ihr Sitzgelegenheit zum Rasten und könnt den schönen Ausblick auf das Nahetal und Staudernheim genießen.

© Annette Sievers

Wilde Orchidee: Kleines Knabenkraut

Spannender Barfußpfad

Staudernheimer Straße, 55566 Bad Sobernheim. ✆ 06751/81242, Fax 81240. www.barfußpfad-bad-sobernheim.de. touristinfo@bad-sobernheim.de. **Länge:** 3,5 km, zu beiden Seiten der Nahe, flach. **Rad:** Nahe-Radweg. **Zeiten:** Mai – Anfang Okt 9 – 20 Uhr. **Preise:** 3,50 €, Kurkäste 2,50 €, Einzeljahreskarte 10 €; Kinder 3 – 17 Jahre 2 €, Familienkarte 2 Erw und Kinder 20 €; Gruppen ab 25 Pers 2 €. **Infos:** Schließfächer für Schuhe und Handtücher, Fußwaschanlage.

▶ Deutschlands erster Barfußpfad ist lang und richtig abwechslungsreich. Es geht über Gras, Lehm, Sand, Steine und Rindenschrot. Reichlich Spaß machen z.B. der Gang durch das Lehmstampfbecken und das Gleichgewichthalten im Geschicklichkeitsparcours. Auf halber Strecke durchquert ihr die Nahe sogar mal in einer Furt. Familien mit kleineren Kindern haben die Möglichkeit etwas weiter flussabwärts über ein Brückchen an das andere Ufer zu gelangen. Am Ende der spannenden Rundwanderung flussabwärts und flussaufwärts des munteren Gewässers geht's nochmals über die Nahe. Ihr habt die Wahl zwischen einem Nachen und einer leicht schwankenden 40 m

Informative Prospekte zum *Orchideen-* und *Barfußpfad Bad Sobernheim & Geologischer Lehrpfad* bei der Tourist-Info.

Hunger & Durst

Biergarten Nahegarten, am Eingang, Bad Sobernheim. Gesamte Saison 9 – 20 Uhr, bei gutem Wetter und im Hochsommer länger. Imbiss und Kiosk, Brotzeit kann mitgebracht werden.

langen Hängebrücke. Unterwegs könnt ihr euch auf Picknickplätzen ausruhen. Eine zusätzliche Attraktion des Barfußpfads ist, dass er mit einem **geologischen Lehrpfad** verknüpft ist. Auf den sieben Infotafeln erfahrt ihr interessante Dinge aus der Erdgeschichte Bad Sobernheims.

Wie viele Sterne gibt es?

Sternwarte Bad Kreuznach, Verein der Sternfreunde Bad Kreuznach, Auf dem Kuhberg, 55516 Bad Kreuznach. ✆ 0671/8965070 (während der Öffnungszeiten), www.sternwarte-kreuznach.de. info@sternwarte-kreuznach.de. **Zeiten:** So 10.30 – 13 Uhr, letzten Fr im Monat ab 19 Uhr Vereinstreffen. **Preise:** 1 €. **Infos:** Ansprechpartner Jugendgruppe Bernd Peerdemann ✆ 0671/62433.

Der Verein hat einen Planetenweg an der Nahe angelegt, der von Bad Kreuznach bis Norheim führt.

▶ Die 1995 eröffnete Sternwarte ist seit 1997 im Besitz eines voll computergesteuerten 30-cm-Teleskops. Es finden regelmäßig sonntags Sonnenbeobachtungen statt. Sternbeobachtungen und Diavorträge gibt es jeden letzten Freitag im Monat nach Einbruch der Dunkelheit. Kinder können ab 8 Jahre daran teilnehmen.

Es gibt eine eigene Jugendgruppe für Kinder ab 9 Jahre. Sie treffen sich jeden 2. und 4. Sa um 16 Uhr, hier lernt ihr mit viel Spaß. Schwerpunkt ist natürlich die Astronomie, aber auch Themenbereiche wie Biologie, Chemie, Physik, Computertechnologie und Maschinenbau sowie Geschichte, Medizin und Psychologie kommen vor.

HANDWERK UND GESCHICHTE

Bergwerke und Museen

Mit der Kleinbahn unterwegs

Feldbahnmuseum Guldental, Im Lindelgrund 1, 55452 Guldental. ✆ 06707/692, Fax 8468. Handy 0179/9744003. www.feldbahnmuseum-guldental.de. info@feldbahnmuseum-guldental.de. **Zeiten:** 1. Mai,

Juni – Okt 1. So im Monat 11 – 18 Uhr, sowie für Gruppen ab 10 Pers auch nach Vereinbarung. **Preise:** 3 €; 1,50 €, Familien 8 €.

▶ Junge und alte Eisenbahnfans haben hier ihre helle Freude. Zu sehen gibt es Feldbahnen, das sind Kleinbahnen, die früher für den innerbetrieblichen Materialtransport in Steinbrüchen, Kiesgruben und Industriebetrieben benutzt, aber seit den 1950er Jahren von Lastwagen und Förderbändern verdrängt wurden. In einer mehrgleisigen Museumshalle sind 50 Loks versammelt und warten auf ihren Einsatz. Mittlerweile ist reichlich Gleismaterial vorhanden, sodass ein abwechslungsreicher Rundkurs von 2 km Länge angelegt werden konnte.

Glückauf!

Historisches Kupferbergwerk Fischbach, Hosenbachstraße, 55743 Fischbach (Nahe). ✆ 06784/2304, Fax 981111. www.besucherbergwerk-fischbach.de. info@besucherbergwerk-fischbach.de. **Bahn/Bus:** RB bis Fischbach-Weierbach auf der Strecke Mainz – Saarbrücken. **Auto:** 7 km südwestlich von Kirn, dann 2 km nordwestlich Richtung Berschweiler. **Zeiten:** Mitte Feb – Mitte Nov 10 – 17 Uhr, Führungen alle 40 Min, Mitte Nov – Mitte Feb Führungen 1 Std um 11.30 und 13.30 Uhr. **Preise:** Bergwerk und Verhüttung 6 €; Kinder 5 – 16 Jahre 4 €; Familienkarte 2 Erw und 2 Kinder 18 €, Gruppen ab 10 Pers Kinder 5 – 16 Jahre 3,50 €, Erwachsene 5 €.

▶ Das Fischbacher Kupferbergwerk war eines der größten in Europa. Nach einer bis ins Mittelalter zurückreichenden Geschichte wurde der Abbau Ende des 18. Jahrhunderts eingestellt. Seit 1975 ist es nun der Nachwelt als **Schaubergwerk** zugänglich. Im Laufe der Zeit sind im Berginnern beim Abbruch bis zu 30 m hohe Hohlräume und ein weitverzweigtes Stollensystem entstanden. Die Wände und Decken sind vom Kupferoxid grünlich und bläulich gefärbt, zahlreiche kleine Kristalle und Tropfsteine setzen zu-

 Kinder können auf dem Spielplatz des zugehörigen Campingplatzes spielen und Spaß im Baumhaus und mit den Tieren des Streichelzoos haben.

Hunger & Durst

Bistro & Restaurant Feldbahndepot, Im Lindelgrund 1, Guldental. ✆ 06707/915955. Mo – Sa 8 – 14.30, 17.30 – 22, So, Fei 8 – 22, Mai – Okt kein Ruhetag. Frühstück & Brötchenservice, Mo – Fr Mittagstisch 12 – 14 Uhr, 6 €.

Es gibt spannende Kinderführungen. Ihr besucht einen alten Stollen in Originalgröße, beleuchtet nur mit einer Bergmannslampe. Hier könnt ihr Kupfererz mit Schlägel und Eisen bearbeiten und selbst pochen und waschen. Für die Kindergartenkinder gibt es eine Märchenführung mit Zwergen und Feenstaub.

Hunger & Durst

Zur Kupferstube, gegenüber vom Besucherbergwerk, Fischbach. ✆ 06784/983435. www.kupferstube.jmdo.com. Ganzjährig ab 10 Uhr, Stammessen 11.30 – 13 Uhr. Deutsche und regionale Küche, hauseigener Kuchen, auf Anfrage Bergmannsbrotzeit.

sätzliche Farbtupfer. Die Bergbautechniken und Arbeitssituationen werden durch allerlei Figurengruppen veranschaulicht. Vergesst nicht, warme Kleidung mitzubringen, in der Grube ist es kühl, das ganze Jahr über 11 Grad. Kopfschutz, einen weißen Helm, bekommt ihr vor Ort.

Mit dem Bergwerk war früher eine **Kupferhütte** verbunden. Diese ist in kleinerem Maßstab nachgebaut worden. Dort könnt ihr sehen, mit welchen Techniken und Geräten im Mittelalter das »wilde« Erz zu hochwertigem Kupfer geschmolzen wurde. Gearbeitet wurde mit Wasserkraft.

Wenn ihr noch überschüssige Kraft habt, kann ich euch den **Bergbaulichen Rundweg** (3,5 km, circa 2 Std) empfehlen. Hier müsst ihr Fragen zu 17 Schautafeln beantworten. Bei richtiger Lösung gibt es für Teilnehmer der Rallye ein Stückchen Kupfererz. Es gab im Gebiet um das Besucherbergwerk noch andere Bergwerke. Davon seht ihr auf dem Rundgang noch alte Stollen und Tagebaue. Für das Gelände braucht ihr übrigens festes Schuhwerk.

Fantastische Entdeckungen im ehemaligen Edelsteinbergwerk

Edelsteinminen Steinkaulenberg, 55743 Idar-Oberstein. ✆ 06781/47400, Fax 980030. www.edelsteinminen-idar-oberstein.de. edelsteinminen-idar-oberstein@t-online.de. **Zeiten:** Mitte März – Mitte Nov 9 – 17 Uhr, Schürffeld 9 – 17 Uhr. **Preise:** 5,50 €, Gruppen ab 10 Pers 4,50 €, Schürffeld 2 Std (9 – 11, 12 – 14, 15 – 17 Uhr) 10 €; Kinder 6 – 16 Jahre 4 €, Schürffeld 7 €; Behinderte, Studenten, Arbeitslose 4 €. **Infos:** Festes Schuhwerk erforderlich.

▶ Der Steinkaulenberg ist im wahrsten Sinne ein uraltes Bergbaugebiet. Doch dann gingen nach Jahrhunderten des Abbaus die Edelsteine aus. Schon seit 1827 bekamen die Edelsteinschleifereien Rohsteinlieferungen aus den reichen, brasilianischen Achatvorkommen, die übrigens von Idar-Obersteiner Aus-

wanderern entdeckt worden waren. 1870 war dann trotzdem Schluss am Steinkaulenberg.

Das **Edelstein-Schaubergwerk** gleicht einer Märchenhöhle. An zahlreichen Stellen glitzern und funkeln im Muttergestein, einem basaltähnlichen 250 Mio Jahre alten Vulkanmaterial, edle Mineralien. Das können sein Bergkristalle, Amethyste, Rauchquarze und Kalkspat, aber auch andere edle Steine.

Den Kopf mit einem Helm geschützt, »fahrt« ihr in den Berg. Gleich am Anfang kommt ihr in einen großen Saal. Wie viel Mühe und Mut – und auch Gesundheit – das gekostet hat, diesen großen Raum und die vielen Gänge, Höhlen und Schächte mit Hacke und Pickel in das harte Gestein zu schlagen! In dem 400 m langen Stollen macht ihr fantastische Entdeckungen – oft dank der informativen Führung. Der spannende Ausflug in die unterirdische Welt der Edelsteine endet schließlich in einem weiteren großen Raum und mitten in einer kleinen Ausstellung.

Die waschen ihre Hände bestimmt nicht in Unschuld ... Edelsteinschürferinnen auf Erfolgskurs

Wenn ihr mal sehen wollt, wie die rohen Steine in prächtige Edelsteine verwandelt wurden, besucht ihr die **Historische Weiherschleife am Idarbach.** Ursprünglich standen die Schleifereien wie Mühlen am Bach und nutzten die Wasserkraft als Antriebskraft.

AN DER NAHE

Kinder dürfen nach der Besichtigung im **Schürffeld** auf Schatzsuche gehen – der Erfolg ist euch gewiss, denn die Schürffelder werden ständig mit Mineralien und Edelsteinen aus aller Welt neu bestückt.

Wo das Quecksilber herkam

Besucherbergwerk Schmittenstollen, 67824 Feilbingert. ℰ 06758/8404, www.schmittenstollen.de. poststelle@vg-bme.de. **Bahn/Bus:** 5 km südwestlich von Bad Münster-Ebernburg, am Lehmberg, zwischen Niederhausen und Feilbingert. **Auto:** Besucher- und Wanderparkplatz 700 m von Feilbingert entfernt im Wald, auf Bestellung per Grubentelefon Minibustransfer zum Bergwerk. **Zeiten:** April – Nov Di – So 10 – 18, letzte Führung 17 Uhr. **Preise:** 5,50 €, Gruppen ab 12 Pers 5 €, ab 40 Pers 4,50 €; Kinder ab 6 Jahre 4,50 €, ab 12 Pers 4 €, ab 40 Pers 3,50 €. **Infos:** Geeignet für Rollstuhlfahrer, vorher anmelden.

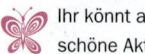 Ihr könnt allerlei schöne Aktivitäten mit dem Schmittenstollen verbinden. In Nachbarschaft gibt es einen **Grubenspielplatz.** Er ist ausgesprochen originell, denn hier gibt es Geräte, an denen ihr Situationen aus dem Leben im Bergwerk nachspielen könnt. Für euch ist das heute ein spannendes Spiel, früher waren das gefährliche und sehr anstrengende Arbeitsgänge. Ihr findet auch einen Biergarten und eine Hütte mit Grillplatz.

▶ Der Schmittenstollen ist das einzige ehemalige Quecksilberbergwerk in Europa, das für Besucher zugänglich ist. Der Quecksilberbergbau wurde hier schon im späten Mittelalter betrieben. Nachgewiesen ist er schon für das 15. Jahrhundert. Einen letzten starken Abbau erlebte er in den Jahren 1936 – 1942. Eure Eltern können euch sagen, dass das die Zeit um den Zweiten Weltkriegs ist und Quecksilber ein wichtiger Stoff für die Zünder der Bomben war. Daher wurde es in diesen Jahren verstärkt abgebaut. Danach wurde der Abbau von Quecksilber für alle Zeiten eingestellt. Erst nach 39 Jahren kam wieder Leben in die zumeist bereits verfallenen unterirdischen Gänge. Von dem ehemals 15 km langen Stollensystem können nun wieder 700 m begangen werden.

Unter Leitung eines kundigen Führers und gelb behelmt, macht ihr euch auf in die geheimnisvolle Tiefe, seht unbekannte Erze und erfahrt viel über die Anlage der Stollen und die harte Arbeit des Erzabbaus. Quecksilber ist ein silbrig glänzendes Metall, das bei normalen Temperaturen flüssig ist. Es löst die meisten Metalle (Gold, Silber, Kupfer, Blei), wobei u.a. Amalgam entsteht. Quecksilber ist extrem giftig. Schon das Einatmen über einen längeren Zeitraum ist schädlich. Quecksilber wurde für Thermometer, zu wissenschaftlichen Zwecken und für die Goldgewinnung benutzt. So gibt es Landschaften in den USA, die auf Jahrzehnte verseucht sind, weil dort nach Gold gesucht wurde! Ein Grund, kein neues Gold zu kaufen.

Museen & Kunst

Bad Kreuznach kreativ

Kunstwerkstatt Bad Kreuznach e.V., Mannheimer Straße 71, auf der alten Nahebrücke, 55543 Bad Kreuznach. ✆ 0671/92031480, Fax 10308. Handy 0179/9959233. www.kunstwerkstatt-kh.de. info@kunstwerkstatt.de. **Zeiten:** Mo 15 – 17.30, Mi 10 – 12, Fr 10 – 12 Uhr, nur außerhalb der Ferien. **Infos:** Halbjahresprogramm im Internet.

▶ Die Kunstwerkstatt Bad Kreuznach hat ein großes Angebot an Workshops und Kursen für Kinder und Jugendliche. Hier könnt ihr zeichnen, malen, mit Holz und Ton arbeiten, mit ungewöhnlichem Material Architektur betreiben oder originelle Kleidung nähen. Ihr könnt auch Märchen- und Schattentheater kennen lernen, Kindertänze üben und sogar Trickfilme produzieren. Das ist freilich nur ein kleiner Ausschnitt. Am besten, ihr schaut mal in das dicke Programm.

Römerhalle Bad Kreuznach

Museum im Rittergut Bangert, Hüffelsheimer Straße 11, 55545 Bad Kreuznach. ✆ 0671/920777, Fax 9207792. www.museen-bad-kreuznach.de. info@museen-bad-kreuznach.de. **Lage:** Zu Füßen der Kautzenburg, nahe Neustadt. **Bahn/Bus:** DB, Bus 203 ab

Happy Birthday!
Kindergeburtstag feiern im römischen Ambiente!

Für Kinder gibt es Themennachmittage, die Termine dazu findet ihr im Internet. Gruppen und Schulklassen können an speziellen Führungen oder Workshops teilnehmen oder eine Römer- oder Etagenralley veranstalten.

Bahnhof, Parkplätze für Pkws und Busse sowie Fahrradständer vorhanden. **Zeiten:** Di 10 – 13, Mi – Fr 10 – 16, Sa, So 11 – 17 Uhr, Feb, Mo geschlossen. **Preise:** 4 €; Kinder 3 – 18 Jahre 3 €; Familienkarte 1 (Elternteil mit Kind) 5 €, Familienkarte 3 (Eltern mit Kindern) 7 €, Besuchergruppe ab 10 Pers 3 €, Kombikarte alle 3 Museen 7 €, ermäßigt 6 €, Familie Museen 13 €. **Infos:** Informativer Flyer.

▶ Die Römerhalle, eine moderne Konstruktion, befindet sich auf einem Terrain, auf dem einmal ein riesiges – und prächtiges – römisches Herrenhaus von 70 x 80 m stand. Aus diesem stammen die beiden großen Mosaikböden aus dem 3. Jahrhundert n.Chr., die Attraktion dieses übersichtlich aufgebauten Römermuseums. Auf dem *Gladiatoren-Mosaik* (58 qm) sind Tier- und Gladiatorenkämpfe dargestellt, das *Oceanusmosaik* (68 qm) zeigt den Meeresgott inmitten vielfältiger Meereslebewesen sowie Schifffahrtszenen und Hafenansichten.

Im Untergeschoss der Römerhalle könnt ihr sogar die Funktionsweise der vollständig erhaltenen antiken Fußbodenheizung des Gladiatoren-Mosaiks studie-

Gespielt haben die Römer für ihr Leben gern: Dieses Spiel hier kennt ihr gewiss

© Annette Sievers, Aufnahme aus der Saalburg./Ts.

ren. Ansonsten gibt es viele Dinge aus dem römischen Alltag zu sehen. Hochinteressant ist für meine Begriffe die Ausstellung zu den römischen Jenseitsvorstellungen und dem Totenkult – belegt durch Weihealtäre, Viergöttersteine, Jupitersäule, Sarkophage, Aschenkisten, Grabbeigaben und Teile von Grabarchitekturen.

Durch das Projekt »Ausbau und Modernisierung der Römerhalle Bad Kreuznach« wurde viel erneuert und modernisiert. Außerhalb der Halle ist der Grundriss der einstigen **Palastvilla** aus dem 2. Jahrhundert, die ein herausragendes Beispiel römischer Villenbaukunst ist, aufgemauert worden. Ein Rundweg ermöglicht es, sich eine Vorstellung über die Pracht dieses Herrenhauses zu machen.

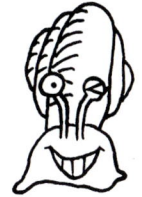

Museum für Puppentheaterkultur (PuK)

Museum im Rittergut Bangert, Hüffelsheimer Straße 5, 55545 Bad Kreuznach. ✆ 0671/8459185, Fax 2983966. www.museen-bad-kreuznach.de, info@museen-bad-kreuznach.de. **Bahn/Bus:** DB, Bus 203 ab Bahnhof, Parkplätze für Pkw und Busse sowie Fahrradständer vorhanden. **Zeiten:** Jan Di 10 – 13, Mi – Fr 10 – 16, Sa, So 11 – 17 Uhr, Feb geschlossen, März – Dez Di 10 – 13, Mi – Fr 10 – 16, Sa, So 11 – 17 Uhr, Mo geschlossen. **Preise:** 4 €; Kinder 3 – 18 Jahre 3 €, Kindertheater 5 €, Gruppenkarte 4 €; Familienkarte 1 (Elternteil mit Kind) 5 €, Familienkarte 3 (Eltern mit Kindern) 7 €, Besuchergruppen ab 10 Pers 3 €, Kombikarte alle 3 Museen 7 €, ermäßigt 6 €, Familie 13 €.

▶ Im PuK begegnet ihr den verschiedensten Puppenberühmtheiten, wie »Hohnsteiner Kasper«, »Robbi, Tobbi und das Fliewatüüt«, zarten chinesischen Schattenfiguren, handfest geschnitzten Holzköpfen oder gar höllischen Furien aus Doktor Faust. Das Museum umfasst über 2500 Exponate zur Puppentheatergeschichte, die auf einer Fläche von 700 qm in Dauer- und Sonderausstellungen präsentiert werden. Es gibt für euch zudem professionelles **Puppenthea-**

Happy Birthday! Kindergeburtstag im PuK möglich!

Es gibt Führungen für Kindergruppen und Schulklassen, Workshops.

ter im Theatersaal und museumspädagogische Veranstaltungen. Aktiv werden könnt ihr bei den puppentheatralischen Probierstationen.

Von der Steinzeit bis zu den Merowingern

Schlossparkmuseum im Rittergut Bangert, Dessauer Straße 49, 55545 Bad Kreuznach. ☎ 0671/920777, Fax 9207792. www.museen-stadt-bad-kreuznach.de. info@museen-bad-kreuznach.de. **Bahn/Bus:** DB, Bus 203 ab Bahnhof, Parkplätze für Pkw und Busse sowie Fahrradständer vorhanden. **Zeiten:** Di 10 – 13, Mi – Fr 10 – 16, Sa, So 11 – 17 Uhr, Feb geschlossen. **Preise:** 4 €; Kinder 3 – 18 Jahre 3 €, Gruppenkarte 4 €; Familienkarte 1 (Elternteil mit Kind) 5 €, Familienkarte 3 (Eltern mit Kindern) 7 €, Besuchergruppen ab 10 Pers 3 €, Kombikarte alle 3 Museen 7 €, ermäßigt 6 €, Familie Museen 13 €.

Happy Birthday!
Feiert hier euren Geburtstag mit einem Ausflug in die ferne Vergangenheit.

▶ Umgeben von einem schönen Landschaftspark liegt unterhalb der **Kauzenburg** das **Schlossparkmuseum.** Es befindet sich in einer großen klassizistischen Villa, die Prinzessin *Henriette Amalie von Dessau-Anhalt* nach 1768 auf den Gelände des ehemaligen Rittergutes Bangert auf den Grundmauern eines Vorgängerbaus errichten ließ. 1881 ging diese in den Besitz der Industriellenfamilie *Puricelli* über, unter deren Regie großer Luxus einzog: viel Stuck, Deckenmalerei, Kassettendecke und Möbelschnizereien, edles Geschirr, Gläser und Besteck.

Für euch interessant sind vor allem die vor- und frühgeschichtlichen Sammlungen, die über das Leben unserer Vorfahren von der Steinzeit bis in die Zeit der Merowinger informieren. Dazu bietet die Museumspädagogik interessante Workshops für Kinder und kinderspezifische Führungen, bei denen es um witzige Themen und Fragen geht.

Die anderen Ausstellungen liegen zwar zeitlich näher zur Gegenwart, sind aber für Kinder längst nicht so geheimnisvoll und spannend. Das gilt z.B. für die Geschichte des Rittergutes Bangert vom »frey adelichen« Gut des 17. Jahrhunderts zum repräsentativen »Schlösschen« des Großbürgertums der Wende vom 19. zum 20. Jahrhunderts. Nur für erwachsene Spezialisten für Kunstgeschichte ist die Sammlung mit den Skulpturen der Bildhauerfamilie *Cauer* aus vier Generationen, mit Märchenplastiken, Porträts, Denkmäler und Statuen.

Rheinland-Pfälzisches Freilichtmuseum

Nachtigallental 1, 55566 Bad Sobernheim. ✆ 06751/3840, Fax 1207. www.freilichtmuseum-rlp.de. info@freilichtmuseum-rlp.de. **Zeiten:** Ende März – Anfang Nov Di – So 9 – 18 Uhr, letzter Einlass um 17 Uhr, Juni – Aug, Fei auch Mo geöffnet. **Preise:** 5 €, Führung bis 25 Pers 30 €; Kinder unter 6 Jahre Eintritt frei, Kinder 7 – 14 Jahre 2 €; Familie 2 (Erw und Kinder) 12,50 €, gilt auch für Großeltern, Begleitperson von Rollstuhlfahrer freier Eintritt. **Infos:** Führung und museumspädagogische Angebote telefonisch anmelden. Mit Rollstuhl und Kinderwagen die ausgeschilderten Rundwege benutzen, andere Wege sind ungeeignet, barrierefreies WC.

▶ In der Nähe des Bad Sobernheim liegt im idyllischen *Nachtigallental* das Rheinland-Pfälzische Freilichtmuseum. Es zeigt wie die Menschen auf dem Lande während der vergangenen fünf Jahrhunderte gelebt, gewohnt und gearbeitet haben. Hierzu sind vier verschiedene Museumsdörfer mit ungefähr 40 historischen Gebäuden entstanden. Diese wurde vor Ort Stein für Stein ab- und im Freilichtmuseum wieder aufgebaut.

Ende Sep gibt es jedes Jahr ein Museumsfest mit Bauern- und Handwerkermarkt und Unterhaltung für Kinder.

Womit haben die Kinder früher gespielt? Hier seht ihr es

© pmv, Eberhard Schmitt-Burk

Dieses wunderbare Museum, in dem Hühner gackern, Heu duftet, Obstbäume blühen, Wein und Getreide reift, lernt ihr am besten mittels einer gut 2 km langen Rundwanderung kennen. Ihr geht zuerst auf der Südseite via Mosel-Eifel-Dorf, Waldlehrpfad, Pfalz-Rheinhessen-Dorf entlang. Danach führt die Route zum dörflichen **Museums-Restaurant** mit Schankgarten im am Bach gelegenen Mittelrhein-Westerwalddorf hinunter. Nach gemütlicher Rast begebt ihr euch auf die Nordseite zum Hunsrück-Nahedorf hinauf. Anschließend kehrt ihr wieder ins Tal und zum Eingangsgebäude zurück. Der Rundgang bietet nicht nur viel Dorfarchitektur, sondern auch zahlreiche Einblicke in die Landwirtschaft vergangener Zeiten und das ehemalige Dorfleben und Dorfhandwerk. Es gibt ein Informationsblatt mit Übersichtskarte. Vergesst auch den Besuch des kleinen Museumsladens nicht.

Edelsteinarten der Welt

Deutsches Edelsteinmuseum Idar-Oberstein, Hauptstraße 118, 55743 Idar-Oberstein-Idar. ✆ 06781/900980, Fax 944266. www.edelsteinmuseum.de. info@edelsteinmuseum.de. **Bahn/Bus:** Von Bhf Idar-Oberstein Bus 301 Richtung Idar bis Diamant- und Edelsteinbörse. **Rad:** Abfahrt vom Nahe-Radweg in Oberstein und Aufstieg nach Idar. **Zeiten:** Mai – Okt 9.30 – 17.30, Nov – April 10 – 17 Uhr, im Januar letzten beiden Wochen geschlossen. **Preise:** 6 €, Gruppen ab 10 Pers 4 €; Kinder bis 14 Jahre 3 €, Schüler und Jugendliche ab 15 Jahre 4 €; Familienkarte 12 €, Führungen auf Anfrage.

▶ Klar, dass das Deutsche Edelsteinmuseum nach Idar-Oberstein gehört. Nirgendwo im Lande hat man soviel damit zu tun. Über Jahrhunderte wurde hier Achat abgebaut und geschliffen. Später wurde auch Schmuck produziert. Immer noch gehört das Städtchen an der Nahe zu den wichtigsten Handelsplätzen für Edelsteine in der Welt (Ortsteil Idar) und es wird

☀ Wenn ihr Lust auf mehr habt, schaut euch die ehemalige **Schmuckfabrik Jakob Bengel,** www.jakob-bengel.de, an und geht mal durch die Edelstein Erlebniswelt, www.edelstein-erlebniswelt.de, ein wahres Leuchtfeuer von Mineralien und Edelsteinen.

auch noch Schmuck hergestellt (Ortsteil Oberstein).

Das Edelsteinmuseum ist standesgemäß in einer repräsentativen Gründerzeitvilla untergebracht. Es ist im wahrsten Sinne des Wortes hochkarätig, denn hier sind fast alle Edelsteinarten der Welt versammelt.

© pmv, Eberhard Schmitt-Burk

Viele Farben Grün: Ein Malachit ist ein typisches Sekundärmineral, also eigentlich ein Abfallprodukt von Kupferlagerstätten

Im Erdgeschoss werden fast alle im Laufe der letzten 500 Jahre im Raum Idar-Oberstein gefundenen Steinarten gezeigt, da kommt man mächtig ins Staunen. Im ersten Obergeschoss trefft ihr auf ein wahres Feuerwerk von Formen und Funkeln und Glitzern, denn hier sind die schönsten Exemplare von Edelsteinen, die Diamanten, Rubine, Smaragde, Saphire, Aquamarine etc. zu sehen. Im zweiten Obergeschoss werden Gravuren, Gefäßschnitte und die Verwendung von Edelsteinen zu technischen Zwecken gezeigt. Auch das ist interessant.

Fantastische Mineralien

Deutsches Mineralienmuseum Idar-Oberstein –

Mineralien, Edelsteine, Schmuck, Hauptstaße 436, 55743 Idar-Oberstein-Oberstein. ✆ 06781/24619, Fax 28303. www.deutsches-mineralienmuseum.de. info@deutsches-mineralienmuseum.de. **Lage:** Altstadt von Oberstein im Nahetal. **Rad:** Nahe-Radweg. **Zeiten:** März – Okt 9 – 17.30, aber in den Oster-, Sommer- und Herbstferien bis 19 Uhr, Nov – Mitte Feb 11 – 16.30 Uhr. **Preise:** 4,70 €; Kinder 6 – 14 Jahre 2,50 €, Familien (2 Erw mit eigenen Kindern) 12 €; Ermäßigung für Schüler, Studenten, Gruppen ab 10 Pers.

▶ Das wird ein fantastischer Einstieg in eine exotische Szene, riesige bunte Mineralien und Bergkris-

Von hier könnt ihr auf den steilen Berg über der Altstadt von Oberstein mit der Felsenkirche, der Bosselburg und dem Schloss steigen. Die Aussicht ist schön. Die Nahe werdet ihr freilich nicht sehen. Die wurde vor Jahren von der Fahrbahn der B84 einfach zugedeckt, trotz erheblichen Protests.

© pmv, Rainer Seil

Die sind echt: Diese Mineralien kommen aus der Tiefe der Erde

talle aus aller Welt, vor allem aber aus Brasilien. Das allein macht den Besuch schon zu einem großen Erlebnis. Aber es gibt noch viel mehr, z.B. eine alte Edelsteinschleiferei, für die sich noch ein großes Mühlrad dreht. Und dann sind da auch noch die zu vielerlei Formen geschliffenen Diamanten, darunter Kopien der berühmtesten Diamanten der Welt, viele Ringe und sonstiger Schmuck. Wer nicht an einer Führung teilnimmt, sollte zumindest den Plan des über drei Geschosse verteilten Museums für 0,50 € erwerben.

Märkte & Feste

Ritterspiele am Fuß der Ebernburg

Mittelalterlicher Markt, Verkehrsverein Rheingrafenstein e.V., Am Fuß der Ebernburg, 55583 Bad Münster am Stein-Ebernburg. ✆ 06708/641780, www.bad-muenster-ebernburg.de. **Zeiten:** 3. Wochenende im Sep. **Preise:** Markt Tageskarte 7 €; Kinder unter 1,38 m frei, Kinder bis 14 Jahre Tageskarte 2 €; Günstige Familienkarte oder Kombikarte für Markt und Ritterturnier. **Infos:** Weitere Preise im Internet, wenn ihr euch verkleidet bezahlt ihr weniger.

▶ Der **Mittelalter-Markt** mit Ritterturnieren zu Füßen der Ebernburg mit dem mächtigen Rotenfels im Hintergrund ist nicht nur für Kinder voller Geheimnisse und spektakulärer Ereignisse. Gaukler und Spielleute treiben allerlei Späße, Märchenerzähler und Puppenspieler erzählen, Wahrsager lesen aus der Hand, Schmiede arbeiten an der Glut, Korbflechter fügen

Weidenstäbe ineinander, Spinnfrauen raffen die Fäden. Da kommt ihr aus dem Staunen und Gaffen nicht mehr heraus!

Samstag- und Sonntagnachmittag geleiten Trommeln und Fanfaren Ritter und ihren Tross zur **Turnierwiese**. Kurz bevor die Großen ihr Ritterturnier haben, dürft ihr ran. Die *Generalfabulix,* eine Frau mit besonderer Stellung, eröffnet das Ritterturnier für euch Kinder. Ihr dürft mit Schaumstoffschwertern gegen die richtigen Ritter kämpfen und ihnen zeigen, wie kräftig ihr seid.

Im **Zeltlager** an der Nahe geht es munter zu beim Bogenschießen und Axtwerfen für alle. Nicht minder aufregend sind die feurigen **Fackelzüge** am Freitag- und Samstagabend. Ach ja, fast hätte ich es vergessen: Kinder können zwei Tage lang im »Ritterlager für kleine Edelleute« und in der Schwertschule ausgelassen herumtoben.

 Riesenfest, circa 30.000 Besucher, über 100 Stände auf dem Mittelaltermarkt, über 300 Grafen, Ritter, Burgfräulein und andere Personen in mittelalterlichen Kleidern.

Girls Day: Beim Mittelaltermarkt arbeitet eine Schmiedin am offenen Feuer

FESTKALENDER

April: Ostersonntag, Bad Münster am Stein-Ebernburg: große **Osterwiese** im Kurpark, Kinderfest mit Osterhase, Kleintierzoo, Kindersänger.

Juni: 3. So: **Nahe Hit – Rad'l mit,** festliches Treiben auf dem gesamten Nahe-Radweg ab 10 Uhr.

4. Wochenende, Bad Sobernheim: **Johanniskirmes.**

Letzter Fr – Di, Idar-Oberstein: **Spießbratenfest,** großes Volksfest.

Juli: 1. Wochenende, Flonheim: **Jahrmarkt.**

3. Wochenende, Windesheim: **Weinfest** auf dem Weinlehrpfad.

August: 1. So, Bad Münster am Stein-Ebernburg: **Oldtimertreffen** auf der Rheinpromenade.

1. Wochenende, Guldental: **Kerb,** auf dem Festplatz.

1. Wochenende, Kirn: **Kirner Kerb.**

3. Wochenende, Bad Kreuznach: Großer **Jahrmarkt** auf der Pfingstwiese, Riesenprogramm, größtes Fest in der Rhein-Nahe-Region, wahnsinniger Andrang.

Letzter So, Langenlonsheim: **Rad-Erlebnis-Tag von Tal zu Tal,** mehr Informationen unter www.verbandsgemeinde-langenlonsheim.de.

Letzter Fr – Di, Sprendlingen: **Jahrmarkt** mit Fest.

September: 1. Wochenende, Bad Sobernheim: **Innenstadtfest,** rund um den Marktplatz.

2. Wochenende, Bad Kreuznach: **Fischerstechen,** großes Volksfest an der Nahe.

3. Wochenende, Bad Münster am Stein-Ebernburg: **Mittelaltermarkt** mit Ritterturnier.

4. So, Bad Sobernheim: Buntes **Museumsfest** im Freilichtmuseum.

Letzte Woche, Langenlonsheim: **Kirmes.**

Dezember: 2 1/2 Wochen bis zum 23.: Bad Kreuznach, **Weihnachtsmarkt,** täglich ab 11 Uhr.

Alle Adventswochenenden, Bad Münster am Stein: romantischer **Weihnachtsmarkt** im Kurpark.

1. Advent, Fürfeld: **Weihnachtsmarkt.**

INFO & FERIENADRESSEN

Wer eine Unterkunft sucht, sich aktuell über örtliche Veranstaltungen informieren oder mehr über die Region erfahren will, schaut am besten beim Fremdenverkehrsamt oder Verkehrsbüro des betreffenden Ortes vorbei.
Bücher und Karten findet ihr in eurer Buchhandlung. Beachtet dazu die Literatur- und Kartentipps in den Randspalten dieses Buches!

Mainz

Touristik Service Center, Im Brückenturm am Rathaus, 55116 Mainz. ✆ 06131/286210, Fax 2862155. www.touristik-mainz.de. tourist@mainzplus.com. **Bahn/Bus:** Der Hbf Mainz besitzt gute Verbindungen im Nah- und Fernverkehr. **Rad:** Rhein-Radweg, Main-Radweg. **Zeiten:** Mo – Fr 9 – 18, Sa 10 – 16, So 11 – 15 Uhr.

Inselrhein bis Bingen

Tourist-Information Ingelheim, Neuer Markt 1, 55218 Ingelheim am Rhein. ✆ 06132/782-216, Fax 782-134. www.ingelheim.de. touristinformation@ingelheim.de. **Bahn/Bus:** RB, RE auf den Bahnstrecken Frankfurt – Mainz – Saarbrücken und Mainz – Bingen – Koblenz. **Rad:** Verbindung zum Rhein-Radweg. **Zeiten:** Mo – Mi 8.30 – 17, Do 8.30 – 18, Fr 8.30 – 15.30 Uhr.

Tourist-Information Bingen, Rheinkai 21, 55411 Bingen. ✆ 06721/184200, 184205, Fax 184214. www.bingen.de. tourist-information@bingen.de. **Bahn/Bus:** MRB, RB, IC auf der Bahnstrecke Mainz – Koblenz, RB, RE auf den Strecken Bingen – Kaiserslautern und Bingen – Idar-Oberstein, 2 Bahnhöfe: Bingen Stadt und Bingen Hbf (Bingerbrück). **Rad:** Rhein-Radweg, Nahe-Radweg. **Zeiten:** April – Okt Mo – Fr 9 – 18, Sa 9 – 17, So (ab Anfang Mai) 10 – 13 Uhr, Nov – März Mo 9 – 18, Di – Do 9 – 16, Fr 9 – 13 Uhr.
▶ Reichhaltiges Angebot an Infos und Karten. Bedenkt bei der Anfahrt, dass es zwei Bahnhöfe gibt: Bingen Hbf und Bingen Stadt.

WISSEN IST MACHT …

@ Unter www.Peter-MeyerVerlag.de kommt ihr auch in den pmv-Datenshop (www.gps-tourenplaner.de), wo ihr Rad- und Wandertouren mit und ohne GPS findet.

Der Traumberuf wechselt noch jeden Tag: Heute wünscht sie sich, Feuerwehrmann zu werden

INFO & FERIENADRESSEN

Die wichtigsten Internetportale der Region:

www.rheinhessen-info.de: Seite der zentralen Touristen-Information; Feste, Übernachten, Sehenswertes

www.rlp-info.de: offizielle Seite der Rheinland-Pfalz Tourismus GmbH mit allen Regionen des Landes, Veranstaltungen, Kultur

www.bund.net.de

www.jugend-in-mainz.de

www.jugend-in-worms.de

www.kreis-alzey-worms.de

www.lebendiger-rhein.de

www.mainz.de

www.mainz-bingen.de

www.nabu.de

www.nabu-rheinhes-sen.de

www.naturfreunde.de

www.naturfreundeju-gend-rlp.de

www.rheinhessische-schweiz.de

www.suedl-wonne-gau.de

www.worms.de

www.bahn.de

Rhein-Nahe-Touristik Bacharach, Oberstraße 10, 55422 Bacharach. ℂ 06743/919303, Fax 919304. www.rhein-nahe-touristik.de. info@rhein-nahe-touristik.de. **Bahn/Bus:** Haltestelle des Mittelrhein-Express Mainz – Bingen – Koblenz. **Rad:** Rhein-Radweg. **Zeiten:** April – Okt Mo – Fr 9 – 17, Sa 10 – 15, So, Fei 10 – 15 Uhr, Nov – März Mo – Fr 9 – 13 Uhr.

Rheinaue bis Worms

Oppenheim Tourismus GmbH, Merianstraße 2a, 55276 Oppenheim. ℂ 06133/4909-14, 4909-19, Fax 4909-29. www.stadt-oppenheim.de. info@stadt-oppenheim.de. **Bahn/Bus:** RB Bahnstrecke Mainz – Worms – Ludwigshafen – Mannheim. **Rad:** Abzweigung vom Rhein-Radweg. **Zeiten:** Mitte April – Mitte Okt Mo – Fr 10 – 17, Sa, So 11 – 17 Uhr, Mitte Okt – Mitte April Mo – Fr 10 – 17, Sa 11 – 14, So 11 – 16 Uhr.

▶ Höhepunkt in Oppenheim sind die Führungen durch die unterirdische Stadt, das große Kellerlabyrinth. Die Tourist-Information bietet zwei Rundgänge an: Kellerlabyrinth I (60 Min, Erw 7,50 €, Kinder 5 – 16 Jahre 4 €, für Kinder besser) und Kellerlabyrinth II (spannender, 45 Min, Preise wie I).

Tourist Information Worms, Neumarkt 14, 67547 Worms. ℂ 06241/8537306, Fax 8537399. www.touristinfo-worms.de. touristinfo@worms.de. **Lage:** Im Zentrum, nicht weit vom Dom. **Zeiten:** April – Okt Mo – Fr 9 – 18, Sa, So, Fei 10 – 14 Uhr, Nov – März Mo – Fr 9 – 17 Uhr.

▶ Einer der größten Informationen zwischen Mainz und Ludwigshafen.

Rheinhessisches Hügelland

Tourist-Information Alzey und Alzeyer Land, Antoniterstraße 41 (im Museum), 55232 Alzey. ℂ 06731/499364, Fax 990885. www.alzey.de, www.alzeyer-land.de. touristinfo@alzey.de. **Bahn/Bus:** RB, RE von Mainz, Bingen und Worms. **Zeiten:** April – Okt Mo – Fr

10 – 12.30, 13.30 – 17, Sa 10 – 12.30 Uhr, Nov – März Mo – Fr 10 – 12.30, 13.30 – 17 Uhr.

Verkehrsverein der Verbandsgemeinde Wörrstadt, Zum Römergrund 2 – 6, 55286 Wörrstadt. ☎ 06732/601203, www.vgwoerrstadt.de. info@herzliches-rhein-hessen.de. **Lage:** Gegenüber der Verbandsgemeinde. **Bahn/Bus:** RB-Bahnlinie Mainz – Alzey. **Zeiten:** Mo, Di 7 – 12, Do 8.30 – 12, 14 – 19, Fr 8.30 – 12 Uhr.

Rheinhessische Schweiz
Zweckverband Erholungsgebiet Rheinhessische Schweiz, Bahnhofstraße 10, 55597 Wöllstein. ☎ 06703/302-0, Fax 302-14. www.woellstein.de, www.rheinhessische-schweiz.org. **Bahn/Bus:** Vom Bahnhof Gau-Bickelheim, 4 km, Busverbindung. **Rad:** Vom Bahnhof Gau-Bickelheim an der RB-Bahnverbindung Mainz – Alzey Radwegverbindung. **Zeiten:** Mo – Fr 8 – 12, Do zusätzlich 14 – 18 Uhr.

An der Nahe
Tourist-Information Bad Kreuznach, Kurhausstraße 22 – 24, im Haus des Gastes, 55543 Bad Kreuznach. ☎ 0671/8360050, 8360051, Fax 8360085. www.bad-kreuznach-tourist.de. info@bad-kreuznach-tourist.de. **Bahn/Bus:** RB, RE mit Idar-Oberstein/Saarbrücken, Mainz/Frankfurt, Kaiserslautern und Bingen. **Auto:** Parken im Parkhaus Ecke Salinenstraße (B48/Badeallee), per Badeallee zur Tourist-Information 5 Gehminuten. **Rad:** Nahe-Radweg. **Zeiten:** April – Okt Mo – Fr 9 – 17, Sa 10 – 16, So 11 – 16, Nov – März Mo – Fr 9 – 16, Sa 10 – 14 Uhr.

▶ Für schöne Wanderungen gibt es in der Tourist-Info von Karina Schnell die Broschüre *Sag mir, wo die Blumen sind … Naturkundliche Wanderbegleitungen über das Rheingrafen-Plateau bei Bad Kreuznach.*

Kur- und Touristikinformation Bad Sobernheim, Bahnhofstraße 4, 55566 Bad Sobernheim. ☎ 06751/

81241, Fax 81240. www.bad-sobernheim.de. **Bahn/ Bus:** RB, RE an der Bahnstrecke Frankfurt – Mainz – Bad Kreuznach – Idar-Oberstein – Saarbrücken. **Rad:** Nahe-Radweg. **Zeiten:** 15. April – 15. Okt Mo – Fr 9 – 17, Sa, Fei 9.30 – 12.30 Uhr, 16. Okt – 14. März Mo – Fr 9 – 12, 13.30 – 16 Uhr.

Tourist-Info Bad Münster am Stein-Ebernburg, Berliner Straße 60, 55583 Bad Münster am Stein-Ebernburg. ✆ 06708/641780, www.bad-muenster-am-stein.de. info@bad-muenster-am-stein.de. **Lage:** Gegenüber des Hotels Krone. **Bahn/Bus:** RB, RE Frankfurt – Mainz – Bad Kreuznach – Idar-Oberstein – Saarbrücken und Bingen – Bad Kreuznach – Kaiserslautern. **Auto:** B48. **Zeiten:** Mo – Fr 9 – 17, Sa 10 – 13 Uhr.

 Wer viel Zeit hat, könnte den Abstecher nach **Bundenbach** in den Hunsrückbergen unternehmen. Dort gibt es ein Schiefer-Besucherbergwerk mit Fossilienmuseum, die eindrucksvolle Burgruine Schmidtburg, die geheimnisvolle Keltensiedlung Altburg und den spannenden Wassererlebnispfad im Hahnenbachtal.

Infos zum ganzen Naheland
Naheland-Touristik GmbH, Bahnhofstraße 37, 55606 Kirn. ✆ 06752/137610, Fax 137620. www.naheland.net. info@naheland.net. **Bahn/Bus:** RB, RE an der Bahnstrecke Frankfurt – Mainz – Bad Kreuznach – Idar-Oberstein – Saarbrücken. **Rad:** Nahe-Radweg. **Zeiten:** Mo – Fr 8 – 17 Uhr.

▶ Hier gibt es Informationen, die den gesamten Naheraum abdecken. In **Kirn** lohnt sich ein Bummel durch die hübsche Altstadt. Anstrengender ist es natürlich zur Ruine der Kirburg aufzusteigen, lohnt sich aber wegen der Aussicht auf die Stadt im Nahetal. Dort könnt ihr einkehren.

Tourist-Information Stadt Idar-Oberstein, Hauptstraße 419, 55743 Idar-Oberstein. ✆ 06781/64-871, Fax 64-878. www.idar-oberstein.de. info@info-idar-oberstein.de. **Bahn/Bus:** Bhf Strecke Mainz-Saarbrücken, RB, RE. **Auto:** A61 Ausfahrt Bad Kreuznach, A62 Ausfahrt Birkenfeld, B41. **Rad:** Nahe-Radweg. **Zeiten:** Mitte März – Okt Mo – Fr 9 – 18, Sa, So, Fei u. die 4 Adventssamstage 10 – 15 Uhr, Nov – Mitte März Mo – Fr 9 – 17 Uhr.

Mit Bahn & Bus

Mainz

MVG Mainzer Verkehrsgesellschaft mbH, RMV-Mobilitäts-Beratung im Verkehrs Center Mainz, Bahnhofplatz 6A, 55116 Mainz. ✆ 06131/127777. www.mvg-mainz.de. verkehrscenter@mvg-mainz.de.
Zeiten: Mo – Fr 7 – 19, Sa 9 – 14 Uhr. **Preise:** 2,60 €, Tageskarte 6,10 €; Kinder 6 – 14 Jahre 1,55 €, Tageskarte 3,60 €; Tageskarte für Gruppen bis zu 5 Pers 9,10 €. **Infos:** Tageskarte gültig von Betriebsbeginn bis 4 Uhr des Folgetages für beliebig viele Fahrten.

▶ Der Mainzer ÖPNV ist Teil des Rhein-Main-Verkehrsverbundes (RMV) Richtung Frankfurt sowie des Rhein-Nahe-Nahverkehrsverbundes (RNN) Richtung Rheinhessen. Mit Wiesbaden zusammen bildet die Mainzer Verkehrsgesellschaft (MVG) den Verkehrsverbund Mainz-Wiesbaden. Vorteil dieser Zusammenschlüsse ist unter anderem, dass ein Ticket der Mainzer Bus- und Straßenbahnlinien innerhalb des Liniennetzes Mainz-Wiesbaden auch für die S-Bahn des RMV sowie für die Busse und Bahnen des RNN gilt, interessant beispielsweise für die Stationen Mainz-Römisches Theater, -Nord und -Laubenheim oder für eine Fahrt nach Wiesbaden. Die Fahrradmitnahme ist in den Mainzer Bussen und Straßenbahnen grundsätzlich möglich, jedoch kann der Fahrer die Mitnahme verweigern, wenn es zu voll wird.

 RLP-Ticket: Gültig Mo – Fr 9 – 3 Uhr des Folgetages (auf MVG- und ESWE-Linien bis 4 Uhr), Sa, So und Fei ganztägig bis 3 Uhr des Folgetages (auf MVG- und ESWE-Linien bis 4 Uhr) für beliebig viele Fahrten. 2 Pers 26 €, 3 Pers 30 €, 4 Pers 34 € und 5 Pers 38 €.

Verkehr in Rheinhessen

Bahn: Drei lange Strecken erschließen einen recht großen Teil von Rheinhessen: die Rheinlinie Bingen – Ingelheim – Mainz – Oppenheim – Worms (häufig befahren, schnelle und langsame Züge), die Nordwest-Südost-Diagonale Bingen – Alzey – Worms und die Verbindung von Mainz ins Zentrum des rheinhessischen Hügellandes, die Linie Mainz – Armsheim – Alzey (im Stundentakt, weiter Richtung Grünstadt/Pfalz).

Bus: Die Leerräume zwischen den Bahnlinien werden durch ein ziemlich enges Busnetz ausgefüllt, wobei die einzelnen Strecken unterschiedlich häufig bedient werden. Zu den Strecken mit guten Verbindungen gehören die RegioLinien Alzey – Undenheim – Mommenheim – Mainz, Sprendlingen – Stadecken – Ober-Olm – Mainz und Nieder-Olm – Stadecken – Schwabenheim – Großwinternheim – Ingelheim.

Fahrplan: Der Rhein-Nahe-Nahverkehrsverbund RNN umfasst die Bahnen und Busse in den rheinhessischen Landkreisen Alzey-Worms und Mainz-Bingen sowie die Nahekreise Bad Kreuznach und Birkenfeld. Die Zentrale befindet sich in der Bahnhofstraße 2, 55218 Ingelheim, Fahrplan- und Tarifauskunft ✆ 01801/766766 (zum Ortstarif), Fax 06132/789629. Für Rheinhessen gibt es Fahrplanbücher für Alzey/Oppenheim, Ingelheim/Nieder-Olm, Bingen/Bacharach, Bad Kreuznach/Kirn und Idar-Oberstein/Birkenfeld. **Tarife** ↗ Nahe.

Wer als Schüler oder Auszubildender eine RNN-Jahreskarte Ausbildung für eine feste Strecke hat, kann sich FRITZ holen. FRITZ ist eine Anschlusskarte, die euch erlaubt Mo – Fr ab 9 Uhr sowie am Wochenende ganztägig im ganzen RNN-Gebiet, also in Mainz, Wiesbaden und Worms frei zu fahren. Für 9,50 € im Monat oder 65 € im Jahr.

Verkehr an der unteren Nahe

Bahn: Durch den in diesem Buch beschriebenen Abschnitt des Nahetals verkehren ein Regionalexpress (RE) sowie mehrere Regionalbahnen (RB), und zwar der RE Frankfurt – Mainz – Bad Kreuznach – Saarbrücken sowie die RB Mainz – Bad Kreuznach – Türkismühle und Bingen – Bad Kreuznach – Kaiserslautern. Die Regionalexpresse halten nur in Bad Kreuznach, Bad Münster am Stein-Ebernburg und Bad Sobernheim. Alle Züge nehmen Fahrräder mit. Mo – Fr ab 9 Uhr und an Wochenenden ganztägig ist ihr Transport kostenlos. Zu den anderen Zeiten ist ein Zuschlag zum halben Kinderpreis fällig.

Bus: Die Bahn lässt sehr große Lücken, die nur unzulänglich durch den Busverkehr gefüllt werden. Ausflüge, die Busfahrten einschließen, müssen deshalb sehr sorgfältig geplant werden.

Fahrpläne: Der Kreis Bad Kreuznach gehört wie die rheinhessischen Kreise Mainz-Bingen und Alzey-Worms dem Rhein-Nahe-Nahverkehrsverbund RNN an. Für ihn gibt es den Verbundfahrplan Teilausgabe Nahe. Dazu gibt es eine Karte, die das gesamte Bahn- und Busnetz abbildet.

Günstige Tarife: Preiswert ist die RNN-Tageskarte. Sie gilt jeden Tag von Betriebsbeginn bis um 3 Uhr des Folgetages. Der Inhaber der Gruppen-Tageskarte darf noch bis zu 4 Personen mitnehmen. Der Tarif liegt je nach Preisstufe zwischen 7,50 und 24 €.

Fähren bei Mainz und Bingen

Auto- und Personenfähre Ginsheim

Fähre Johanna, 65462 Ginsheim-Gustavsburg. ✆ 06144/2346, Handy 0151/15369269. www.hofgut-nonnenau.de. info@hofgut-nonnenau.de. **Zeiten:** April – Sep Di – Fr 10, 11 und 12 Uhr, nachmittags 14 – 19 Uhr halbstündlich, Sa, So, Fei 10 – 12, 13 – 19 Uhr halbstündlich; Winterfahrplan Okt – März Di – Fr 11, 14, 16 Uhr, Sa, So und Fei 11.30 – 12, 14, 16 Uhr. **Preise:** 1 €; Kinder 6 – 13 Jahre 0,50 €, Fahrrad 1 €.
▶ Die Fähre überquert den Ginsheimer Altrheinarm.

Fähren Bingen – Rüdesheim

Bingen-Rüdesheimer Fähr- und Schifffahrtsgesellschaft eG, Fahrgastschifffahrt Mittelrhein, Rheinkai 10, 55411 Bingen. ✆ 06721/14140, 06722/2972 (Agentur Rüdesheim), Fax 17398. www.bingen-ruedesheimer.de. info@bingen-ruedesheimer.de. **Lage:** Anlegestelle im Ort. **Zeiten:** Loreley- und Burgenfahrten Ende März – Anfang Nov. Personenfähre: ganzjährig ab Bingen 7 – 21, ab Rüdesheim ab 7.30 – 21.30 Uhr, Nov – April erheblich weniger Fahrten. Autofähre: ganzjährig ab Bingen 5.45 – 21.45 (im Sommer bis 0.10 Uhr), ab Rüdesheim 6 – 22 Uhr (im Sommer bis 24 Uhr). Ge-

 Burgenrundfahrt: Rüdesheim – Bingen – Assmannshausen – Burg Rheinstein – Burg Reichenstein/Trechtingshausen und zurück, Hinweg 40 Min, hin und zurück 1,45 Std.

Loreleyfahrt: Rüdesheim – Bingen, Assmannshausen – Trechtingshausen – Lorch – Bacharach – Kaub – Oberwesel – St. Goarshausen – St. Goar, 1,45 Std.

Der Pfadfinder: Der Radroutenplaner Hessen

Interaktiv und individuell könnt ihr mit dem **ivm-Radroutenplaner** im Internet eure Wege mit dem Fahrrad planen, egal ob zur Schule, ins Büro oder ins Grüne. Auch mehrtägige Touren und MTB-Strecken könnt ihr hier abrufen. Letztere werden von pmv-Autor Alexander Kraft entwickelt, getestet und aufgezeichnet. www.radroutenplaner. hessen.de.
Die GPS-Daten zu den MTB- sowie verschiedenen anderen Touren findet ihr im **pmv-Datenshop** unter www.gps-tourenplaner.de.

naue Fahrpläne telefonisch und im Internet. **Preise:** Zwischen 2,50 € (Burgenfahrt Rüdesheim – Bingen einfach) und 16,50 € (Loreleyfahrt Rüdesheim – St. Goarshausen/St. Goar und zurück); Kinder 4 – 13 Jahre (in Begleitung ihrer Eltern) bei der Burgen- und Loreleyfahrt 5 €; Freifahrten für Geburtstagskinder und Hochzeitspaare, erhebliche Ermäßigungen für Gruppen. **Infos:** Anlegestellen in Rüdesheim (Adlerturm, ✆ 06722/2972), Assmannshausen, Lorch, Trechtingshausen, Bacharach, Kaub, Oberwesel, St. Goarshausen und St. Goar.
▶ Hier dürfen auch Radler, Skater und Fußgänger mit. Auf der Binger Seite legt sie am östlichen Ortsende unterhalb des Rochusberges an. Linienverkehr auf der Strecke Bingen/Rüdesheim – St. Goar/St. Goarshausen. Burgenfahrten von Rüdesheim, Assmannshausen und Bingen bis zu den Burgen Rheinstein und Reichenstein bei Trechtingshausen.

Um die Mariannen Aue

Charterliner GmbH, Hauptstraße 138, 65375 Oestrich-Winkel. ✆ 06723/4437, Fax 913733. Handy 0171/6205069. www.charterliner.de. info@charterliner.de. **Zeiten:** Ostersonntag – Ende Sep Rundfahrten vom Ableger Winkel (12 Uhr), Ingelheim (12.15, 14.15, 16.15 Uhr), Oestrich am alten Kran (12.25, 14.25, 16.25), Hattenheim am Campingplatz (12.45, 14.45), Erbach (13, 15), Eltville an der Burg (13.30, 15.30) und Heidenfahrt (13.45, 15.45). **Preise:** Rundfahrten 10 €; Rundfahrten Kinder 4 – 14 Jahre 5 €.
▶ Von Ostersonntag bis einschließlich September fahren die beiden Fahrgastschiffe FMS »Robert Stolz« und FMS »Willy Schneider« jeden Sonntag rund um die vor Erbach und Hattenheim gelegene Naturschutzinsel Mariannen Aue. Darüber hinaus sind Sonderfahrten möglich, z.B. zum Rosenmontagszug nach Mainz, rund ums Binger Loch bei »Rhein im Feuerzauber«, nach Koblenz bei »Rhein in Flammen«, zur »Nacht der 1000 Feuer« in Oberwesel oder nach St.Goar/St. Goarshausen bei »Rhein in Flammen«.

Auto- und Personenfähre Ingelheim — Oestrich-Winkel

Rheinfähre Maul GmbH, Michael Maul, Hildegard-von-Bingen-Straße 55, 55128 Mainz. ℰ 06131/326916, www.rheinfaehre.de. maul@rheinfaehre.de. **Zeiten:** Ganzjährig halbstündlich, ab Oestrich-Winkel Mo – Fr 6 – 22 (April – Sep bis 22, im Winter nur bis 21 Uhr), Sa ab 7, So und Fei ab 8 Uhr; ab Ingelheim jeweils 10 – 15 Min später. **Preise:** Einzelfahrt: Pkw 4 €, Beifahrer 1,30 €, Fußgänger 1,80 €, Kind 0,80 €, Fahrrad mit Fahrer 2,30 €.

Personen- und Fahrradfähre Budenheim — Walluf

Personenschifffahrt Nikolay, Fährhaus am Rhein, 55257 Budenheim. ℰ 06139/2990, 378, Fax 2339. www.schiffahrt-nikolay.de. **Zeiten:** Im Sommer an So und Fei 10 – 19 Uhr Pendelverkehr. **Preise:** 2 €; Kinder bis 10 Jahre 1 €, Fahrrad 1 €, Hund 0,50 €.

▶ Im Juli und August unternimmt die Gesellschaft donnerstags Tagesausflüge von Schierstein und Walluf (über Budenheim, Eltville, Heidenfahrt und Ingelheim) nach Bacharach – eine schöne Kombination von Insel- und Mittelrhein. Jeden Dienstag im August gibt es eine Altrheinfahrt von Budenheim über Walluf, Schierstein, Mainz (Fischtor) und Nackenheim bis zum Kühlkopf. In der Adventszeit geht es sonntags von Schierstein (über Walluf, Budenheim, Heidenfahrt und Ingelheim) zum Rüdesheimer Weihnachtsmarkt.

Fähren zwischen Rheinhessen und dem Hessischen Ried

Auto- und Personenfähre **Nierstein – Kornsand,** ganzjährig;

Personen- und Radfähre **Guntersblum – Kühkopf,** in der Saison;

Auto- und Personenfähre **Eich – Gernsheim,** ganzjährig.

INFO & FERIENADRESSEN

Auto- und Personenfähre Nierstein – Trebur-Kornsand

Rheinfähre Landskrone GmbH, Am Fahrt 1, 55283 Nierstein. ℰ 06133/5195, Fax 60629. www.faehre-nierstein.de. info@faehre-nierstein.de. **Zeiten:** ganzjährig, von Nierstein 6 – 21.30, Mitte Okt – Mitte März nur bis 21 Uhr, So nur 7 – 21 Uhr; von Kornsand 6.15 – 21.45, Mitte Okt – Mitte März nur bis 20.45, So nur 7.15 – 20.45 Uhr. **Preise:** 1,20 €, mit Fahrrad 2,20 €, Pkw bis 2,8 t 3,30 €, 10er-Karte 9 €, Radfahrer 16 €, Pkw 25 €; Kinder 4 – 12 Jahre 0,80 €, 10er-Karte 6,40 €.

▶ Vor dieser Fähre stehen oft lange Autoschlangen. Am hessischen Ufer gibt es ein Gasthaus und den Imbiss **Rheinblick,** vor dem ihr auch im Freien sitzen und beim Würstchenbeißen oder Eisschlecken dem Treiben der Rheinschiffe zuschauen könnt.

Hunger & Durst
Biergarten Rheinblick, Am Steindamm 33, Trebur. ℰ 06147/8855. www.rheinblicktrebur.de. Mo – Fr ab 11, Sa, So ab 10 Uhr. Biker-Treff.

Auto- und Personenfähre Eich – Gernsheim

Gernsheimer Rheinfährbetrieb GmbH, Westhafen, 64560 Riedstadt. ℰ 06158/915777, Fax 1323. www.faehre-gernsheim.de. info@faehre-gernsheim.de. **Zeiten:** Ab Eich immer viertel vor und viertel nach Abfahrt Mo – Sa 5.25 – 21.45 Uhr, ab Gernsheim jede volle und halbe Stunde Abfahrt Mo – Sa 5.15 – 21.30 Uhr. **Preise:** 1,30 €, mit Fahrrad 2,30 €; Kinder unter 9 Jahre frei, Kinder ab 10 Jahre 1,30 €.

Mit der KD auf dem Rhein

Köln – Düsseldorfer Deutsche Rheinschifffahrt AG, Frankenwerft 35, 50667 Köln. ℰ 0221/2088-318, 2088-319 (Verkauf), Fax 2088-345. www.k-d.com. info@k-d.com. **Zeiten:** Ostern – Ende Okt, Hauptsaison Ende April – 3. Okt. Koblenz – Bingen dauert mit dem historischen Schaufelraddampfer 5,5 Std. **Preise:** je nach Entfernung und Schiffstyp, beispielweise Mainz – Bingen einfach 24,30 €, hin und zurück 26,70 €; Kinder

Die KD fährt auch auf der Mosel zwischen Koblenz und Cochem, Mai – Okt Fr – Mo, Ende Juni – Anfang Okt sogar täglich.

unter 4 Jahre kostenlos, 4 – 13 Jahre 6 € auf allen Linien- und Rundfahrten. Geburtstagskinder – gleich welchen Alters – und eine Begleitperson 50 % Ermäßigung; Familienkarte für 2 Erw und 2 Kinder bis 16 Jahre für 61 €, gilt den ganzen Tag für beliebige Hin- und Rückfahrt im ganzen Streckennetz. Mit der RheinCard der KD 50 % zu 34 € für ein Jahr; Gruppenermäßigung für 10 Erw 10 %, 20 Pers 15 %, 30 Pers 20 %, 40 Pers 25 %. Di und Do 2 Radler auf 1 Ticket. Senioren ab 60 Jahre 30 % auf alle Rundfahrten, Schüler/Studenten bis 27 Jahre 50 %, bei Bahnanreise gegen Vorlage des Tickets 20 %.

▶ Die KD ist die größte Personenschifffahrtslinie auf dem Mittelrhein. Nur sie fährt die gesamte Strecke von Mainz bis Köln und läuft auch fast alle Orte an. Zum umfangreichen Programm der Köln-Düsseldorfer gehören außer den Linienfahrten und zahlreichen Rundtouren und Sonderfahrten auch speziell für Familien und Kinder gedachte Touren, so das Piratenfest (Zauberer, Clown und Animation an Bord) und die Märchenfahrt »Schneeweißchen und Rosenrot«. Mittwoch ist Familientag, dann können pro Erwachsener bis zu drei Kinder umsonst fahren. Am besten beschafft ihr euch das ausführliche Programm.

Im April und Oktober werden die Strecken Rüdesheim – St. Goarshausen 1 x, Rüdesheim – Boppard 1 x, Rüdesheim – Koblenz 2 x und Mainz – St. Goarshausen 1 x täglich bedient; von Mai bis 3.10. werden die Strecken Rüdesheim – Koblenz 3 x, Mainz – Köln 1 x, Mainz – Boppard 1 x, Neuwied – Bonn 1 x (nur Juli, Aug) und Linz – Bonn 2 x täglich befahren.

Man wird nicht unbedingt ganze Strecken mit dem Schiff fahren, sondern einen kleinen Abschnitt mit einem interessanten Ausflugsziel auswählen wie Bingen – Bacharach, Bacharach – St. Goar oder Kaub – Boppard.

Infos und Buchungen an Anlegestellen in:
Mainz, ✆ 06131/ 232800;
Wiesbaden-Biebrich, ✆ 0611/600995;
Eltville, ✆ 06123/ 3052;
Rüdesheim, ✆ 06722/ 3808;
Bingen, ✆ 06721/ 14200;
Assmannshausen, ✆ 06722/2597;
Lorch, ✆ 06726/ 807511;
Bacharach, ✆ und Fax 06743/1322;
Kaub, ✆ und Fax 06774/278;
Oberwesel, ✆ 06744/ 229;
St. Goarshausen, ✆ 06771/407;
St. Goar, ✆ und Fax 06741/1634.

INFO & FERIENADRESSEN

FERIEN-ADRESSEN

Um hier übernachten zu können, sollte man Mitglied im DJH sein, wofür ein Jahresbeitrag von 12,50 € (Junioren bis 26 Jahre) oder 21 € (Familien und Personen ab 27 Jahre) fällig ist.

Jugendherbergen

▶ In Jugendherbergen schläft man in 4- bis 6-Bettzimmern, isst in Speisesälen und spielt mit vielen anderen Kindern. Seit einiger Zeit sind viele Jugendherbergen so modern, sodass Familienzimmer und Zweibettzimmer keine Seltenheit mehr sind. Fast alle bieten im Haus und dessen Umfeld gute Möglichkeiten zu Sport und Spiel. Viele organisieren Freizeitprogramme für Kinder, Familien, Freizeitgruppen und Schulklassen, aber nur nach vorheriger Anmeldung. Manche bieten in Zusammenarbeit mit den umliegenden Forstämtern Programme zu Umweltschutz und Naturerkundung an.

Trotz des Begriffs »Jugend«herberge können auch Opa und Oma hier übernachten.

Mainz

Rhein-Main-Jugendherberge, Jugendgästehaus Mainz, Marion und Joachim Löffler, Otto-Brunfels-Schneise 4, 55130 Mainz. ✆ 06131/85332, Fax 82422. www.diejugendherbergen.de. mainz@diejugendherbergen.de. **Lage:** Hoch über dem breiten Fluss, am Rand des ↗ Volkspark. **Bahn/Bus:** Vom Hbf Mainz Bus 62 und 63 oder vom Bhf Röm Theater zu Fuß bergauf. **Zeiten:** geschlossen 24. - 26. Dez. **Preise:** ÜF 21,50 €, HP 29 €, VP 32 €; bei Aufenthalt einer Familie sind Kinder bis 3 Jahre frei, Kinder 4 – 14 Jahre erhalten eine Ermäßigung von 50% auf den Gesamtpreis.

▶ Im Mainzer Volkspark gegenüber der Mainmündung, circa 15 Minuten Fußweg zur Innenstadt, vollständig modernisiert, 173 Betten, 1-, 2-, 4- und Mehr-Bettzimmer, alle mit Du/WC, Zimmer für Rollstuhlfahrer, 5 Tagesräume, Spielecke für Kinder, Cafeteria mit Außenterrasse, Tischtennis, Grillhütte, Ball- und Spielplätze, mehrere Planschbecken, Kletteroase, Spannseil mit Schwebereifen, Roll- bzw. Skaterplatz.

Inselrhein bis Bingen

Rhein-Nahe Jugendherberge, Christian Kupper, Herter-
straße 51, 55411 Bingen-Bingerbrück. ✆ 06721/
32163, Fax 34012. www.diejugendherbergen.de. bin-
gen@diejugendherbergen.de. **Lage:** Hoch über dem
Rhein, nahe am Bingerwald, nur knapp 2 km zur Waldgaststätte Forsthaus Heiligkreuz und zum Walderlebnispfad. **Bahn/Bus:** ↗ Bingen Hbf (Bingerbrück), knapp 10
Min Fußweg, steil bergauf. **Rad:** Abzweigung vom Rhein-
Radweg auf Höhe von Hbf Bingen und steiler Aufstieg
zur JH. **Preise:** ÜF 21,50 €, HP 29 €, VP bei Tagestou-
ren inkl. Lunchpaket 32 €; bei Aufenthalt einer Familie
sind Kinder bis 3 Jahre frei, Kinder 4 – 14 Jahre erhalten eine Ermäßigung von 50 % auf den Gesamtpreis.

▶ Hoch oben, Rheinblick. 121 Betten in 1-, 2-, 4- und
Mehr-Bettzimmern, alle Zimmer mit Du/WC. Es gibt
behindertengerechte Zimmer. 5 Aufenthaltsräume.
Bistro, Café-Bar, Restaurant mit Spielecke und Terrasse. Freizeitprogramme für den spannenden Fami-
lienurlaub. Gesellschaftsspiele, Tischtennis, Grillplatz, Kinderspielplatz.

Jugendherberge Burg Stahleck, Michael Kumpfe,
55422 Bacharach. ✆ 06743/1266, Fax 2684.
www.diejugendherbergen.de. bacharach@diejugendher-
bergen.de. **Lage:** Burgherberge auf einem bewaldeten
Berg. **Bahn/Bus:** Vom Bahnhof an der Strecke Bingen –
Koblenz 15 Minuten steiler Aufstieg zur Burg. **Rad:** Vom
Rhein-Radweg, zuerst flach, dann ab Altstadt leicht
bergauf bis Steeg, schließlich langer steiler Aufstieg zur
Burg – ganz schön anstrengend. Dagegen fantastische
Abfahrt auf dem Rückweg. Mein Enkel kam ins Schwär-
men. **Preise:** ÜF 20,50 €, HP 28 €, VP 31 €; bei Aufenthalt einer Familie sind Kinder bis 3 Jahre frei, Kinder
4 – 14 Jahre erhalten eine Ermäßigung von 50 % auf
den Gesamtpreis.

▶ In der Burg Stahleck, hoch über dem Rheinstädt-
chen Bacharach mit fantastischer Aussicht, reno-
viert. 168 Betten, 1-, 2-, 4- und Mehr-Bettzimmer, die

*Während der Na-
zi-Diktatur spielte
die Stahleck eine un-
rühmliche Rolle. 1942
wurden hier 183 junge
Luxemburger im Alter
von 16 bis 19 Jahren ge-
fangen gehalten und
malträtiert. Sie hatten
gegen ihre Zwangsrekru-
tierung in die deutsche
Naziarmee Widerstand
geleistet. Ein Teil durfte
nach vier Monaten wie-
der nach Hause, die an-
deren mussten an die
Front. 1943 – 45 war auf
der Burg ein Straf- und
Wehrertüchtigungslager,
in dem »unzuverlässige«
deutsche Jugendliche ge-
quält wurden. Ein Teil
wurde anschließend in
KZ verschleppt.*

meisten mit Du/WC, 4 Tagesräume, Speisesaal, sogar ein Rittersaal, Café-Bar, Tischtennis, Kicker, Flipper, Gesellschaftsspiele.

Rheinaue bis Wormser Ried

Jugendgästehaus Worms, Axel Krassmann, Dechaneigasse 1, 67547 Worms. ✆ 06241/25780, Fax 27394. www.djh-info.de. worms@diejugendherbergen.de. **Bahn/Bus:** ↗ Worms, Bus 1a, 1b bis Jugendherberge. **Rad:** Vom Rhein-Radweg Abstecher in die Stadt. **Preise:** ÜF 20,50 €, HP 28 €, VP 31 €; bei Aufenthalt einer Familie sind Kinder bis 3 Jahre frei, Kinder 4 – 14 Jahre erhalten eine Ermäßigung von 50 % auf den Gesamtpreis.

▶ Im Stadtzentrum, gegenüber vom Dom, 114 Betten, 1-, 2-, 4- und 6-Bettzimmer, alle mit Du/WC, 7 Tages- und Speiseräume, Cafeteria, Kicker, Flipper, Tischtennis, kleiner Spielplatz, Biergarten.

An der Nahe

Nahetal-Jugendherberge, Susanne Scholl, Rheingrafenstraße 53, 55543 Bad Kreuznach. ✆ 0671/62855, Fax 75351. www.diejugendherbergen.de. bad-kreuznach@diejugendherbergen.de. **Bahn/Bus:** ↗ Bad Kreuznach, dann circa eine halbe Stunde zu Fuß. **Auto:** A61 Koblenz – Ludwigshafen Ausfahrt 51 Bad Kreuznach, in der Innenstadt Richtung Kuhberg und Jugendherberge ausgeschildert. **Rad:** Langer, steiler Aufstieg, Riesenanstrengung. **Preise:** ÜF 20,50 €, HP 28 €, VP 31 €; bei Aufenthalt einer Familie sind Kinder bis 3 Jahre frei, Kinder 4 – 14 Jahre erhalten eine Ermäßigung von 50% auf den Gesamtpreis.

▶ Über der Stadt, auf dem Kuhberg, 142 Betten, 1-, 2-, 4- und Mehr-Bettzimmer, alle mit Du/WC, 2 x 12-Bettzimmer für Kindergärten, Grundschulen und Feriengruppen, Zimmer für Rollstuhlfahrer, 4 Tagesräume, 2 Speisezimmer, Cafeteria, Kicker, Spielplatz, Tischtennis, Volleyball, Basketball, überdachte Grillhütte, Fahrradverleih.

Nahe-Hunsrück-Jugendherberge, Uwe Wemken, Alte Treibe 23, 55743 Idar-Oberstein. ℡ 06781/24366, Fax 26712. www.diejugendherbergen.de. idar-oberstein@diejugendherbergen.de. **Bahn/Bus:** ↗ Idar-Oberstein, Bus 5. **Rad:** Langer, schwerer Aufstieg. **Preise:** ÜF 20,50 €, HP 28 €, VP 31 €; bei Aufenthalt einer Familie sind Kinder bis 3 Jahre frei, Kinder 4 – 14 Jahre erhalten eine Ermäßigung von 50 % auf den Gesamtpreis.

▶ Hoch über dem Südteil von Idar-Oberstein, faszinierender Ausblick auf die Stadt, circa 15 Minuten Fußweg zum Stadtzentrum hinunter, 129 Betten, 1-, 2-, 4- und Mehr-Bettzimmer, alle mit Du/WC, 5 Tagesräume, Cafeteria, Kicker, Gesellschaftsspiele, Spielplatz, Tischtennis, Spielfläche für Ballspiele, Grillhütte, Kletterwand, eigene Edelsteinwerkstatt und Edelstein-Schürffeld auf dem Gelände der Jugendherberge.

Campingplätze

Mainz

Camping Mainz-Wiesbaden Maaraue, Kasteler Ruder- und Kanu-Gesellschaft 1880 e.V., Monika und Harald Barth, Maaraue 48, 55246 Mainz-Kostheim. ℡ 06134/2575922, Fax 2575923. www.krkg.de. camping@camping-maaraue.de. **Bahn/Bus:** S1, 9, RE, ESWE-Bus 28, 54, 55 Bhf Kastel, Rest zu Fuß. **Rad:** Am Main- und Rheinradweg, aus Wiesbaden, Mainz, Frankfurt mit dem Rad gut erreichbar. **Zeiten:** April – Okt. **Preise:** Erw 4,50 €, Wohnmobil 11 €, Wohnwagen 8 €, Auto 3 €, Motorrad 2,20 €, Zelt 3 – 6 €, Hund 3 €, Strompauschale 2 €; Kinder 3 – 12 Jahre 2,20 €.

▶ Rechtsrheinisch gegenüber von Mainz, auf der Insel Maaraue im Rhein-Main-Dreieck gelegen, Blick auf Mainz und den Dom, 125 Stellplätze (105 für Touristen), alter Baumbestand, Waschmaschine, Trockner, Kiosk, Restaurant des Bootshauses be-

Im Verbund mit dem Freibad, den Spielplätzen und den Lokalen sowie den Radwegen und Wandermöglichkeiten eine schöne Freizeit- und Ferieninsel.

nachbart, Kinderspielplatz 200 m, Grillhütte 200 m, Bolzplatz 300 m, Freibad 400 m.

Camping auf der Rettbergsaue, Gartenfeldstraße 57, 65189 Wiesbaden. ✆ 0611/24551, www.wiesbaden.de. mattiaqua@wiesbaden.de. **Bahn/Bus:** Fähre Tamara vom Biebricher Rheinufer oder vom Schiersteiner Hafen. **Rad:** Per Rad oder zu Fuß auch von der Autobahnbrücke aus Richtung Wiesbaden und Mainz zugänglich, Treppe 8 – 20 Uhr geöffnet. **Zeiten:** April, Mai, Sep 9 – 18.45, Fr – So, Fei und Juni – Aug 9 – 19.45 Uhr. **Preise:** Zeltkarte 6 €, Monat 150 €, Ü pro Person ab 14 Jahre 2 €. **Infos:** Hunde sind nicht erlaubt.

▶ Je ein Platz im Westen (gegenüber von Schierstein, ✆ 0611/24508) und Osten (gegenüber von Biebrich, ✆ 0611/24551) der Insel, beide sehr einfach, Duschen vorhanden, beide mit Sandstrand (Baden verboten!) und Spielplatz, nur im Westen auch Restaurant, auf dem Platz im Osten Autobahnlärm deutlich geringer.

Campingplatz Inselrhein Heidenfahrt, Andreas Bitz, Außerhalb/Unteraue 0, 55262 Heidesheim-Heidenfahrt. ✆ 06132/326811, Fax 326813. www.inselrhein.de. inselrhein@web.de. **Lage:** Direkt am Rheinufer, Rhein-km 513,1. **Bahn/Bus:** Bhf Heidesheim, Bus 620 bis Heidenfahrt. **Rad:** Am Rhein-Radweg Mainz – Bingen. **Zeiten:** April – Okt. **Preise:** 5 € pro Ü, Zelt 6 €, Wohnwagen oder -mobil 8,50 €, Stromanschluss 3 €; Kinder bis 12 Jahre 3 €. **Infos:** Wird verwaltet von Andreas Bitz, Teichstraße 4, 55128 Mainz, 0179/6932305.

▶ In Heidenfahrt, 2 km nördlich von Heidesheim, direkt am Rhein, schöne Lage, herrlich ruhig, Dauerstellplätze, Wohnmobilplätze (Wasser und Strom), großer Zeltplatz für Einzelreisende und Gruppen, Dusch- und Toilettencontainer, Biergarten am Fluss, Spiel- und Liegewiese, Bootssteg.

Weitere Angebote sind im Westen: Spielflächen für Basketball, Tischtennis sowie Bolz- und Grillplatz; im Osten: Spielflächen für Basketball, Volleyball, Federball und Tischtennis sowie eine Freiluftkegelbahn.

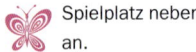

Spielplatz nebenan.

Hunger & Durst
Wein- und Biergarten, Beim Campingplatz, Heidenfahrt. www.inselrhein.de. April – Okt ab 11 Uhr. Am Rheinufer, kulinarische, regionale Spezialitäten, Eis, Pizza, Buchregal und Spielecke für Kindern.

Inselrhein bis Bingen

Campingplatz Hindenburgbrücke, Winfried Bauer, Bornstraße 22, 55411 Bingen. ℂ 06721/17160, Fax 16998. www.bauer-schorsch.de. bauer@bauer-schorsch.de. **Lage:** Ostrand von Bingen am Rheinufer. **Bahn/Bus:** ↗ Bingen Stadt, von dort ca. 1 km auf dem Rhein-Radweg. **Auto:** Aus Koblenz und Ludwigshafen A61, Abfahrt Bingen-Mitte dann Bingen-Kempten. Aus Mainz A60 Abfahrt Bingen-Kempten. Zufahrt in der Orts-mitte gegenüber der Tankstelle. **Rad:** Rhein-Radweg. **Zeiten:** Jan – März Mo – Fr 8 – 15 Uhr, April – Dez täg-lich 8 – 24 Uhr. **Preise:** Stellplatz 7 €, Zeltplatz 3 €, Erw 3,60 €, Hund frei, Strom 1,10 € pro Tag, Duschmarke 1,10 €; Kinder bis 12 Jahre 1,80 €.

▶ Am Rheinufer, neben der Ruine der Hindenburgbrü-cke, zwischen Rheinschifffahrt und Bahnverkehr, ent-sprechend laut. 100 Stellplätze. Große Wiese zum Zelten, mit Gaststätte und Sommergarten am Rhein-ufer, Minispielplatz, Lebensmittelverkauf, Kiosk mit Imbiss.

Rheinhessisches Hügelland

Gutenbornerhof, Am Ortsrand, 55232 Alzey-Weinheim. ℂ 06731/41400, Fax 98227. www.camping-gutenbor-nerhof.de. born@weingut-gutenbornerhof.de. **Lage:** Am Ortsrand des Dorfes Weinheim, 4 km vom Zentrum der Stadt Alzey. **Zeiten:** März – Okt. **Preise:** Erw 5 €, Stell-platz 6 €, Preise inkl. Du/WC, Strom, Müll und Spülge-legenheit, Ver- und Entsorgung; Kinder 6 – 14 Jahre 2,50 €.

▶ Das Weingut befindet sich inmitten eines von Reb-feldern bedeckten Hügellandes. Als Campingplatz fungiert eine Wiese neben dem bäuerlichen Hofkom-plex. Die Stellplätze sind 100 qm groß, es gibt Stromanschlüsse, ein Gebäude mit modernen sani-tären Einrichtungen und ein Spielplatz.

Rheinhessische Schweiz

Kletterwald Lauschhütte, 5442 Daxweiler. ✆ 06711/ 5802246, Handy 0170/3854567. www.kletterwald-lauschhuette.de. info@kletterwald-lauschhuette.de. **Zeiten:** April – Okt. **Preise:** Baumhaus 1 oder 2 Erw plus 2 Kinder 45 €, Trekkingzelte 2 – 4 Pers 40 €, Hängematte mit Dach 1 Pers 12 €, Baumzelt 1 – 3 Pers 40 €. **Infos:** Schlafsack, Kopfkissen, Zahnbürste mitbringen. Ab 9 Uhr in der Lauschhütte Frühstück zu 7,50 € möglich.

▶ Da kommt ein echtes Abenteuergefühl auf, wenn ihr in 6 – 9 m Höhe mitten im Laubbaum zwischen Ästen und Blättern im Baumhaus, Trekkingzelt, Baumzelt oder in der Hängematte übernachtet.

An der Nahe

Campingplatz Lindelgrund, Gerhard u. Wolfdieter Faust, Im Lindelgrund 1, 55452 Guldental. ✆ 06707/ 633, Fax 8468. Handy 0179/9744003. www.lindel-grund.de. info@lindelgrund.de. **Auto:** A61 Aufahrt Waldlaubersheim Richtung Windesheim/Guldental. **Preise:** Erw 4 €, Wohnwagen und Auto 7 €, Wohnmobil bis 7 m 6,50 €, ab 7 m 7 €, zusätzliches Zelt 2,50 €, Zelt bis 3 m und Auto 5,50 €, Großzelt ab 3 m oder für 3 Pers und Auto 6,50 €, Zelt und Motorrad 4,50 €, Zelt und Fahrrad 4 €, Strompauschale 2,50 € pro Zeltplatz/Ü, Müllumlage pro Person/Ü 0,50 €, Wertmarke für Duschen 1 €; Kinder 4 – 14 Jahre 2,50 €.

▶ 1 km von Guldental entfernt, mitten in einer vielfältigen Landschaft, 200 Stellplätze (40 für Touristen), 2 Sanitätsgebäude, 2 Ferienhäuser, Restaurant mit Weingarten, Vinothek, Fahrradverleih, Spielplatz mit Tischtennisplatte, Spielbaum aus Kletterbaum, Holzplattform und Baumhaus sowie Streichelzoo mit Zwergziegen, Kaninchen und Meerschweinchen, Fahrradverleih.

Camping Nahemühle, Nahemühle 1, 55569 Monzingen. ✆ 06751/5089, Fax 7938. www.camping-nahemuehle.de. info@camping-nahemuehle.de. **Bahn/Bus:** RE, RB bis Monzingen Bhf, dann circa 10 Min zu Fuß. **Preise:** Erw 4,50 €, Wohnwagen mit Pkw 7 €, WoMo 7 €, Zelt mit Pkw 6 €, Zelt mit Motorrad 5 €, Zelt mit Fahrrad 3,50 €, Stromanschluss einmalige Gebühr 1 €, Strom pro Kwh 0,50 €, Hunde 2 €, Schlafkojen für 2 Pers Mühlenzimmer 15 €, Ferienwohnung 17,50 €, Blauer Bus 17,50 €, Oldie 15 €, Wanderwohnwagen 17,50 € pro Pers , Schlafkojen für mehr als 2 Pers Tipizelte inkl. Stellplatz 20 € zzgl. Personenpreisen, Wanderhütte 10 €, Bettwäsche (einmalig) 3 €; Kinder 3 – 12 Jahre 3 €, Kinder 13 – 17 Jahre 4 €.
▶ Campingplatz für Familien, es gibt auch Schlafkojen in Tipis und kleinen Hütten zu mieten. Für Kinder gibt es Mitmachaktionen.

 Oberhalb vom Campingplatz gibt es das Feldbahnmuseum mit Rundstrecke für Kleinbahnen.

Campingplatz Nahe-Alsenz-Eck, Herrengarternstraße 11, 55583 Bad Münster am Stein-Ebernburg. ✆ 06708/2453, Fax 617567. www.campingplatz-nahe-alsenz-eck.de. cnae@gmx.de. **Bahn/Bus:** ↗ Bad Münster am Stein-Ebernburg. **Rad:** Nahe-Radweg. **Zeiten:** April – Mitte Okt, Mittagsruhe 13 – 15, Nachtruhe 22.30 – 7 Uhr. **Preise:** 4,70 €, Wohnwagen, Wohnmobil, Zelt 6,70 €, 2-Mann Zelt 5 €; Kinder bis 10 Jahre 2,60 €, Kinder 10 – 14 Jahre 3,60 €.
▶ Nicht weit vom Kurzentrum, an der Einmündung der Alsenz in die Nahe, Wiese, Teil unter hohen Bäumen, 100 Stellplätze (40 für Touristen), beheizbare Sanitäranlage, Kiosk/Imbiss, Waschmaschine, Wäschetrockner, Aufenthaltsraum, Kinderspielplatz.

Camping Nahetal, Bahnhofstraße 38, 55585 Oberhausen. ✆ 06755/96001, Fax 96002. Handy 0171/ 7774100. www.camping-nahetal.de. info@camping-nahetal.de. **Bahn/Bus:** ↗ Bad Kreuznach, B41 bis Rüdesheim/Hüffelsheim, dann über Rüdesheim – Norheim – Niederhausen – nach Oberhausen. **Preise:** Erw

9 € inkl. WoMo, WoWa oder Zelt/Dusche kostenlos,
Hunde 1 €, Besucher ohne Übernachtung 1 € pro Tag,
Preise inkl. Nebenkosten und Stromverbrauch 0,60 €
pro kWh, Stromanschluss einmalig 1 €; Kinder bis 12
Jahre 6 €.

▶ Hauptsächlich ein Platz für Dauercamper.

KARTEN & REGISTER

Zeichenerklärung

Hallenbad, Freibad		Kirche, Kloster	
Badestelle, Strandbad		Schloss, Burg	
Bootfahren, Paddeln		Museum	
Personenboot		Kino	
Fahrrad-, Autofähre		Industrie	
Wandern		Museumsbahn	
Reiten, Kutschfahrten		Bergwerk	
Natursehenswürdigkeit, Park		Aussichtsturm	
Wild-, Vogelpark		Gipfel mit Höhe in m	1000
Naturlehrpfad		Pass mit Höhe in m	50
Radeln		Aussicht	
Kletterpark		Autobahn, Ausfahrt	7 22
Erlebnispark, Spielplatz		Bundesstraße	333
Theater, Freilufttheater		Internat. Flughafen	
Wintersport		ICE-, Bahnhof	

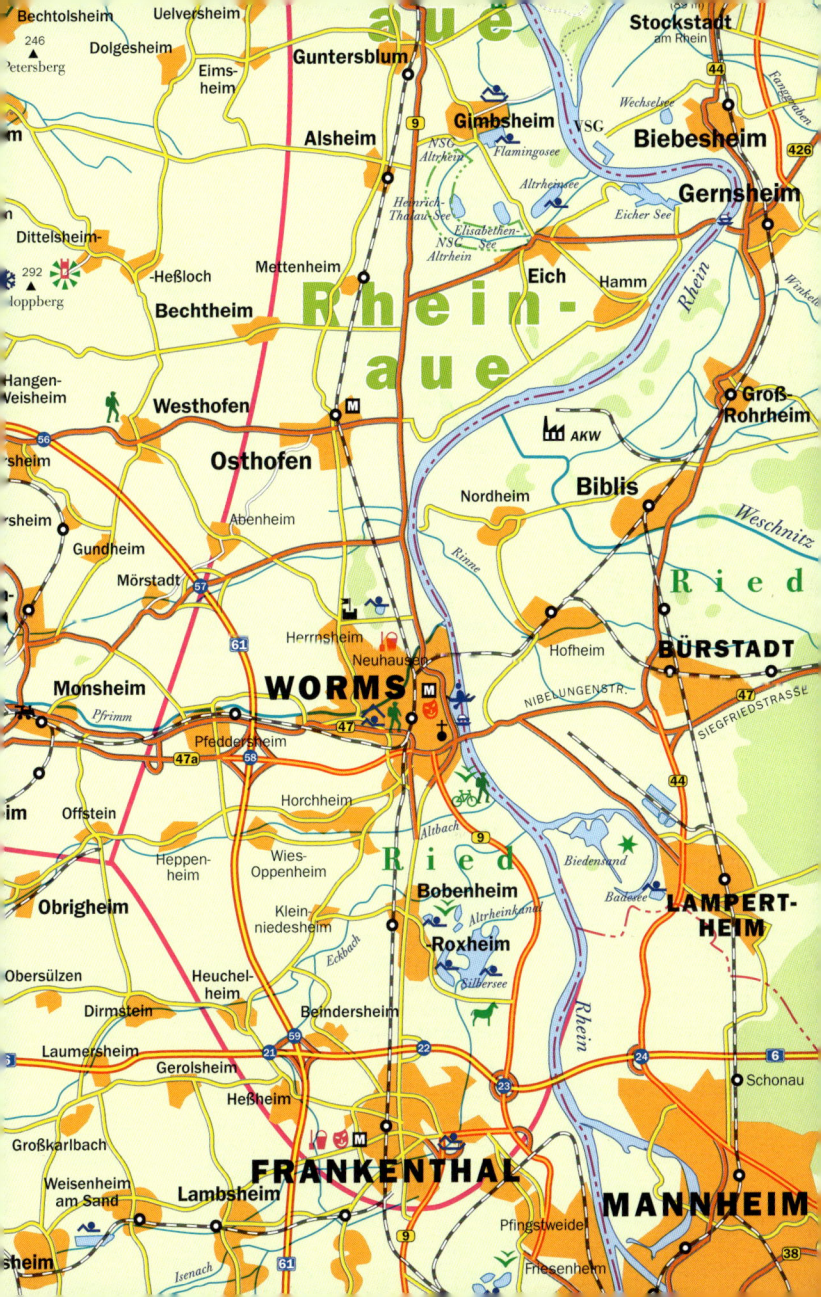

Register

SAARLAND MIT KINDERN

400 spannende Ausflüge und Aktivitäten rund ums Jahr

Carola Schulz

Mit diesem Buch können Familien mit Kindern in ihrer Region Neues entdecken, Erfahrungen sammeln und Grenzen überwinden. Denn im Saarland und seinen angrenzenden Regionen, die die gleichen kulturellen Wurzeln besitzen, gibt es jede Menge Ritterburgen, Bergwerke, Höhlen, Seen und Tierparks zu erkunden.

»Bietet in ansprechender Bebilderung und übersichtlich alles an Infos, was man so braucht.«
Saarbrücker Zeitung

ISBN 978-3-89859-425-7
256 Seiten; 14,95 Euro

EIFEL MIT KINDERN

Über 500 Aktivitäten und Ausflüge bei jedem Wetter zwischen Aachen und Trier

Ingrid Retterath

Über 500 Ausflüge und Aktivitäten von Aachen bis Trier, von Luxemburg bis zur Aar, zeigen Kindern zwischen 3 und 13 Jahre wie spannend Freizeitvergnügen in der Eifel ist. Spaß in und am Wasser, Radeln und Natur erleben, Museen, Burgen und Schlösser – Unternehmungen jeder Art und rund ums Jahr, immer persönlich recherchiert und komplett mit Anfahrt, Öffnungszeiten und Preisen.

»Diese Vielfalt lässt nicht nur Kinderherzen höher schlagen.«
DIE ZEIT

ISBN 978-3-89859-440-0
320 Seiten; 16 Euro

HOLLANDS KÜSTE MIT KINDERN

400 spannende Aktivitäten für Ferien und Freizeit

Monika Diepstraten

Mit Rückenwind die Küste entlang, von Seeland bis zu den Inseln! Das Land hinter den Deichen ist bereit für Entdeckerkinder. Mit diesem pmv-Ferienführer im Gepäck ist ein Regentag nicht schlimm, denn 400 spannende Aktivitäten sind zu entdecken.

»Viel besser geht nicht … Ein MUST HAVE für Holland Urlauber!«
Meike & Oliver Korte auf Amazon

ISBN 978-3-89859-439-4
256 Seiten; 16 Euro

✸ pmv PETER MEYER VERLAG

77 SCHÖNSTE ORTE HOLLAND

Schlösser, Parks und sehenswerte Orte. Mit Restaurant- und Hotelempfehlungen

Monika Diepstraten

Holland ist überraschend anders. Diese Buch zeigt, was es jenseits von Windmühlen, Grachten und Sanddünen zu entdecken lohnt. Übersichtlich und modern werden Orte und Sehenswürdigkeiten mit allen Reiseinfos und besonderen Einkehr- und Unterkunfttipps auf den Punkt gebracht.

Für Urlauber, Grenzgänger, Ausflügler mit Lust auf die schönsten Sehenswürdigkeiten und besten Tipps aus Gastronomie und Hotelerie.

ISBN 978-3-89859-180-5
256 Seiten; 18 Euro

WEITWANDERN HESSEN

Die 10 schönsten Trekkingtouren. Mit Einkehr, Unterkunft & Bahntransfer

Michael Schnelle

Wandern, einkehren und übernachten: Gründlich recherchierte Mehrtagestouren für Wanderer, Naturfreunde, aktive Entdecker und Hessenliebhaber, die gern mal ein bisschen länger durch Hessens schönste Regionen unterwegs sind.

»Darauf haben Hessen-Liebhaber gewartet!«
Wiesbadener Kurier

ISBN 978-3-89859-306-9
256 Seiten; 16 Euro

199 KM MOSEL

Sehenswertes, Ausflüge & Einkehr von Trier bis Koblenz

Annette Sievers (Hrsg.)

Ob Weinbergswanderung, Moselschifffahrt oder Porta Nigra – wer mit diesem prall gefüllten Reiseführer aufbricht, erlebt abwechslungsreiche Touren. Ansprechend gestaltet und hintergründig beschrieben, führt dieses Buch zu den schönsten Orten und Sehenswürdigkeiten entlang der deutschen Mosel, Einkehr- und Übernachtungsmöglichkeiten inklusive.

ISBN 978-3-89859-310-6
256 Seiten; 18 Euro

Besuchen Sie uns auf
f PeterMeyerVerlag!

66 SCHÖNSTE ORTE ODENWALD BERGSTRASSE
Ausflüge zu Burgen, Wäldern & Sehenswürdigkeiten. Mit Einkehr & Einkaufen auf dem Bauernhof
Anna Steinmaus

Die schönsten Orte, Burgen und Schlösser, alle Kultur-Highlights und interessantesten Naturtouren stets mit profunden Texten und Hintergrundwissen. Dazu Empfehlungen zum Einkehren, zu Unterkünften und Einkauf auf dem Bauernhof! Von Darmstadt bis Heidelberg, vom nördlichen Odenwald bis zum Neckar, von der Bergstraße bis Franken.

»Hoher Nutzwert in kompakter Form« Main-Echo

ISBN 978-3-89859-211-6
256 Seiten; 18 Euro

77 BESTE PLÄTZE BERLIN
Sehenswertes & Unbekanntes, Museen & Treffpunkte, Ausgehen & Vergnügen
Wolfgang Kling

Der aktuelle Reiseführer zeigt Berlins schönste Seiten, alle Sehenswürdigkeiten und wichtigen Museen. Gärten, Parks und Promi-Friedhöfe sowie Cafés, Clubs und Kneipen sorgen für Abwechslung, Wolfgang Klings profundes Wissen für tiefe Einblicke in die Geschichte unserer Hauptstadt.

»Allein die Anekdoten, Zusatztipps, Internetlinks und Adressen am Rande sind eine Fundgrube für jeden Streifzug durch die Hauptstadt.« Oranienburger Generalanzeiger

ISBN 978-3-89859-201-7
256 Seiten; 18 Euro

FRANKFURT AM MAIN
Sehen & Erleben, Ausgehen & Vergnügen. Mit 9 Stadtrundgängen
Annette Sievers

9 Spaziergänge, 33 Museen, 60 x Theater, Kabarett und Musik von klassisch über Jazz bis modern, 250 Ausgehadressen – so viel geballtes Wissen gibt es kein zweites Mal. Besonders: Stadtgeschichte in chronologisch aufgebauten Rundgängen. Hintergründig: Jüdische Vergangenheit und Studentenrevolten der 70er. Informativ: 1001 Adressen, Anfahrten und Öffnungszeiten.

»Machen wir es kurz: Selten habe ich einen so guten, einen so informativen Reiseführer gelesen.« hr-Info

ISBN 978-3-89859-200-0
416 Seiten; 20 Euro

 pmv PETER MEYER VERLAG

33 SCHÖNSTE RADTOUREN RHEIN-MAIN
Radeln von leicht bis weit rund um Frankfurt. Mit Extra-Karte
ISBN 978-3-89859-320-5, 224 S., 18 €

22 MTB-TOUREN RHEINGAU RHEIN-HESSEN
Mit GPS-Daten und Roadbook-Download
ISBN 978-3-89859-323-6, 192 S., 18 €

66 SCHÖNSTE AUS-SICHTEN HESSEN
Burgen, Türme, Berge Wandern, Radeln, Ein-kehren
ISBN 978-3-89859-319–9, 256 S., 16 €

SCHLEMMER-TOUREN RHEIN-GAU & TAUNUS
22 Touren zu Winzer-höfen und Gartenwirt-schaften
ISBN 978-3-89859-324-3, 192 S., 16 €

DRAUSSEN UNTERWEGS

WIESBADEN RHEINGAU MIT KINDERN
300 Ausflüge & Aktivi-täten rund ums Jahr
ISBN 978-3-89859-442-4, 256 S., 16 €

FRANKFURT RHEIN-MAIN MIT KINDERN
400 preiswerte und spannende Aktivitäten für draußen & drinnen
ISBN 978-3-89859-434-9, 304 S., 16 €

PFALZ MIT KINDERN
400 x Abenteuer und Erlebnis rund um Pfälzerwald und Weinstraße
ISBN 978-3-89859-444-8, 320 S., 16 €

TAUNUS MIT KINDERN
500 Ausflüge, Aktivi-täten und Adressen für Ferien und Freizeit
ISBN 978-3-89859-438-7, 320 S., 16 €

Treffen Sie uns auf **f** facebook.com/PeterMeyerVerlag